DOM MOACYR GRECHI

Sebastião A. Ferrarini

DOM MOACYR GRECHI
UMA VOZ PROFÉTICA NA AMAZÔNIA

Paulinas

Dados Internacionais de Catalogação na Publicação (CIP)
Angélica Ilacqua CRB-8/7057

Ferrarini, Sebastião Antônio
  Dom Moacyr Grechi : uma voz profética na Amazônia / Sebastião Antônio Ferrarini. - São Paulo : Paulinas, 2025.
  344 p. : il. (Coleção Memória)

  ISBN 978-65-5808-356-6

  1. Grechi, Moacyr, 1936-2019 – Biografia 2. Bispos católicos – Brasil – Biografia 3. Igreja Católica – Amazônia brasileira 4. Questão social – Amazônia brasileira I. Título II. Série

  25-1461   CDD 282.092

  Índice para catálogo sistemático:
  1. Bispos católicos – Brasil – Biografia

1ª edição – 2025

Direção-geral: *Ágda França*
Editora responsável: *Marina Mendonça*
Copidesque: *Mônica Elaine G. S. da Costa*
Revisão: *Equipe Paulinas*
Gerente de produção: *Felício Calegaro Neto*
Produção de arte: *Elaine Alves*
Fotografias e ilustrações: *Acervo da Arquidiocese de Porto Velho/RO*
Ilustração p. 5: *Antônio Cereso*

Nenhuma parte desta obra poderá ser reproduzida ou transmitida por qualquer forma e/ou quaisquer meios (eletrônico ou mecânico, incluindo fotocópia e gravação) ou arquivada em qualquer sistema ou banco de dados sem permissão escrita da Editora. Direitos reservados.

Cadastre-se e receba nossas informações
paulinas.com.br
Telemarketing e SAC: 0800-7010081

Paulinas
Rua Dona Inácia Uchoa, 62
04110-020 – São Paulo – SP (Brasil)
📞 (11) 2125-3500
✉ editora@paulinas.com.br
© Pia Sociedade Filhas de São Paulo – São Paulo, 2025

"O último de todos e o servo de todos" (Mc 9,35)

Sumário

Apresentação 9
Iniciando a itinerância 15
I – Cenário histórico e geográfico do Acre e Purus 17
II – De Meleiro a Roma (1936-1961) 23
1. Tempos tridentinos e de cristandade (1936-1961) 23
2. Criação da Prelazia do Acre e Alto Purus 32
III – Ministério Presbiteral (1961 a 1972) Tempos do Vaticano II e de Medellín 41
1. Cenário eclesial 41
2. Ministério na Ordem dos Servos de Maria 44
IV – Serviço pastoral em Rio Branco (1973 a 1998) 49
1. Mergulho no cenário amazônico 49
2. Somos uma Igreja no meio de um povo martirizado 52
3. De Servo de Maria a Servo do Povo 60
4. Conjuntura brasileira, latino-americana e acreana 64
5. De Medellín a Aparecida 70
6. De Santarém (1972) a Santarém (2022) 78
7. Igrejas-Irmãs 83
8. Solidariedade com os perseguidos e marginalizados 86
9. Os Planos de Pastoral 125
10. Na CNBB 129
11. Formação de agentes de pastoral 139
12. CPT e CIMI 147
13. Expressões de vida evangélica na arte, na arquitetura, nas músicas 155

14. Comunidades Eclesiais de Base: novo espaço eclesial 160
15. Cenário sociopolítico sombrio 176
16. Comissões Parlamentares de Inquérito 182
17. Novas expressões de vivência cristã 198
18. Catolicismo social 200
19. Contato com famílias, pessoas necessitadas, pobres 206
20. Visitas Pastorais 215
21. Meios de Comunicação Social 223
22. De prelazia a diocese 228

V – Serviço pastoral em Porto Velho (1998 a 2011) 233
1. Província Eclesiástica do Noroeste 233
2. Tempos de abertura política e marcha eclesial lenta 244
3. Continuidade da animação das CEBs 246
4. Ética política, direitos humanos e vida cristã sólida 249
5. Animação da Vida Religiosa Consagrada 259
6. Acidentes e mensagens de solidariedade 263

VI – Emérito – Tempos de sínteses (2011 a 2019)
O último de todos e o servo de todos 269
1. Pedido de renúncia 269
2. Residência do bispo resignatário 272
3. Encontro com o Papa Francisco 274
4. Pela preservação do bioma amazônico.
"Somos a Amazônia da esperança" 278
5. Apoio à educação 288
6. Homenagens e distinções 295
7. Não deixem morrer a Profecia 299
8. Combateu o bom combate, guardou a fé 311

Siglas e abreviaturas 315

Agradecimentos 321

Depoimentos 323

Bibliografia 325

Apresentação

Esta obra, organizada pelo irmão Sebastião Ferrarini, trata-se de uma homenagem devida a Dom Moacyr Grechi, religioso da Ordem dos Servos de Maria (Servita) e arcebispo emérito de Porto Velho, Rondônia. Mas, para além de uma simples homenagem a um bispo, este livro é um marco histórico que entrelaça o fio da vida de um homem cristão, religioso, presbítero, epíscopo, profeta, com o fio histórico da Amazônia e seus povos.

As memórias aqui resgatadas revelam a alma de Dom Moacyr, suas lutas e esperanças e seu projeto missionário de vida dedicada à construção do Reino de Deus. A vida desse profeta poderá ser apreciada no desenvolver do texto, distribuído em seis partes: a primeira apresenta o cenário histórico e geográfico do Acre e Purus, lugar onde, pouco a pouco, Dom Moacyr foi se tornando uma pessoa de referência, marcando a caminhada eclesial e sociopolítica no Acre, na Amazônia e no Brasil.

A segunda parte traz a gênese da sua vida e vocação, desde 1936, ano de nascimento de Moacyr, passando por sua caminhada vocacional na Ordem dos Servos de Maria; a ordenação presbiteral em 1961, até a sua nomeação como bispo-prelado, em 1972, para a Prelazia do Acre e Alto Purus, lugar onde podemos dizer que nasce e se aprofunda o seu pastoreio.

Na terceira parte, o irmão Sebastião Ferrarini nos ajuda a olhar o contexto histórico-político-eclesial dos anos de 1961 a 1972, em que a Igreja do Acre e Purus, motivada pelo Concílio Vaticano II e pelo Plano de Pastoral de Conjunto da CNBB, volta-se para a formação bíblica e pastoral do laicato, tendo como fruto dessa nova eclesialidade as Comunidades Eclesiais de Base. As CEBs sempre estiveram no coração de Dom Moacyr, e talvez tenha sido ele quem melhor definiu a identidade desse organismo ao aplicar-lhes esse provérbio africano: "Gente simples, fazendo coisas pequenas, em lugares pouco importantes, consegue mudanças extraordinárias".

A quarta e quinta partes nos dão a conhecer o seu múnus pastoral, primeiramente no Acre, entre os anos de 1973 e 1998, e, depois, em Porto Velho, nos anos de 1998 a 2011. Tempos marcados por fortes eventos provocados pelo Concílio Vaticano II, como as Conferências de Medellín, Puebla, Santarém, Aparecida, e o surgimento do CIMI, CPT, CEBs, e tantos outros movimentos que contaram com a participação desse servo e pastor. O quarto bispo da Prelazia do Acre e Purus e segundo arcebispo de Porto Velho-RO assumiu a desafiadora missão de ser, para os povos indígenas, ribeirinhos, seringueiros, extrativistas e agricultores rurais, e para aqueles que nem nomenclaturas possuem, um raio de esperança. E ele não decepcionou, mesmo em meio às perseguições sofridas, que não foram poucas.

A sexta e última parte nos apresenta os anos que vão de 2011 a 2019, tempo de síntese da vida de Dom Moacyr Grechi, em que se torna emérito até o momento de sua Páscoa definitiva. Tempo também em que podemos ver melhor a profecia e a mística que sustentaram o Servo de Maria, que se fez servo de todos por amor a Jesus Cristo.

Ao reunir nesta obra tantas memórias, fatos e acontecimentos, é possível perceber que, assim como Jesus deixou-se ensinar

Apresentação

pela mulher cananeia (Mt 15,26-27), Dom Moacyr aprendeu a ser cristão com os menores da Amazônia:

Num certo momento, um velho seringueiro de 83 anos me disse: "Se eu tivesse a sua idade, já estava lá". Eu tinha 37 anos. Era porque estava um pouco escuro, se não todo mundo tinha me visto envergonhado. Isto foi a única coisa que me fez vergonha e repensar meu ministério.

Aquele velho seringueiro de 83 anos ensinou o jovem bispo Moacyr que o pastor é aquele que dá a vida pelas ovelhas (Jo 10,11): "... diante disso, compreendi que, ou deveria renunciar à missão ou assumir o compromisso de caminhar com este povo". E completava: "Fui convertido pelos pobres".

É verdade que sua postura profética lhe causou inúmeros problemas e perseguições. Mas também é verdade que, no auge dos seus 83 anos de idade, esse bispo ancião, amante da Sagrada Escritura, tornou-se, ele mesmo, parábola viva do que significa ser um cristão comprometido com o Evangelho.

O título do livro, *Uma voz profética na Amazônia*, recorda-nos que no centro desta obra está a mística unida à coragem profética que fizeram de Dom Moacyr um exemplo de discípulo missionário de Jesus Cristo. De acordo com um dos testemunhos que o livro traz, Dom Moacyr, perguntado sobre o carisma dos Servos de Maria, disse: "Com Maria, o Servo de Maria quer estar aos pés das infinitas cruzes da humanidade onde Cristo continua sendo crucificado nos mais carentes, indefesos, marginalizados e doentes".

E podemos afirmar que, como Maria, Dom Moacyr permaneceu de pé junto das infinitas cruzes da humanidade: pelas suas posições políticas e religiosas, pela sua atuação concreta na luta pelos direitos humanos e pela transformação do mundo por onde passou, na sua opção radical pelos mais excluídos, e na coragem com que enfrentou os interesses econômicos dos poderosos, posicionando-se a favor dos povos ancestrais, dos seringueiros e dos trabalhadores rurais na luta pela justiça; são provas de sua postura profética de denúncia e anúncio, mas, acima de tudo, de seu amor a Deus e ao povo.

A Igreja que Dom Moacyr praticou nascia de uma volta ao profetismo inspirada diretamente na pessoa de Jesus que sabia direcionar os olhos ao Pai, mas sem deixar de ver a realidade à sua volta. Assim foi o seu pastoreio, marcado por uma atenção redobrada com a realidade, à qual se somava um apoio incondicional à causa da justiça e da fraternidade. Seu modo de compreender a Igreja e o seu papel no mundo é o seu legado:

> Uma Igreja simples, pobre, amiga dos pobres não porque tem para com eles uma compaixão passiva, mas porque acredita na sua força e se apropria de uma interpretação do Evangelho que o torna uma forma de apoio e de incentivo à luta social. Sua Bíblia estava suja de terra, marcada de poeira, besuntada pelas águas amazônicas.

De forma pessoal, ressalto que, na vida desse meu irmão no episcopado, a fidelidade à Igreja, a vida de oração, a proximidade e generosidade para com os pobres, a disponibilidade para ouvir e atender às confissões, a alegria e o bom humor foram sempre sua marca registrada. Mais do que isso, essas características se tornaram a prova viva de um homem totalmente de Deus, não obstante sua natureza humana e frágil.

Ao ler este livro, você irá descobrir por que Dom Moacyr Grechi engrossa a fileira dos bispos profetas da América Latina, que continuam a fazer parte da caminhada da humanidade em busca de mais vida, justiça, paz e comunhão com a Terra.

Apresentação

A Deus nossa gratidão pelo dom que foi o bispo Moacyr.

À família de Dom Moacyr, seus pais que já estão no céu, seus irmãos e irmãs, sobrinhos, todos e todas, agradecemos por compartilharem com a Igreja esse dom. Faço minhas as palavras de Cristina, sobrinha de Dom Moacyr, por ocasião do velório, fazendo um pequeno acréscimo: "Ele foi fiel e amou profundamente estas quatro famílias: sua família de sangue; sua família religiosa, a Ordem dos Servos de Maria à qual pertenceu; a família da Diocese do Acre; e a família da Arquidiocese de Porto Velho".

Ao irmão Sebastião Ferrarini, nosso muito obrigado pelo belo e precioso trabalho.

E, por todos esses motivos, é com imensa alegria que apresento esta obra que deseja ser um tributo de agradecimento pelo legado desta voz profética na Amazônia.

Dom Roque Paloschi
Arcebispo da Igreja de Porto Velho – RO

Iniciando a itinerância

Dom Moacyr Grechi é um personagem de destaque tanto no âmbito da Igreja como no campo sociopolítico, seja no Brasil, seja em outros países como França, Itália e Alemanha. Coube-lhe viver numa região e num momento histórico a um tempo turbulento e, por outro, de grande vitalidade evangélica, eclesial e cidadã. A sua trajetória de vida perpassa vários momentos da história da Igreja, do Brasil e do mundo. Em cada uma dessas fases, ele teve incidências marcantes. De fato, Dom Moacyr estabeleceu novos marcos e parâmetros de valor e de respeito na sua relação com o ambiente e com os povos da Amazônia. Ele se tornou uma pessoa de referência e marcou a caminhada eclesial bem como a história e a política acreana, amazônica e brasileira. Percorreu sempre os caminhos da ética e na fidelidade ao Evangelho com firmeza e lucidez, mas sempre com a gentileza e a humildade típica dos sábios. Inspirou muitas atitudes proféticas no interior da Igreja e na sociedade. Sobretudo, Dom Moacyr indicou caminhos e estimulou o entendimento como legado.

Procuramos situar a vida e a missão de Dom Moacyr dentro dos grandes marcos da história da Igreja da Amazônia, do Brasil e do mundo. Essa visão é importante porque, percorrendo o itinerário de sua vida, percebe-se que ele viveu sintonizado com tudo aquilo que dizia respeito a situações que incidiam sobre a sua prática evangelizadora, humana, social e política. Isso nos dá uma visão

15

geral sobre a sua história e inserção nos contextos mais amplos. Intitulamos os capítulos com essas grandes chaves históricas.

Clodovis Boff analisa essas etapas e estabelece a seguinte evolução: até 1920, a presença da Igreja no Acre foi fraca e sem muita organização. Em 1920, chegaram à região acreana os missionários Servos de Maria. Desenvolveram, até por volta de 1950, a Pastoral Religiosa, visto que se restringia, quase exclusivamente, à assistência religiosa. Seguiu-se, até por volta de 1970, uma Pastoral Social, pois a Igreja percebeu mais vivamente a situação social do povo. E, a partir de 1970, aconteceu o desenvolvimento da Pastoral da Libertação, com presença atuante dos leigos/as e das CEBs.[1]

Moacyr foi percorrendo estas etapas sempre atento à Palavra e aos apelos do povo. Talvez se possa aplicar a ele as palavras de Dom Helder Camara: "É preciso mudar muito para ser sempre o mesmo".

[1] Boff, C. Deus e o homem no inferno verde, p. 11.

I
Cenário histórico e geográfico do Acre e Purus

O cenário geográfico de trabalho de Dom Moacyr foi o Alto Purus e o médio Rio Madeira. Até por volta de 1852, o vale do Purus era habitado por numerosas nações originárias.[1] Um dos primeiros estrangeiros a se aventurar por esses rios foi Serafim da Silva Salgado, que relata ao governo provincial do Amazonas: "Tenho a honra de apresentar a V. Exª o Roteiro de Viagem que fiz desta capital (Manaus) até a sétima maloca dos Índios Cucama, no Rio Purus, pelo qual naveguei subindo quatro meses e dezenove dias...".[2] Outras viagens também foram feitas por Manoel Urbano da Encarnação, pelos anos 1860,[3] e Silva Coutinho.[4] Estava inaugurada a história conturbada que se estenderia ao longo do maravilhoso tributário do Amazonas. Foi até esconderijo de escravos

---

[1] Kroemer, G. Cuxiuara, o Purus dos indígenas, 1985.
[2] Silva Salgado, S. Roteiro resumido da viagem... até onde é navegável o Rio Purus, p. 31.
[3] Miranda, M. Relatório do Presidente, p. 40. No decorrer deste trabalho, quando falarmos em *Relatório* ou *Falla* nos referimos a uma exposição dos presidentes da Província do Amazonas em final de ano ou de mandato. Os originais podem ser encontrados no Instituto Histórico e Geográfico de Manaus/AM.
[4] Souza, Sinval Odorico de. Relatório do Presidente, p. 17.

fugidos da opressão na capital.⁵ O rio foi sulcado pelos regatões⁶ ligando Manaus e Belém até as colocações mais longínquas do sinuoso rio, prestando um serviço a essas comunidades isoladas, mas também explorando os ribeirinhos. A grande atividade econômica da região foi a extração da goma elástica, que se iniciou nos anos 1850⁷ e que deixará marcas profundas na geografia e na demografia do Acre e do Purus.

No tempo imperial (1822-1889), o governo da extensa Província do Amazonas estava preocupado com o contato com os nativos e, para tanto, buscava seguidamente missionários. Missões foram fundadas em 1853⁸ e, em 1855, no Purus atuou frei Pedro de Ceriana.⁹ Os presidentes solicitam padres ao bispo do Pará.¹⁰ Em 1873, foi criada a Paróquia de Nossa Senhora de Nazaré,¹¹ que teve instituição canônica em 1878. A atividade dos padres dessa paróquia, situada no médio Purus, se estendia até a fronteira entre o Império brasileiro e os países vizinhos Peru e Bolívia.

Com as terríveis secas ocorridas no Nordeste, boa parte dos flagelados (sobretudo cearenses) foi direcionada para a Amazônia Ocidental.¹² É dessa época o estabelecimento de Antônio Lábre no médio Purus e a fundação de Lábrea.¹³

---

⁵ Spruce, R. Notas de um botânico, p. 318-323.
⁶ Goulart, A. O Regatão.
⁷ Tocantins, L. Formação Histórica do Acre I, p. 148 *et seq*; Ferreira Reis, A. O seringal e o seringueiro, p. 32.
⁸ Miranda. Relatório, p. 11.
⁹ Penna, H. Relatório, p. 31.
¹⁰ Matos, J. Relatório do Presidente, p. 13.
¹¹ Cunha Paranaguá, J. Falla, p. 13.
¹² Theóphilo, R. História da secca no Ceará, p. 198.
¹³ Ferrarini, S. Lábrea.

I – Cenário histórico e geográfico do Acre e Purus

O cristianismo que se instalou nos confins amazônicos foi conduzido, sobretudo, pelo migrante nordestino. Era herdeiro, no entender de Eduardo Hoornaert,[14] de um catolicismo guerreiro, patriarcal e popular que ali se deparou com a cultura nativa.

Uma vez conhecidos os usos da goma elástica,[15] intensificou-se a migração para a Província do Amazonas, sobretudo para o Rio Purus.[16]

O atendimento pastoral às colocações que foram se estabelecendo ao longo do Purus foi confiado, em 1879, a Francisco Leite Barbosa,[17] que atendia as comunidades ao longo do Rio Purus até a fronteira do Brasil com a Bolívia, incluindo a região onde hoje se situa a cidade de Rio Branco.

Esse brusco povoamento de nordestinos na bacia do Purus carregou consigo germens de violência contra os nativos, que passaram a defender o seu território.[18] Essas violências continuaram em todo o processo histórico, o que levou Noel Nutels a afirmar: "Índio pacificado é índio liquidado. O índio que se civiliza anda para trás, retrocede culturalmente. Integrado, torna-se um pária".[19]

Um determinado juiz, interrogando um réu, no Acre, em meados do século XX, ouviu dele esta pergunta desconcertante: "E matar índio é crime?".[20]

---

[14] Formação do catolicismo brasileiro 1550-1800.
[15] Vulcanização. Foi descoberta em 1839 por C. Goodyear, que misturando enxofre ao látex observou que a borracha se tornava imune às diferentes temperaturas. O termo remete a Vulcano (Hefesto dos gregos), deus do fogo, do vulcão, da tecnologia.
[16] Guimarães, G. Exposição, p. 10.
[17] Maracaju, B. Falla, p. 47.
[18] Queirós, J. C. Relatório do Presidentes, p. 12.
[19] Batista, D. O completo da Amazônia, p. 50.
[20] Batista, D. O completo da Amazônia, p. 50.

O primeiro município criado no Rio Purus foi Lábrea, em 1881.[21] E o segundo município foi Antimary,[22] no Rio Acre, que depois denominou-se Floriano Peixoto e, por fim, Boca do Acre. É um município do estado do Amazonas, mas que integra a Diocese de Rio Branco.

Entre o final dos anos 1800 e inícios de 1900, ocorreram, na região do Alto Purus e no seu afluente, o Rio Acre, muitas disputas violentas entre o Brasil, a Bolívia[23] e o Peru[24] pelo domínio do território.[25] Surgiu também a figura do personagem imortalizado por Márcio Souza: Luiz Galvez.[26] No ano de 1908, ocorreu a inauguração da Capela de Nossa Senhora da Conceição, na Vila de Rio Branco:

> A primeiro de março de 1908, Monsenhor Francisco Leite Barbosa, em representação do Exmo. Sr. Bispo do Amazonas, inaugurou a Capela de Nossa Senhora da Conceição da Vila de Rio Branco, do Departamento do Alto Acre...
> Na Paróquia de Lábrea existia um livro que tinha como cabeçalho: Subscrição em auxílio à Paroquia de Nossa Senhora da Conceição de Empresa (Rio Acre) para aquisição de uma pequena lancha para o serviço de desobriga e construção da Igreja Matriz da mesma.[27]

---

[21] Ferrarini, S. Lábrea.
[22] Villeroy, A. Leis, Decretos... p. 91.
[23] Benchimol, S. Amazônia, um pouco antes..., p. 405.
[24] Soares Bulcão, Subsídios para a história do Alto Purus p. 41; Cunha, E. O Rio Purus, p. 86, 64.
[25] Tocantins, L. Formação histórica do Acre I, p. 100, 274.
[26] Galvez, imperador do Acre, Manaus: Fundação Cultural do Amazonas, 1976; Soares Bulcão, Subsídios para a história do Alto Purus, p. 24; Barbosa, R. O direito do Amazonas ao Acre Setentrional II; Fuentes, H. Loreto. Apuntes geográficos... Tomo II.
[27] Ferrarini, S. Rio Purus, p. 76.

— I – Cenário histórico e geográfico do Acre e Purus —

No Alto Purus e no Alto Acre, entre 1886 e 1949, circularam 43 jornais, a maioria com poucos anos de duração.[28] Os seringalistas gostavam de ostentar poder e riqueza. Com muito dinheiro circulando, criou-se espaço para veicular as ideias em jornais locais.

Em 1904, a região formou o Território Federal do Acre com três Departamentos: Alto Purus, Alto Acre e Alto Juruá. No mesmo ano, a sede no seringal Empresa foi elevada à categoria de cidade. Esta cidade deu origem ao município de Rio Branco em 1913.[29] Por essa mesma época o sanitarista Osvaldo Cruz visitou o Rio Acre, passando pelas suas principais colocações e constatando o estado enfermiço da população (malária, beribéri, desnutrição etc.). "No Acre o aniquilamento da vida humana atinge proporções excepcionais, sendo neste rio que se encontra o mais elevado índice endêmico pelo paludismo e as formas mais graves desta moléstia. A letalidade representa verdadeiro atentado à nossa civilização."[30] Em 1963, o Território Federal do Acre tornou-se o estado do Acre.[31]

A região de pastoreio de Dom Moacyr pertencia à Bolívia. Ao tempo da insurreição dos seringalistas, a região teve o efêmero "reinado" de Gálvez, com o seu Estado Independente do Acre. O episódio mais marcante na região foi a guerra do Acre, território disputado pela Bolívia e Brasil. Plácido de Castro foi o gaúcho que se imortalizou nesses entreveros. Mas, "o grosso da tropa" era constituído por seringueiros. "Estando eu trabalhando em Lábrea, no ano de 1975, encontrei o senhor Januário Justino da Silva, que participara dessa guerra e apresentava as cicatrizes pelo corpo."[32]

---

[28] Faria e Souza J. B. A Imprensa no Amazonas, p. 72; Ferrarini, S. Rio Purus, p. 102.
[29] IBGE. Enciclopédia do Municípios, v. XIV.
[30] Cruz. O. Sobre o saneamento da Amazônia, p. 409.
[31] Oliveira, A. E. Ocupação humana.
[32] Ferrarini, Rio Purus, p. 255.

Decorrente dessa guerra, surgiram várias devoções populares como a de Nossa Senhora dos Seringueiros, do Santo Soldado e Santa Raimunda.[33]

Na primeira metade do século XX, a Igreja Católica criou muitas Circunscrições Eclesiásticas na Amazônia. Urgia atender pastoralmente um espaço ocupado repentinamente por milhares de migrantes atraídos pela atividade gomífera. Em 4 de outubro de 1919, Bento XV criou a Prelazia do Acre e Purus. Foi confiada à Ordem dos Servos de Maria. A sua extensão era de 102.917 Km^2 e posteriormente foi denominada Prelazia (ou Diocese) de Rio Branco.[34] No médio Purus, foi criada a Prelazia de Lábrea, em 1925, confiada à Ordem dos Agostinianos Recoletos.[35] Geralmente o ramo masculino trazia também o ramo feminino: no Acre, as Servas de Maria Reparadora; e no Purus, as Irmãs Agostinianas.

---

[33] Ferrarini, Rio Purus, p. 93 e 98.
[34] Pertíñez, J. História da Diocese de Rio Branco 1878-2000.
[35] As prelazias (circunscrição eclesiástica que evolui para diocese) tiveram, na Amazônia as seguintes características: eram confiadas a uma ordem (ou congregação) religiosa e situadas numa bacia hidrográfica (rio) o que facilitava a comunicação, que àquele tempo era feita somente de barco.

II
De Meleiro a Roma (1936-1961)

1. Tempos tridentinos e de cristandade (1936-1961)

A era tridentina se estende de 1545 a 1962. No século XVI, ocorrera a Reforma encetada por Martinho Lutero (1517) e, para tentar responder às várias contestações de então, foi convocado o Concílio de Trento em 1545. Sem dúvida, houve avanços na história da Igreja Católica. Como sempre ocorre com qualquer grupo humano ou instituição, o tempo vai minando o fervor dos inícios, a energia motivadora do Evangelho e acomodações vão se introduzindo e desfigurando os ideais fundantes. Os novos tempos também ensejam novas percepções, exigindo novos comportamentos, estratégias, conteúdos e desafios. Quem está atento e aberto ao Espírito Santo vai sabendo ler esses sinais e discernindo os novos caminhos.

O período, que vai de 1936, ano de nascimento de Moacyr, passando por sua entrada no seminário em 1949, até a sua ordenação presbiteral, em 1961, foi marcado por eventos significativos no Brasil e no mundo. Certamente, esses eventos incidiram sobre a sua vida, a sua educação e a sua relação com as pessoas. Era um tempo eclesial de ocaso do período romano e de cristandade.

O Brasil passava da era Vargas (Estado Novo) para o regime democrático, bastante assentado na economia agrária – capitalismo agrário. O capitalismo ianque exercia a sua supremacia no Brasil e na América Latina. Ocorreu a Revolução Cubana e aumentou a influência soviética na região. Ao mesmo tempo em que Moacyr recebia o Sacramento da Ordem, foi inaugurada a nova capital no Brasil: Brasília. A infância de Moacyr ocorreu numa cultura de medo, devido à Segunda Grande Guerra e, posteriormente, o tempo denominado Guerra Fria. O mundo estava dividido entre capitalismo e socialismo. Em regiões como a África aconteceu a descolonização. Na Alemanha, foi erguido o muro de Berlim.

Na Amazônia, houve a criação de prelazias configuradas por uma bacia hidrográfica e confiadas a um instituto religioso. A instalação das prelazias acelerou a presença de numerosos missionários vindos de outros continentes, sobretudo da Europa. A Amazônia era ainda um cenário pouco modificado pelas atividades humanas, sobretudo o agronegócio. Ainda existiam muitos povos originários isolados.

Moacyr Grechi viveu esse clima social, religioso e eclesial desde o seu nascimento, em 19 de janeiro de 1936, até o tempo de sua ordenação sacerdotal, em 29 de junho de 1961. Seus pais foram Urivalde Grechi e Eufemia Pescador Grechi.[1]

---

[1] Nos escritos que manuseei encontrei diferentes informações sobre o lugar de nascimento de Moacyr: Turvo, Meleiro e Araranguá. Segundo a REB v. XXXII, p. 710: "Pe. Moacyr, Provincial dos Servos de Maria no Brasil, é nomeado Prelado do Acre e Purus (17/07/1972). O novo Prelado nasceu aos 19 de janeiro de 1936, em Araranguá, diocese de Tubarão, SC". Entretanto, a certidão de nascimento que consultei diz que nasceu em Meleiro, SC.

II–De Meleiro a Roma (1936-1961)

No contexto familiar em Meleiro, no sul de Santa Catarina, onde nasceu, respirava os ares campesinos e seguia a espiritualidade tradicional. As escolas também se situavam num contexto social rural e veiculavam fortes vínculos com os valores familiares e religiosos.

O território de Turvo foi desmembrado de Meleiro e a distância entre as duas cidades era de cerca de 13,5 km. O nome do município lembra abelhas e mel. A região foi habitada por luso-brasileiros e depois por famílias italianas. Até a entrada no seminário, em Turvo, Moacyr transitou entre os municípios de Meleiro, Turvo e Araranguá. Nessa última cidade, cursou o antigo ginásio. Araranguá dista de Meleiro cerca de 22 km.

Turvo, onde Moacyr cursou o primário, teve uma presença marcante dos Servos de Maria, desde o ano de 1937. Ali, graças à solidariedade do povo, levantaram uma capela que viria a ser a Paróquia de Nossa Senhora da Oração. Erigiram também o Seminário Menor Nossa Senhora das Graças, em 1947. Complementando a sua formação básica, Moacyr fez o segundo grau e filosofia em São Paulo e São José dos Campos. Depois, estudou teologia em Roma, onde morou por quatro anos.

Em fevereiro de 1949, um amigo de Araranguá lhe escreveu, animando-o a seguir a vocação para a vida religiosa e a entrar no seminário:

> Um dia longínquo o Divino Hortelão deixou cair em teu nobre coração a sementinha tenra da vocação sacerdotal. Desabrochou em terra fértil, no remanso de teu lar, nos carinhos de pais idolatrados e cristãos exemplares. E agora, em que o grão de trigo amadureceu, é recolhido no celeiro santo do seminário para que, no dia de amanhã, se transforme na farinha com a qual será confeccionada

a Hóstia que se imolará a Cristo num santo e abençoado sacerdócio. As cruzes e entraves que com toda a certeza encontrarás em palmilhando a carreira do sacerdócio, no currículo do seminário serão outras tantas cinzeladas do Divino Artífice a burilar a tua alma, a fim de transformá-la na Sua imagem.

Moacyr ingressou no Seminário dos Servos de Maria em Turvo, em 1949. Fez o noviciado no Convento Nossa Senhora das Dores em São Paulo e ali, a sua primeira profissão.

A vida no seminário prosseguia com os conteúdos tridentinos, mas já caminhando para novas concepções de Igreja, da ciência bíblica, da liturgia, da pastoral etc. Isso deve ter provocado tensões, próprias de tempos de mudança.

No segundo ano de seminário, em março de 1950, recebeu entusiasta cartinha de outro amigo que o anima na vocação:

Todo começo é difícil. São dificuldades vindas de todos os lados. [...] A prática da bela virtude[2] requer um sempre renovado espírito de sacrifício, de constante renúncia de si mesmo. [...] Caríssimo Moacyr, não há esmorecer, ou sequer arrefecer na luta pela conquista do ideal. Deus, Maria SS, teus dedicados mestres, teus idolatrados pais – ó teus caros pais o quanto não te querem e fazem por ti e pela tua educação sacerdotal! – mesmo tua sublimíssima vocação merece de ti todo o devotamento e sacrifício.[3]

---

[2] Bela virtude era uma expressão usada, na terminologia antiga, para se referir à castidade.
[3] Arquidiocese de Porto Velho. Arquivo/Cúria. Papéis Avulsos.

De Turvo lhe escrevem os parentes em março de 1954, acusando o recebimento de sua cartinha e as fotos que enviou. "Ficamos todos muito contentes ao ver-te de batina... Que tenhas bastante saúde e que nosso Senhor abençoe tua vocação é o que pedimos... Nossos primos do tio Américo esperam uma cartinha tua e também um retrato com dedicatória".

Em outubro de 1954, o Pe. Ivo lhe escreveu uma cartinha repleta de amor, delicadeza e orientações para que ele superasse as dificuldades, provações e tentações que ocorrem no noviciado. Que ele não duvide da vocação, visto que até então deu provas de ser chamado para a vida religiosa e os superiores o animaram.

A respeito de tuas dificuldades espirituais deves-te animar para enfrentá-las com coragem, pois o noviciado é feito para isso: a nossa alma deve passar pelas provas mais inesperadas e disciplinar-se nas cruzes mais pesadas, para enfrentar a vida que agora começa para vós, mais emancipada, mais individual. Sempre conheci bem tua alma e sei que é bela e bem-amada por Deus: por isso tu sentes e magoas-te mais quando a serenidade habitual de teu espírito é turbada pelas tentações. As tentações não devem atrapalhar teu noviciado, mas sirvam para purificar a alma e te convencer da nossa miséria, e como necessitas do auxílio superior. Um dia sacerdotes, nós devemos fazer muita coisa e até milagres; como o nosso orgulho sentir-se-á estimulado se nós não tivermos a convicção de nossa mesquinhez. Jesus está preparando tua alma para estas grandes realizações de teu futuro sacerdotal.[4]

---

[4] Arquidiocese de Porto Velho. Arquivo/Cúria. Papéis Avulsos.

Na mesma cartinha, o Pe. Ivo transmite várias notícias da família servita e da casa de Turvo. Não se esquece de dizer: "Mas o Grêmio vai mal. Chegou a empatar com o São Paulo". Dá também muitas notícias da política local e das disputas entre os partidos políticos.

Estudando em Roma, Moacyr recebeu uma carta de frei Otávio, de Turvo, parabenizando os frades tupis-guaranis pelo êxito nos exames e lhe envia um abraço especial. Notícia que, para o ano de 1958, serão 130 os seminaristas. Diz o vigário: "Estive na casa de seu papai. Todos muito bem. Está sendo aterrado atrás de sua casa e no mesmo local o seu pai plantará fruteiras".[5]

Grechi ingressou no processo formativo para a vida sacerdotal na comunidade da Ordem dos Servos de Maria. É uma veneranda instituição da vida religiosa consagrada, fundada por sete pessoas, em Florença, Itália, no ano de 1233. Como Francisco de Assis, Domingo de Gusmão e outros tantos, esses senhores iniciaram a fundação da nova ordem abandonando a zona de conforto em que viviam para assumir vida simples e devotada no serviço ao próximo. Aos poucos, engendraram o carisma da nova ordem envoltos na espiritualidade mariana e misericordiosa. Leram a atitude de Maria ao pé da cruz como um convite a ser solidários com os que sofrem. Esse espírito mariano e apostólico incidiu fortemente na cultura, na vida cristã, na vida humana e cidadã de Moacyr. Na mensagem de solidariedade enviada a Dom Roque Paloschi, por ocasião da morte de Dom Moacyr, a CNBB destaca justamente esse aspecto: "Que o seu testemunho de amor aos mais vulneráveis permaneça gravado, de modo indelével, em cada coração. Que o legado missionário deste nosso irmão no episcopado nos anime na construção do Reino de Deus".[6]

---

[5] Arquidiocese de Porto Velho. Arquivo/Cúria. Papéis Avulsos.
[6] Nota da CNBB por ocasião do falecimento de Dom Moacyr, Brasília, 18 de junho de 2019.

II–De Meleiro a Roma (1936-1961)

No tempo de seminário, Moacyr foi acometido por uma grave doença pulmonar. Tornava-se difícil a sua permanência no seminário, em meio a muitos jovens e adolescentes. Teria de procurar tratamento e cura num ambiente mais propício, como a família ou sanatório. Era iminente a sua saída da casa de formação. Entretanto, o Superior começou a dispensar-lhe alguns cuidados especiais. Ele, por sua vez, levado pelo ardente amor a Maria, invocava-a filialmente implorando pela sua cura. E isso acabou acontecendo e ele concluiu a formação seminarística.

Estando em tratamento, em São Paulo junto à Comunidade dos Paulinos, depois de um grave acidente, encontrou numa estante uma estampa de Nossa Senhora do Silêncio. Dizia que ela fazia parte de sua história vocacional pois quando estava no seminário foi acometido por grave enfermidade: "Me pus aos pés de Nossa Senhora do Silêncio. Rezei com confiança, pedi minha cura, somente assim poderia continuar na caminhada para ser Servo de Maria para o resto de minha vida. Com seis meses fiquei curado. A imagem de Maria ficou gravada no meu coração".[7]

A irmã Maria Benedetta Zolin, das Servas de Maria de Galeazza, também cuidou do jovem Moacyr – com cuidados de mãe – quando ele, muito jovem e de saúde frágil, com problemas pulmonares, estudava no Colégio de Ronzano, dos Servos de Maria, em Bologna, Itália.[8]

Moacyr cursou filosofia no Seminário Central do Ipiranga e completou os seus estudos em 1957, em São José dos Campos, SP, no Seminário das Missões. Obteve Licenciatura Plena em Teologia

---

[7] Depoimento recolhido por Ir. Maria de Fátima Gonçalves.
[8] Informação prestada por Ir. Maria Rosália Saccardo, das Servas de Maria de Galeazza, à Ir. Fátima Gonçalves. Rio Branco, AC. Ir. Benedetta Zolin era sua prima.

na Faculdade Teológica "Marianum", em Roma. Em 1958, fez a Profissão Solene dos Votos Religiosos em Roma.

Moacyr aliou o seu forte ardor apostólico a um acendrado amor aos estudos. Não se acomodou jamais e assumiu um dos aspectos da formação permanente, que é a leitura. Além da formação seminarística básica (filosofia e teologia), fez também pós-graduação em teologia em Roma. Era um estudioso da mariologia.

O forte interesse pelo conhecimento e a vocação para os estudos tornaram-no um homem erudito, mas que também soube aliar cultura e humor num mesmo frasco.

Considero-me um privilegiado, na Teologia, no "Marianum", em Roma, incentivado por bons professores, descobri os "Santos Padres" e a excelente Biblioteca; nela podia encontrar seus escritos em mais de uma língua. Aprofundei mais Santo Agostinho, inclusive, autor de nossa Regra (OSM). Li também Ambrósio, Cirilo de Jerusalém, Gregório, Crisóstomo e outros, além dos textos da Liturgia das Horas. Temos agora, uma tradução da "Regula Pastoralis", de São Gregório Magno ou Gregório, o Grande. Uma riqueza de obra pela sua organicidade e metodologia pastoral.[9]

Ele fez mestrado em teologia em Roma. Era um homem de grande erudição, lia em diversos idiomas, tinha senso de humor apuradíssimo, exímio orador, capaz de entusiasmar a audiência desde as primeiras palavras. Destacava-se pela lealdade às pessoas, amigo dos pobres, que defendeu por toda a vida. Era um grande promotor da leitura popular da

---

[9] Dom Antônio Fontinele, Humaitá, em 19 jun. 2024, recolheu essa fala de Dom Moacyr.

Bíblia, deu grande impulso às comunidades eclesiais de base (CEBs), as quais se estruturam a partir da centralidade da Palavra de Deus.[10]

Diz Ir. Fátima, que catalogou 2.625 livros e coleções na biblioteca de Dom Moacyr:

> Em todos existiam páginas marcadas com lápis ou marcadores. Isto me chamou à atenção, mas não foi surpresa para mim. Nos últimos anos passava o dia no escritório lendo livros, revistas; os Documentos da CNBB, do papa e livros dos grandes teólogos da atualidade. Conhecia e lia as obras de teólogos da Teologia da Libertação do Brasil e alguns da América Latina, da Espanha, Itália. Fazia as críticas quando encontrava posição "exagerada" e elogiava as devidamente coerentes [...] Dom Moacyr foi meu professor de cristologia no curso de teologia em Rio Branco, muito rígido nas reflexões teológicas, percebia-se que pesquisava em grego, francês, latim, italiano, espanhol. Buscava bons escritores no intuito de contribuir para o discernimento das lideranças a partir da Palavra.

O Papa Bento XVI, ao enviar-lhe afetuosa saudação por ocasião do Jubileu de ordenação sacerdotal, recordava:

> Entrado na Ordem dos Servos de Maria, depois de cumprir o noviciado e em seguida os Cursos de Filosofia em São Paulo e de Teologia com Licenciatura em Mariologia em Roma, nesta mesma Santa Cidade recebeste a ordenação sacerdotal. Regressando ao Brasil, assumiste com competência e com zelo alguns ofícios por parte da tua Ordem

---

[10] Pe. Valdecir L. Cordeiro. Declaração ao G1 em 17 jun. 2019.

religiosa, entre os quais os cargos de Prior Provincial e de Prelado "sem caráter episcopal", da então Prelazia do território do Acre e Purus.[11]

Terminados os estudos e ordenado presbítero no dia 29 de junho de 1961, em Roma, Moacyr foi professor e reitor do Seminário em Turvo, bem como Prior da Comunidade. Logo em seguida, foi membro do Conselho Provincial. Foi eleito Provincial de sua Ordem no Brasil em São Paulo. Em 1972 foi nomeado bispo-prelado para a Prelazia do Acre e Alto Purus.[12]

2. Criação da Prelazia do Acre e Alto Purus

Desde o início do século XX, ventilava-se a criação de uma prelazia ou diocese, por iniciativa de Dom Frederico, bispo do Amazonas. E foram feitas reuniões, pelo final do ano de 1910, na localidade Empresa, Alto Purus, presididas por ele.[13] O Papa Bento XV também estava atento a esses vastos espaços de difícil evangelização, seja pelas suas geografias, seja pela dificuldade de pessoal. Então, no dia 4 de outubro de 1919, ele criou a Prelazia do Alto Acre e Alto Purus pela Bula *Ecclesiae universae regimen*. A nova circunscrição foi confiada à Ordem dos Servos de Maria. A prelazia foi denominada Prelazia de São Peregrino Laziosi.[14]

---

[11] Arquidiocese de Porto Velho. Livro de Tombo, tomo 9º, p. 132.
[12] REB, v. 32, fasc. 127, p. 710.
[13] REB, v. 32, fasc. 127, p. 710.
[14] Peregrino foi um jovem rebelde da cidade italiana de Forli, na Emília Romagna, que se insurgiu contra o enviado do papa vindo para apaziguar os ânimos na região. Mas pouco depois, arrependeu-se e pediu para ingressar na Ordem dos Servos de Maria. Foi um religioso muito servidor e penitente. Canonizado por Bento XIII em 1726 e declarado padroeiro dos cancerosos por Pio XII (Conti, Servílio. O santo do dia, p. 195).

Tinha, então, 70 mil km² e 70 mil habitantes. Era sufragânea da Arquidiocese de Belém do Pará.

Com fervor missionário, dedicação e respeito, a Igreja do Acre e Purus foi fazendo caminho, aprendendo, discernindo, inculturando-se e adquirindo uma "feição mais solidária, samaritana, ministerial, missionária; mais presente e próxima do povo".[15] Como as demais prelazias da Amazônia, era conformada pelo mundo das águas, com grandes rios cortando o seu território como o Purus, o Iaco, o Chandlles e o Acre.

Teve início, então, o árduo trabalho do prelado e dos freis: conhecer a realidade, organizar as paróquias, travar contato com o meio cultural, social, político e religiosidade do povo; organizar a pastoral, àquele tempo mais sacramental e muito dependente dos padres; conhecer a dura realidade das comunidades, dos ribeirinhos, dos povos originários, o quotidiano dos seringueiros. A pastoral da época era denominada de desobriga. Não se pode negar a dedicação total desses missionários num ambiente completamente distinto daquele de suas origens.

O trabalho prelatício iniciava num período de decadência da exploração da borracha. Então, na região, o aspecto socioeconômico não era dos melhores.[16]

As primeiras Irmãs Servas de Maria Reparadora, fundadas por Madre Elisa Andreoli, chegaram à prelazia, em Sena Madureira, em novembro de 1921. A prelazia, os freis e as irmãs

---

[15] Puebla n. 404: "Que a Igreja particular se esmere por adaptar-se, realizando o esforço de transvasamento da mensagem evangélica para a linguagem antropológica e para os símbolos da cultura em que se insere".
[16] Grechi, Moacyr. Comunidade de Fé e Homem Novo na Experiência da Igreja do Acre e Purus, p. 896. Apresenta o cenário acreano por volta de 1960-1970.

desenvolveram um vasto catolicismo social (escolas, orfanato, leprosário, escotismo, hospital...) com obras de benemerência, atendendo os mais elementares direitos humanos. Aos poucos, a ação, tanto pastoral como social, da Igreja foi descobrindo os melhores caminhos à luz do Evangelho e da realidade social.

As irmãs preservaram o seu itinerário missionário registrando em livro os principais eventos:

> No dia 27 de junho de 1921 da Casa Mãe das Irmãs Servas de Maria Reparadoras de Adria, partiram cinco Irmãs e uma Postulante para a missão do Alto Acre e Alto Purus, no Brasil. Munidas de duas cartas: uma do Exmo. Sr. Mons. Anselmo Rizzi, atual Bispo de Adria com a qual aprovava a passagem das Irmãs para esta Prelazia; a outra da Revma. Madre Superiora, Irmã Elisa M. Andreoli que, enviando para lá suas filhas confiava aos cuidados paternais e amorosos do Exmo. Mons. Próspero Bernardi, bispo-prelado desse território. No dia 21 de novembro chegaram em Sena Madureira. Foram ao seu encontro o Revmo. Pe. Michele M. Lorenzini, vigário desse lugar, autoridades civis, as Filhas de Maria e grande parte da população. Acompanhadas até a Igreja, foram recebidas pelo Exmo. Mons. Bispo que se dignou celebrar a santa Missa, na intenção das Irmãs. Ato seguido, pronunciou algumas palavras de ocasião concluindo com pastoral bênção. – Irmã M. Constantina Gian, Serva de Maria, Superiora.[17]

---

[17] Servas de Maria Reparadoras. Registro dos eventos extraordinários da Comunidade SM. Senna Madureira. 25 de novembro de 1921 até 1961 (em italiano).

II–De Meleiro a Roma (1936-1961)

Não era fácil para entusiastas missionárias/os vindos da Europa compreender e penetrar na religiosidade e na cultura popular. Diríamos hoje, "estar em saída". Mas, muitos/as, com o tempo, conseguiram se deixar educar e se evangelizar pelo povo. Mesmo sabendo que o povo era depositário de uma cultura nordestina baseada em santos, devoções, procissões, novenas... Aos poucos, foram sendo desvendados os mistérios do paraíso verde, das potencialidades das pessoas, da natureza, bem como os sofrimentos das criaturas desse bioma.

O primeiro bispo-prelado foi Mons. Próspero Bernardi, ordenado em 1920. Ele chegou em Sena Madureira, sede da nova prelazia, no dia 11 de agosto e a prelazia é instalada no dia 15 de agosto de 1920.[18]

Pelos anos 1940, em plena Segunda Grande Guerra, os/as missionários/as assistiram a uma nova investida sobre o bioma amazônico, tendo como mola propulsora a extração da borracha. Aos representantes dessa nova onda migratória deu-se o nome de "soldados da borracha". Os nordestinos[19] trocavam o árido sertão pela planície verde e úmida da Amazônia. Foi também um momento de violência contra os nativos que habitavam a região, destacando-se: Jamamadi, Apurinã, Manchineri, Jaminawá, Kaxinawá, Kulina.[20]

No ano de 1958, a sede da Prelazia Nullius de São Peregrino Laziozi do Acre e Purus passou a se chamar Prelazia do Acre e Alto

---
[18] Servas de Maria Reparadoras. Registro dos eventos extraordinários da Comunidade SM. Senna Madureira. 25 de novembro de 1921 até 1961, p. 90.
[19] Ferrarini, S. Transertanismo. O sofrimento e a miséria do nordestino na Amazônia.
[20] Pertíñez Fernández, J. História da Diocese de Rio Branco, parte I, p. 217.

Purus e o templo dedicado a Nossa Senhora de Nazaré foi elevado a Catedral Prelatícia e a sede transferida de Sena Madureira para Rio Branco,[21] na margem esquerda do Rio Acre. A construção da Catedral na nova sede prelatícia fora iniciada no ano de1948.[22]

O segundo bispo-prelado, agora na nova sede em Rio Branco, foi Dom Júlio Maria Mattioli, em 1948 († 1962). Dom Júlio iniciou o trabalho vocacional visando a formação de um clero diocesano. Os primeiros seminaristas foram enviados para Cochabamba, Bolívia, no ano de 1949. Durante o seu múnus prelatício ocorreu a Segunda Grande Guerra. Neste período, o Brasil cortou relações com a Itália e, como resultado imediato, os missionários/as da prelazia tiveram de se submeter a várias exigências do governo.

Dom Júlio também esteve em Roma, por ocasião da proclamação do Dogma da Assunção, em 1950. Em 1952, foi fundada a CNBB. No ano de 1954, aconteceu uma assembleia dos bispos em Belém do Pará com a presença de Dom Júlio, tendo como secretário Dom Helder Camara. Outra assembleia ocorreu em Belém em 1957, com a presença do presidente da República Juscelino Kubitschek.

Em suas jornadas no trabalho missionário na Floresta Amazônica, os bispos foram conhecendo os varadouros, os rios e os igarapés; eram as vias de comunicação, de transporte. Nestes caminhos, os missionários também realizavam as desobrigas. Tudo carecia de tempo, paciência, saber ver e ouvir as realidades, os clamores. Conhecer os povos nativos. Sobre o contato com os povos nativos, destaca-se a atuação do frei Paolino Baldassari.

---

[21] Pertíñez Fernández, J. História da Diocese de Rio Branco, parte II, p. 237; História da Diocese de Rio Branco, p. 229 descreve a Catedral de Nossa Senhora de Nazaré.

[22] Pertíñez Fernández, J. História da Diocese de Rio Branco, parte III, p. 229.

O terceiro bispo-prelado foi Dom Giocondo Maria Grotti (1928-1971). Dom Giocondo conhecia muito bem a realidade da região da prelazia e exerceu com muita dedicação o seu pastoreio. Ele iniciou o seu ministério no ano de 1963. Durante a visita do presidente Castelo Branco ao Acre (1966), Dom Giocondo entregou-lhe uma carta analisando a situação global do estado e fazendo pedidos. Dizia que os mandatários de Brasília não se importavam com o Acre: "O Acre está longe". Não usou meias palavras para expor o tipo de lideranças políticas no Estado,[23] apresentou dados sobre a péssima situação da educação e da saúde.

Coube a Dom Giocondo implementar as orientações do Vaticano II e de Medellín. Como meio de comunicação e informação, o bispo criou o Boletim *Nós Irmãos*. Preocupou-se com a formação de agentes de pastoral. As obras sociais respondiam a gritantes necessidades dos acreanos. Quase 90% das crianças que nasciam morriam antes de um ano de idade; num cenário de mil pessoas, 16 eram doentes de pele (hanseníase), um dos maiores índices do mundo. Dom Giocondo inaugurou o Hospital Santa Juliana em 1968 e, em 1970, o Leprosário. No seu tempo de bispado, a Igreja passou de uma pastoral sacramentalista para uma pastoral evangelizadora.

Os novos rumos que a prelazia ia tomando, bem como a Igreja do Brasil, foram sendo confrontados com o novo regime que ia se solidificando no Brasil: tempos duros da ditadura cívico--militar. Uma obra social e pastoral que falasse muito de pobres, conscientização, libertação, participação, solidariedade... o regime passou a considerar ideias comunistas. Muitos agentes pastorais foram perseguidos, inclusive no Acre. Foi o caso do Pe. Jules Albert Ferrnand Vitte. O regime militar dizia que ele estava "servindo à

---

[23] Pertíñez Fernández, J. História da Diocese de Rio Branco, parte I, p. 465.

causa do comunismo internacional e estimulando a subversão na região".[24] O Pe. Jules foi banido do Acre. Em sua missa de despedida, ele disse: "apenas pretendi e pretendo servir à Igreja Católica, transmitindo a luz libertadora, pacífica e fraterna do Evangelho de Jesus Cristo. Recuso categoricamente as acusações falsas, injuriosas e mentirosas formuladas contra mim". Dom Giocondo, que se encontrava em São Paulo, escreveu-lhe manifestando o seu apoio. Houve forte reação de solidariedade por parte do clero e do povo.[25]

Nos fundos da Catedral de Rio Branco, há a seguinte placa comemorativa:

> Moção de Reconhecimento Público. 50 anos do retorno de Dom Giocondo à morada celeste. – A Ordem dos Advogados do Brasil, Seccional (OAB/AC) presta Moção de Reconhecimento Público In Memoriam ao Bispo da Prelazia do Acre e Purus DOM GIOCONDO MARIA GROTTI – por sua atuação em defesa dos menos favorecidos e colaboração para a criação do primeiro Curso de Direito do Estado, na Universidade Federal do Acre (UFAC), do qual também foi aluno. Rio Branco, Acre, 28 de setembro de 2021. Erik Venâncio Lima do Nascimento. Presidente da OAB/AC – Dom Joaquín Pertíñez Fernández, Bispo Diocesano de Rio Branco.

Frei Betto diz que se pode contemplar o retrato de Dom Giocondo em toda a prelazia, nas casas e tapiris do povo. "Foi ele quem plantou as sementes que agora começam a frutificar. Ficou no coração do povo porque tinha o povo no coração."[26]

---

[24] Cadiolli Basílio, S. T. A luta pela terra e a Igreja Católica nos vales do Acre-Purus (1970-1980), p. 124 *et seq.*
[25] Pertíñez Fernández, J. História da Diocese, p. 510.
[26] Christo, Alberto Libânio (Frei Betto). O canto do Galo, p. 279.

II–De Meleiro a Roma (1936-1961)

Por essa época, foi elaborado o primeiro Plano de Pastoral da prelazia e novas feições eclesiológicas surgiram com a criação das Comunidades Eclesiais de Base. Esse novo vigor apostólico trouxe à prelazia o quarto bispo-prelado: Dom Moacyr Maria Grechi.

Ao chegar ao Acre, Dom Moacyr não tinha muita consciência da situação geográfica e sociopolítica do seu novo ambiente missionário. Percorrendo os seus caminhos a pé, a cavalo, de barco, ele detectou o sofrimento dos povos e foi aprendendo no contato direto com a sua gente, conhecendo a sua real situação e o peso opressor do mandonismo local. A exemplo de Dom Romero, Dom Moacyr percebeu que era oportuno preservar certa distância dos chefões, sem ignorar o diálogo, e passar a ouvir os clamores advindos da base. No programa Roda Viva,[27] Dom Moacyr enfatizou essa evolução em sua vida social e pastoral. À medida da evolução do seu entendimento sobre aquele novo ambiente, prevaleceu em Dom Moacyr a compreensão e a sensibilidade ao clamor dos povos da floresta.[28] Ele foi desenvolvendo sua missão de pastor,

> sempre ao lado do povo a ele confiado, sempre enfrentando, desde os anos que passou no Acre, a violência que atingia a vida e os direitos dos indefesos posseiros e suas famílias ensinando a coragem do enfrentamento. Ele era um articulador da fé comprometida com as causas sociais. Corajoso, denunciava os crimes do latifúndio, corrupção de políticos, descaso na saúde, aplicação indevida de recursos, danos ao meio ambiente, violência contra colonos

---

[27] Fundação Padre Anchieta. TV Cultura. Roda Vida, 16 jan. 1989.
[28] Povos da floresta são os povos nativos, os seringueiros, ribeirinhos, caboclos. Gente que vive dos recursos da floresta sem, entretanto, depredá-la.

e comunidades indígenas, retirada ilegal da madeira, todo tipo de tortura, violência e assassinatos de lideranças.[29]

Falar de Rio Acre, Rio Purus, estado do Acre é imergir no mundo dos seringais e dos seringueiros. Esse cenário esteve presente desde o início da exploração da *Hevea Brasiliensis* por volta da Segunda Grande Guerra. A sociedade girava em torno do seringal, do barracão, dos tapiris. Emergiu toda uma cultura da seringa: horário de trabalho, instrumentos de trabalho, terminologia criada do extrativismo, trocas de mercadorias, espiritualidade. Desse cenário pode-se construir hoje em dia uma teologia, uma pastoral, uma espiritualidade marcada pelo sofrimento do seringueiro. Dom Joaquín Pertíñez nos brindou com um trabalho muito significativo: *Cristo Seringueiro. Aproximação a uma Cristologia do seringal.*[30]

Dom Joaquín, com um trabalho realmente benedito, nos legou rica história dos primeiros tempos da prelazia, vasculhando os preciosos *Livros de Tombo* que nos revelam o quotidiano dos missionários, os seus trabalhos, as suas alegrias e as suas dores.

---

[29] Neurimar Pereira da Silva, depoimento. Neurimar foi secretária de Dom Moacyr Grechi, no período de 2001 a 2012.
[30] Coleção Páginas da Nossa História, v. 11.

III
Ministério Presbiteral (1961 a 1972) Tempos do Vaticano II e de Medellín

1. Cenário eclesial

O prelado Dom Giocondo participou do Concílio Vaticano II. Aquela experiência trouxe intuições, inspirações e orientações para uma Igreja convidada a voltar às fontes e a contemplar as alegrias, as dores e as esperanças do mundo (GS n. 1). Convite também a rever a prática pastoral e o modelo de ser Igreja.

A década de 1960 foi rica em eventos eclesiais. Após o Vaticano II, a barca de Pedro continuou pilotada por Paulo VI. Na festa da Páscoa de 1967, o papa publicou um célebre documento intitulado *Populorum Progressio*, sobre o Desenvolvimento dos Povos,[1] conhecido pela sigla PP. Foi um documento muito lido e apreciado não somente no mundo católico. O papa dizia: "A situação presente do mundo exige uma ação de conjunto a partir de uma visão clara de todos os aspectos econômicos, sociais e culturais. [...] A Igreja, vivendo na história, deve estar atenta aos sinais dos tempos e interpretá-los à luz do Evangelho" (PP n. 13).

---

[1] Paulo VI. O desenvolvimento dos Povos.

Esse período animou também severas transformações políticas e econômicas. O mundo seguia no clima da Guerra Fria. Tanto de um lado como de outro dessa bipolaridade, os movimentos de libertação eram sufocados pelos tanques e armas, como ocorreu com a Primavera de Praga, na Tchecoslováquia. No Brasil, agia o governo militar com viés de truculência e de opressão, perseguindo tudo o que considerava inclinado para o socialismo. Na América Latina, também se instauraram outras ditaduras militares. Na Amazônia, vivia-se a euforia dos projetos faraônicos como a Transamazônica, os PIN, a Sudam e a Suframa, e as migrações induzidas para a região. E o território do Acre foi alçado à condição de estado.

No ano de 1968, aconteceu a Segunda Conferência do Episcopado Latino-americano, em Medellín, Colômbia, com a presença do Papa Paulo VI. As conclusões dessa magna Assembleia – um verdadeiro Vaticano na América Latina – motivou enormemente as Igrejas locais a enveredar no espírito do Concílio. Os pastores eram animados pelo Papa Paulo VI,[2] que presidiu a abertura da Conferência.

No tempo em que as Igrejas latino-americanas se animavam com novos ares, ocorriam na região enormes retrocessos políticos, sociais e econômicos. Era uma área fornecedora de matérias-primas para o mundo desenvolvido e devia estar sob a égide de uma ideologia: capitalista ou socialista.

No Acre, muitos seringais tornaram-se fazendas e se fazia propaganda para que o pessoal do Sul viesse ocupar "um espaço vazio, sem gente". Tal movimento e a nova dinâmica de exploração da terra estimularam conflitos. Pequenos produtores, seringueiros

---

[2] Giovanni Montini (1897-1978) foi eleito papa tomando o nome de Paulo VI (1963-1978). Concluiu o Concílio Vaticano II, convocado por João XXIII.

foram sendo expulsos; extensões enormes de terra foram desmatadas, o gado ocupando cada vez mais espaços. Como consequência, a região experimentou um grande êxodo rural, rumo às cidades. Surgiram grandes questionamentos para a Igreja face a esse novo cenário.

A Igreja do Acre e Purus, motivada pelo Concílio, por Medellín e pelo Plano de Pastoral de Conjunto da CNBB para o triênio 1966-1970,[3] passou a valorizar mais a formação do laicato, agentes de pastoral, formação bíblica. Um grande fruto dessa nova eclesialidade que surgia foram as Comunidades Eclesiais de Base.

Começaram a ser organizadas Assembleias dos Agentes de Pastoral da prelazia, incluindo leigos/as. Era sinal de renovação que ganhava força. A primeira Assembleia ocorreu em maio de 1971. O elo de comunhão e informação foi o Boletim *Nós Irmãos*, assim como programas radiofônicos. Frei Moacyr ainda não fora elevado ao episcopado, mas participou da Assembleia Geral da Prelazia que traçou as novas linhas pastorais da Igreja no Acre e Purus e incentivou as CEBs.[4] O padre que compunha a comunidade que iniciou uma experiência pioneira relata:

> Em fevereiro de 1971, uma equipe formada por um padre e dois leigos deslocou-se para o bairro, pensando simplesmente em morar lá, no meio do povo, e tomar conhecimento de sua situação. Lá dormíamos, almoçávamos e jantávamos, apesar de, como parte da população adulta, termos de trabalhar em Rio Branco. Fomos assim, fazendo amizade

---

[3] O Objetivo Geral deste plano era: criar meios e condições para que a Igreja no Brasil se ajustasse, o mais rápido e plenamente possível, à imagem da Igreja do Vaticano II.
[4] Cadiolli Basílio, S. T. A luta pela terra e a Igreja Católica nos vales do Acre-Purus (1970-1980), p. 144.

com a vizinhança. A maior parte do povo, amigos meus, que vinham pela primeira vez ao bairro à minha procura, encontravam muitas pessoas surpresas de que alguém fosse lá atrás de um padre, se lá nunca teve padre. Algumas pessoas, porém, alegraram-se por descobrirem minha presença e vieram perguntar-me quando haveria procissão, preparação para os meninos da primeira comunhão, se teria agora missas aos domingos, quando seriam os batizados e, uma pergunta bem importante para muitos era quando o padre ia fazer o arraial para a construção da Igreja de Santa Teresinha.[5]

Dessa experiência participou também o Pe. Leôncio José Asfury. Assim foi gestada a Comunidade Eclesial no Bairro Estação Experimental (Santa Terezinha).

Desse estar com o povo e participar de seu cotidiano apareceram os primeiros grupos de reflexão que aos poucos se multiplicaram. "E começaram a surgir aqui e acolá os primeiros galhos dessa grande árvore que tinha em Cristo o seu tronco". Foram então aparecendo os grupos de evangelização, uma comunidade participativa, uma fé mais sólida e maior compromisso social. A Igreja do Acre e Purus foi descobrindo a importância de uma ação pastoral, evangelizadora junto com o povo.

2. Ministério na Ordem dos Servos de Maria

Antes de assumir a prelazia no Acre, frei Moacyr passou onze anos vivendo como presbítero em Turvo, como formador no Seminário dos Servos de Maria e posteriormente como Superior

---

[5] Grechi, M. Comunidade de Fé e Homem Novo na Experiência da Igreja do Acre e Purus, p. 901.

III – Ministério Presbiterial (1961 a 1972)

Provincial. Foram tempos marcantes, muito ricos de eventos eclesiais. A Igreja viveu os tempos alvissareiros do Concílio Vaticano II. A maioria das forças pastorais (clero, episcopado, religiosas e religiosos) enveredou no conhecimento, no estudo e na aplicação dos documentos conciliares. Na América Latina (no Brasil), essa força renovadora foi alimentada pelas decisões dos bispos em Medellín. Em numerosos lugares, germinaram células vivas de uma nova vida eclesial. Uma de suas manifestações foram as Comunidades Eclesiais de Base, que dão uma marca característica à Igreja do Acre e Purus. Na Amazônia, esse clima de novos horizontes eclesiais foi fortalecido com o encontro dos bispos em Santarém em 1972. Pe. Moacyr mergulhou nessas novas visões, novos paradigmas de mundo e de Igreja. Ele assumirá o múnus de pastor embalado pelos ideais, propostas e desafios do Vaticano II, Medellín e Santarém.

Em 29 de junho de 1961, o Pe. Moacyr foi ordenado presbítero na Igreja de São Marcelo em Roma. Essa Igreja, situada na *Via del Corso*, perpetua o nome do mártir Papa Marcelo. Em 1368, essa histórica construção foi confiada à Ordem dos Servos de Maria, à qual pertence Dom Moacyr Grechi. Daí a escolha desse cenário para ordenação presbiteral. Em meados de 1961, ele regressou ao Brasil e foi nomeado formador no Seminário da Ordem, em Turvo, onde permaneceu até 1971.

No Capítulo Provincial de sua Província do Brasil, em São José dos Campos, Moacyr foi eleito provincial, em fevereiro de 1970, e para vice provincial frei André Ficarelli. Governaram a Província de 1970 até meados de 1972. Frei Moacyr foi eleito provincial aos 34 anos. Ele permaneceu nesse cargo até julho de 1972, quando o Papa Paulo VI o nomeou para o pastoreio da Prelazia do Acre e Purus no dia 19 de julho de 1972. Tinha, então, 36 anos de idade.

45

Como provincial, coube-lhe visitar muitas vezes as missões dos Servos de Maria no Acre. Fato trágico foi a morte de Dom Giocondo, em desastre aéreo. Moacyr dirigiu-se logo para o local do acidente para reconhecer o corpo de Dom Giocondo:

> "Reconheci pelo crucifixo, que estava intacto." Diz que, em seguida, começou a ficar um tanto perturbado, pois as coisas se encaminhavam para indicação de seu nome para sucedê-lo, situação que o deixou apavorado: "Deitei-me na própria cama de Dom Giocondo e chorei amargamente. Novamente, me vejo diante da imagem de Nossa Senhora do Silêncio, a mesma imagem que me curou da tuberculose no período do aspirantado. Rezei e Nossa Senhora me auxiliou mais uma vez".[6]

Essa etapa de vida e eclesial de Moacyr se encerrou com um evento marcante para a Igreja na Amazônia: o Encontro de Santarém, em 1972.[7] Foi um marco importante para uma nova eclesialidade, uma nova pastoral na Amazônia.

Dom Erwin destaca uma das características da espiritualidade de Moacyr:

> Dom Moacyr pertencia à Ordem dos Servos de Maria. É uma das ordens mendicantes do século XIII. Por isso ele se chamou Dom "Frei" Moacyr. Frei Rinaldo OSM, em 1995 ordenado padre por Dom Frei Moacyr, perguntado sobre o carisma dos Servos de Maria disse: "Com Maria, o Servo de Maria quer estar aos pés das infinitas cruzes da

---

[6] Testemunho recolhido por Ir. Fátima Gonçalves.
[7] Santarém é uma cidade paraense situada à margem direita do Rio Amazonas, na foz do Rio Tapajós. Ali ocorreu o Encontro dos Bispos da região amazônica em 1972.

humanidade onde Cristo continua sendo crucificado nos mais carentes, indefesos, marginalizados e doentes". Creio que não exista uma frase que melhor possa descrever o carisma que nosso Dom Frei Moacyr Grechi, OSM viveu até o fim de seus dias.[8]

Dom Joaquín Pertíñez oferece um apanhado sobre os anos que medeiam a vida de Moacyr desde os tempos de padre até o início de seu ministério episcopal no Acre:[9]

> Era Provincial da Província do Brasil, quando foi nomeado bispo, para assumir a Prelazia após a morte trágica de Dom Giocondo. Ele já conhecia a Prelazia desde seu tempo de provincial, tendo feito várias visitas fraternas aos religiosos da Província que trabalhavam no Acre.
>
> Desde o primeiro momento assumiu consigo a responsabilidade de conduzir a Prelazia pelo caminho da renovação, que Dom Giocondo tinha iniciado e dado já os primeiros passos. [...] Nas suas visitas pastorais às paróquias procurava escutar a voz do povo, seus problemas e preocupações, através dos líderes e monitores das comunidades.

Desde o dia 6 de agosto de 1972, Moacyr se encontrava à frente de seu novo ministério no Acre. A sua ordenação episcopal aconteceu em 21 de outubro de 1973. E ele adotou como princípio para o seu ministério episcopal: "O último de todos e o servo de todos" (Mc 9,35). Foi um pastor experimentado pelo sofrimento por sua fidelidade a Cristo, ao povo e à natureza, vivendo e realizando o itinerário do cristão expresso em Mt 25.

---

[8] Depoimento de Dom Erwin Kräutler C.PP.S., bispo emérito do Xingu.
[9] Pertíñez Fernández, J. 100 personagens da nossa história, p. 455.

Dom Fontinele destaca o seu estilo de vida:

> Ao recordar Dom Moacyr, percebo que seus ensinamentos me inspiram a viver o presente e alimentam a minha esperança; sua imagem de pastor orante, um autêntico servo de Maria, teólogo e homem do povo e do diálogo, das pequeninas comunidades, que vibrava com suas lutas por uma vida melhor, a ponto de exclamar: "Gente simples, fazendo coisas pequenas, em lugares não importantes, conquista coisas extraordinárias", na abertura do 12º Intereclesial das CEBs, de 2009.[10]

Aos poucos ele foi edificando uma Igreja e uma comunidade eclesial com rosto amazônico:

> Homem do diálogo, as pessoas o procuravam e vinham ao seu encontro, acreditava em uma Igreja com rosto próprio na Amazônia, formada por cristãos capazes de enfrentar desafios pelo Reino de Deus e viver sua missão no contexto amazônico. Sempre ouviu e valorizou a palavra dos pequeninos, nas comunidades, nas pastorais, movimentos eclesiais e sociais, no meio político, no café com jornalistas, nas assembleias e em situações de conflito, convicto de que a Igreja não podia ficar alheia à realidade, "ela tem de correr riscos, inclusive de morte", afirmou em sua entrevista à equipe do Instituto Humanitas da Unisinos (20 dez. 2012).[11]

---

[10] Depoimento de Dom Antônio Fontinele.
[11] Depoimento de Neurimar Pereira.

IV
Serviço pastoral em Rio Branco (1973 a 1998)

1. Mergulho no cenário amazônico

Dom Moacyr recebeu a missão de pastorear uma área muito remota geograficamente e convulsionada em termos políticos e econômicos, mas com renovada vitalidade eclesial. Os novos tempos derivados do Concílio, de Medellín e de Santarém vinham impulsionados por seu antecessor Dom Giocondo. Respiravam-se ares de renovação, anseios de libertação e de espiritualidade mais viva e encarnada.

Quando Dom Moacyr chegou na região acreana, grassava a violência, o sofrimento do povo: "Diante dessa situação, na verdade, eu temia enfrentá-la. No dia da ordenação de bispo, durante a ladainha fiz um pedido insistente a Deus: a graça de ser compreendido pelos mais pobres e sabedoria para conduzi-los na fé e na esperança por um mundo melhor".[1]

Esse período de trabalho no Acre (1973-1998) foi povoado de eventos marcantes como o surgimento do CIMI, CPT, CEBs, planos de

---
[1] Depoimento de irmã Fátima Gonçalves.

pastoral, visitas pastorais. Moacyr também se envolveu em comissões pastorais, participando dos Encontros Intereclesiais; esteve presente na Conferência de Puebla e nas reuniões da CNBB em nível de Brasil e da Amazônia. Veremos detalhadamente esses eventos em seguida.

Na sua prelazia/diocese a Igreja sofreu muita pressão e violência contra as fortes expressões sociais e eclesiais como: CEBs, sindicatos, assembleias, catequese, manifestações populares. A violência resultou, inclusive, na morte de sindicalistas, líderes. Enquanto isso, avançavam os grandes projetos como Perimetral Norte, Transamazônica, Projeto Carajás, latifúndios, desmatamentos. No Brasil, a Nova Constituição produziu uma nesga de esperança democrática. Ao mesmo tempo, o mundo assistia à "queda do muro de Berlim".

O ambiente pastoral de Dom Moacyr era diverso, desafiador e sofria severas transformações. Era área de abrangência da SUDAM,[2] tempos de criação e atuação dos Planos de Integração Nacional (PIN), transamazônica, RADAM.[3] A Polamazônia foi criada em 1974 com os seus Polos Agropecuários e Agro Minerais. O Polo Acre, com jurisdição de 8.7753 km², relacionava dentre os seus objetivos: construção do porto de Rio Branco, construção de armazéns para produtos agrícolas e novo mercado; apoio ao Programa de Estímulo à Produção da Borracha;[4] desenvolvimento da pecuária; apoio aos núcleos urbanos ao longo da BR – 236. No período de 1975-1981, o Acre registrou 169 projetos, dos quais 44 concluídos, 122 em andamento e 3 paralisados.[5]

---

[2] Superintendência do Desenvolvimento da Amazônia (1966) substituiu a SPVEA criada em 1946.
[3] Oliveira, A. E. Ocupação humana, p. 271.
[4] Probor, Programa de incentivo à produção da borracha vegetal. Incentivo para a cultura das seringueiras, criado em 1972.
[5] Oliveira, A. E. Ocupação humana, p. 272.

IV – Serviço pastoral em Rio Branco (1973 a 1998)

Foi um tempo também de grandes vendas de seringais desativados aos sulistas, ali genericamente denominados de "paulistas". Eles desmatavam extensas áreas para transformá-las em pastos.[6] Esses novos modelos de desenvolvimento transplantados para o Acre geraram graves tensões nas décadas de 1970 e 1980 do século XX, tempo em que crescia a consciência da preservação ambiental e dos direitos humanos. Frei Betto foi convidado por Dom Moacyr a conhecer a prelazia tendo permanecido ali de dezembro de 1976 a janeiro de 1977.

Ele percorreu a região da prelazia para conhecer as realidades do povo, a funcionalidade da prelazia, as instituições, as CEBs. Andou ou navegou por estradas, varadouros, rios e igarapés. No seu artigo *O canto do galo*, diz que,

> hoje, quem chega ao Acre são os paulistas: denominação que o povo dá aos latifundiários, aos representantes dos grupos econômicos e das empresas agropecuárias. Compram grandes extensões de terra, facilitadas pelo Incra, a 200 ou 300 cruzeiros o hectare. Derrubam a mata, queimam a madeira, estendem o capinzal, expulsam os posseiros, colocam o gado.

A Comissão Pastoral da Terra, fundada em 1975 e presidida por oito anos por Dom Moacyr, apoiava os movimentos populares regionais e fortalecia o sentimento de pertencimento do povo amazônida. Os grandes senhores consideraram os movimentos e organizações socioeclesiais como subversivos e para freá-los utilizaram muitas estratégias, geralmente amparados pela Lei de Segurança Nacional.[7] Esse embate fez surgir os mártires da terra: Wilson de Souza Pinheiro

---

[6] Oliveira, A. E. Ocupação humana p. 295.
[7] A LSN foi editada pela última vez em 1983 e revogada em 2021, sendo um dos mentores Golbery do Couto e Silva, também articulador da Doutrina de Segurança Nacional.

(†1980), João Eduardo (†1981), Ivair Higino de Almeida (†1988), Francisco Alves Mendes Filho (†1988),[8] entre outros, como se verá.

Neurimar destaca que ele teve sempre postura corajosa frente às arbitrariedades e truculências dos gananciosos, seja no Acre, seja em Rondônia:

> Com coragem, foi defensor de muitas causas: dos colonos, ribeirinhos, presidiários, povos da floresta, dos migrantes e expulsos de suas terras e jamais deixou de denunciar e se manifestar diante de assassinatos covardes como o da liderança de comunidade de Buritis, Edson Dutra, morto por pistoleiros e jagunços, no dia 29 de abril de 2008; homem cristão, íntegro e trabalhador, 51 anos, pai de seis filhos, sempre integrado nas CEBs, desde quando morava em Alvorada d'Oeste e que, ao mudar para nossa arquidiocese, se inseriu nas Santas Missões Populares e Pastorais Sociais na Paróquia Santa Marta de Buritis, igreja viva e participativa com 92 comunidades, na época, e local onde a maior parte de seus amigos e parentes havia se estabelecido há muitos anos.[9]

2. Somos uma Igreja no meio de um povo martirizado

Dom Moacyr chegou no seu novo campo de trabalho e de residência como o quarto bispo-prelado da Prelazia do Acre e Purus, cuja sede estava localizada em Rio Branco desde 1958.

---

[8] Ferrarini, S. Rio Purus, p. 87.
[9] Neurimar Pereira, depoimento.

— IV – Serviço pastoral em Rio Branco (1973 a 1998) —

A Sagrada Congregação para os Bispos, em 11 de julho 1972, enviou comunicado ao Revmo. Pe. Moacyr Grechi O.S.M nesses termos: "O Santo Padre Paulo VI nomeou a Paternidade Vossa Reverendíssima Prelado do Acre e Purus. [...] Cardeal Confalonieri...".

O Procurador-Geral, Pe. Vincenzo M. Buffon, da Cúria Generalícia dos Servos de Maria, em Roma, enviou correspondência ao Pe. Moacyr Grechi, Servo de Maria em Dinazzano, RE, Provincial dos Servos de Maria no Brasil, nesses termos:

Caríssimo Pe. Moacyr. Retorno agora da S. Congregação para os Bispos e te envio logo o documento, com o pedido de enviar-me imediatamente a tua carta expressa com aceitação anexada. Se, no entanto, antes de aceitar, você deseja conversar com o padre geral ou alguma outra pessoa, por favor, avise-me imediatamente. Você sabe que o Padre Geral estará em Roma no próximo domingo. [...] A Congregação julgou oportuno, levando em consideração a tua tenra idade, seguir o processo já implementado para o seu predecessor, Monsenhor Giocondo Grotti, elegendo-te agora Prelado, e adiar por um ou dois anos sua nomeação como bispo. Isto para que tu possas, por meio de uma adequada experiência pastoral *in locco*, avaliar com mais serenidade as tuas capacidades e disponibilidade. Penso que isto resulte mais fácil na tua aceitação difícil e delicada tarefa.

Terminadas as consultas, o Papa Paulo VI o nomeou prelado:

Sagrada Congregação para os Bispos. Roma 11 de julho de 1972. – O Santo Padre Papa Paulo VI nomeou Vossa Reverendíssima Prelado do Acre e do Purus. Participamos da mesma Paternidade Vossa, para vosso conhecimento

53

e norma. Cardeal Carlo Confalonieri – Ernesto Civardi, Arcebispo titular de Sardica, Secretário.

O Pe. Moacyr Grechi responde à Sagrada Congregação para os Bispos, aceitando a sua nomeação:

O abaixo-assinado, P. Moacyr M. Grechi, dos Servos de Maria, depois de ter seriamente refletido, declara aceitar a nomeação recebida do S. Padre Paulo VI° a Prelado do Acre e Purus, na data de 3 de julho de 1972. E, consciente das dificuldades que deverá encontrar em seu apostolado, mas, confiante na assistência de Deus e na proteção da Virgem Maria, se coloca a serviço dos fiéis que lhes foram confiados. Na fé ... P. Moacyr Grechi, O.S.M.

Inicia-se, então, um novo vigor na Igreja que naquele momento, passou a ser considerada como uma das mais vivas do Brasil.

O jornal *O Rio Branco* estampava: "Novo Bispo: 'Vim servir como irmão ao povo acreano'". Dizia também "da imensa alegria em servir ao povo com o qual vinha há muito tempo mantendo contato no cargo anterior de Provincial dos Padres Servos de Maria no Brasil". O jornal o apresentava como "homem simples, simpático e demonstrando muito calor humano. [...] Foi recebido no aeroporto por autoridades eclesiásticas, irmãs, alunos do Colégio, religiosos e autoridades do Estado".[10]

Diante da expectativa da chegada do novo bispo, o povo respondeu sobre o que desejava dele. São respostas de todos os segmentos sociais e eclesiais da prelazia:

> Que continue as obras de Dom Giocondo; que ele esteja completamente comprometido com o Evangelho; que ele

---
[10] O Rio Branco, 3 ago. 1972.

IV – Serviço pastoral em Rio Branco (1973 a 1998)

seja um pastor de verdade, em inteira disponibilidade e serviço aos irmãos; que ele seja um pastor verdadeiro capaz de ajudar a evangelização dos pobres; que ele continue lutando como Dom Giocondo pelo seringueiro; que ele dê o máximo de apoio aos grupos de evangelização que estão nascendo na cidade; que nosso Moacyr continue sendo como o Apóstolo Paulo um combatente da Igreja acreana, que confirme os irmãos na fé e na unidade, sendo o braço forte na alegria e na provação.[11]

Roma – 31/07/1974 – Colóquio com o Papa Paulo VI.
Dom Moacyr solicitou que seu anel de bispo, recebido de Paulo VI, fosse entregue à família após sua morte, como gesto de gratidão por tê-lo doado à Igreja.

Moacyr assumiu a sua nova missão quando toda a Igreja Católica estava atravessando um período de transição, devido aos ensinamentos, às vezes mal interpretados, do Concílio Vaticano

---
[11] Nós Irmãos, ano I, n. 8, jul. 1972.

II. Convocado pelo Papa João XXIII e completado por Paulo VI, o Concílio foi uma sacudida do Espírito Santo em toda a Igreja Católica. Certamente, foi o fato mais notável nos últimos séculos na história da Igreja. No entanto, nem todos os padres estavam preparados para o processo de renovação da vida religiosa, litúrgica e da ação pastoral exigida dos novos tempos. "As vocações diminuíram. Alguns padres, por não concordarem com os novos caminhos, entraram em crise e acabaram abandonando o seu ministério",[12] comenta o Pe. Lombardi.

Para proporcionar a encarnação dos documentos deste Concílio, o papa convocou a Conferência de Medellín, em que uma das marcas era a questão da libertação, a conjuntura da América Latina, a questão da justiça social. Em Medellín, foi debatida a liberdade cristã no verdadeiro sentido da palavra: espiritual, econômica, política, especialmente por conta das ditaduras militares aqui e em muitos países. Ali também se definiu o que é comunidade eclesial de base: é uma célula, a menor porção institucional do Povo de Deus, que é Igreja. A comunidade eclesial permite ao cristão, de fato, viver a fraternidade cristã, receber os sacramentos, promover e partilhar a comunhão, inspirado no exemplo das comunidades apostólicas.

Moacyr tomou posse no dia 6 de agosto de 1972. Na missa de posse, o novo bispo foi saudado pelo frei Paolino Baldassari, vigário da Paróquia de Sena Madureira. Baldassari aludiu que os pobres dos seringais precisavam muito de seu pastor. Em sua fala, Dom Moacyr comentou as palavras de Jesus: "Eu sou o bom pastor. O bom pastor conhece as suas ovelhas e as conhece pelo nome. E ainda explica: Vim para servir como irmão ao povo".[13]

---

[12] Lombardi, M. Dom Moacyr Grechi, pastor e profeta.
[13] O Rio Branco, n. 617, 3 ago. 1971, p. 1.

IV – Serviço pastoral em Rio Branco (1973 a 1998)

Em seu novo campo de trabalho no Acre, continua explicando Pe. Mássimo Lombardi:

> Moacyr se tornou um promotor das novas orientações pastorais da Igreja conciliar. Entrando na realidade sofrida do povo mais pobre, chegou a fazer sua "conversão" e assumiu plenamente a opção feita pela Igreja de colocar-se ao lado dos pobres num contexto de desmando do governo militar que estimulava a devastação desordenada da floresta amazônica, prejudicando os posseiros, forçados a sair de suas posses que garantiam sua sobrevivência.

Tela do artista plástico acreano Antônio Cerezo – 25 anos de ordenação presbiteral de Dom Moacyr e da passagem de Prelazia do Acre e Alto Purus para Diocese de Rio Branco. Lema de Dom Moacyr: "O último de todos e o servo de todos" (Mc 9,35). Em 29 de julho de 1986.

As festas também faziam parte da vida social e eclesial. E um desses eventos jubilosamente celebrados foi a elevação da Prelazia do Acre e Purus em Diocese de Rio Branco, em 29 de julho de 1986, no Ginásio Álvaro Dantas. Nessa mesma data, o povo celebrou festivamente os 25 anos de vida sacerdotal de Dom Moacyr.

Dom Moacyr assumiu o ministério pastoral em Rio Branco logo após o Encontro de Santarém. Arguido sobre o que representou esse evento para a Igreja da Amazônia, ele comentou:

Nesse meio tempo, sentia-se no Brasil que a Amazônia era algo muito distante. Talvez nem fosse considerada como parte da Igreja no Brasil. Talvez, com exceção de Belém, que é uma sede antiga, São Luís do Maranhão, Manaus... Estes eram locais com alguma estrutura razoável, como paróquias, seminários, enfim. O restante, as prelazias e dioceses de hoje, foram entregues na época, numa intuição muito boa, para grupos de religiosos, para tentar criar a estrutura para a formação de dioceses. Uma coisa muito boa. Em quase todas as cidades da Amazônia a Igreja chegava, além de sua presença institucional e evangelizadora, com a catequese, pastorais, movimentos, ela também chegava com escolas e hospitais. Então, considerando o Concílio, as conclusões de Medellín e a situação da Amazônia, podemos delinear assim o contexto que inspirou o encontro dos bispos em Santarém. Eu não estava presente, apesar de já nomeado, mas conheci todos os bispos que lá estiveram. Foi de 24 a 30 de maio de 1972, exatamente quando eu fui nomeado prelado de Rio Branco, no Acre, que na época se chamava de Acre-Purus. Me recordo que o Papa Paulo VI, num documento de incentivo a este encontro, disse uma fase que continua nos inspirando: "Cristo aponta para a

Amazônia". E ele continua apontando, e eu creio que nos últimos 20 anos a Igreja no Brasil descobriu a força da Amazônia. E hoje, as coisas já são bastante diferentes.[14]

Mergulhar no mundo, na cultura, nos sofrimentos do povo amazônico foi uma itinerância corajosa e profética:

> Ele foi um pastor que acreditava no protagonismo do povo da Amazônia; bispo missionário que abriu caminhos para as pastorais sociais com a criação da CPT com maior autonomia, atuando também no Conselho Indigenista Missionário. Com ele, participamos de suas lutas junto ao povo das Comunidades Eclesiais de base do campo e da cidade, ribeirinhos e assentados, comunidades indígenas e quilombolas, migrantes, beiradeiros, barrageiros; todos os companheiros da caminhada e peregrinos neste chão amazônico.[15]

Logo no início de seu trabalho pastoral na prelazia, faleceu o Pe. Carlos Casavecchia. Moacyr extraiu, de uma das cartas do Pe. Carlos, uma passagem que ele, Moacyr, transcreveu no *Informativo da Prelazia* para comunicar o espírito de primavera espiritual e pastoral que se vivia. Diz a transcrição:

> Irmãos, para acompanhar a primavera da Igreja que o Espírito está criando, precisamos de imaginação e coragem. Precisamos de gestos corajosos, para tornar-nos sinais de contradição. Alimentando-nos na fonte do Cristo Ressuscitado. Somos chamados a uma criação permanente. É exatamente o contrário de uma vida de facilidade: não há criação na facilidade. Precisamos, irmãos, ter a coragem

---
[14] Grechi, Moacyr. Santarém definiu o rosto da Igreja na Amazônia.
[15] Neurimar Pereira, depoimento.

da aventura interior, utilizando meios pobres, para mostrar às pessoas a festa do Cristo Ressuscitado.[16]

Na década de 1970, havia uma alegria e uma esperança muito grande com os ares trazidos pelo Vaticano II e por Medellín. Mas aquele sopro de libertação não era compartilhado pela ditadura militar, que procurava em todos os cantos pessoas que considerava subversivas. Esse período corresponde ao governo militar de Garrastazu Médici (1969-1974) durante o qual surgiu o esdrúxulo convite: *Brasil, ame-o ou deixe-o*. O *Informativo da Prelazia* noticiava que o bispo de São Félix, no Mato Grosso, publicara denúncias contra as arbitrariedades que ocorria na sua área com o documento: *Uma Igreja da Amazônia em conflito com o latifúndio e a marginalização social*. Também publicava que na Diocese de Crateús, de Dom Antônio B. Fragoso, houve protestos pela expulsão do vigário de Tauá, tachado de subversivo. Igualmente, no Rio de Janeiro, Dom Eugênio Sales saiu em defesa do Pe. Daniel, que fora preso e mantido incomunicável.[17] Era assim que a Prelazia do Acre e Purus se mantinha em sintonia com as demais dioceses do Brasil e solidária com os perseguidos.

No final de 1972, a prelazia elaborou o seu *Primeiro Plano de Pastoral* iluminado pelas novas necessidades apontadas pela teologia, movimento catequético, liturgia, pastorais sociais... Enfim, traços de uma jovialidade eclesial.

3. De Servo de Maria a Servo do Povo

No dia 21 de outubro de 1973, Dom Moacyr foi alçado à bispo-prelado da prelazia e, mais tarde, bispo da Diocese de Rio Branco. A Sagrada Congregação para os Bispos, na data de 26 de

---

[16] Nós Irmãos, n. 10, set. 1972.
[17] Nós Irmãos, n. 2, 1972.

— IV – Serviço pastoral em Rio Branco (1973 a 1998) —

junho de 1973, escreveu ao Pe. Vincenzo Buffon, Procurador-Geral dos Servos da Maria, pedindo a elevação ao episcopado do Prelado do Acre e Purus, Pe. Moacyr Grechi, e que a questão estava sendo examinada com atenção pelo Dicastério.[18]

O último de todos e o servo de todos foi o seu lema. Com o tempo, ele foi aprendendo toda a extensão e profundidade dessa inspiração evangélica. É nesse sentido que a irmã Rosália Saccardo destaca alguns aspectos marcantes de seu modo de ser:

> Dom Moacyr contava com muito humor situações vividas, mesmo as mais desagradáveis. Apreciava as coisas simples, inclusive a comida. Seu jeito sereno, brincalhão transmitia aquela paz que só um homem entregue ao cuidado de Nossa Senhora pode ter. Impressionava-me a acolhida, confiança e paciência que usava com os voluntários leigos, padres e religiosos/as que chegavam para trabalhar na diocese. A todos pedia um longo tempo, seis meses, para se aclimatar, conhecer o povo, entender os costumes, o jeito de evangelizar. Só depois podiam assumir um serviço pastoral no respeito à realidade sociopolítico-econômico--religiosa bem diferente da que deixavam. Sou muito grata a Deus por ter servido uma Igreja com um Bispo como dom Moacyr, verdadeiro Pastor que conhecia e cuidava de cada um e de todos sem discriminação.[19]

Do Centro Missionário da Diocese de Lucca, a prelazia vinha recebendo voluntários/as. No Natal de 1974, Dom Moacyr enviou uma mensagem ao Centro Missionário agradecendo a ajuda que recebia:

---

[18] Arquidiocese de Porto Velho. Arquivo/Cúria, papéis avulsos.
[19] Depoimento de Rosália Saccardo.

61

Penso que, agora, a colaboração com a Igreja do Brasil deva ocorrer num intercâmbio recíproco. Essa recebe de vocês ajuda e simpatia e retribui com os bens que atualmente possui: o testemunho de uma Igreja pobre, simples e espontânea.

É com este espírito de comunhão, de colaboração mútua que desejo agradecer a todos vocês que, com o vosso encorajamento, com a vossa compreensão e amizade nos tem ajudado a levar avante com mais ardor o nosso elã apostólico.

A vossa colaboração e a vossa ajuda, com este nosso Centro Missionário, permitiram a tantos irmãos marginalizados, a tantos irmãos leprosos, pobres, analfabetos, ribeirinhos espalhados ao longo dos rios, uma vida mais digna e humana. Formamos uma única família, mesmo não nos conhecendo pessoalmente.

Em 1974, foi instalado o Centro de Treinamento de Agentes de Pastorais, em Rio Branco, que se configurou importante suporte à realização de encontros de formação, incluindo a nova expressão eclesial: a Comunidade Eclesial de Base.

Essa nova práxis da Igreja do Acre começou a gerar suspeitas pelo regime militar. O Acre era considerado uma área de segurança nacional e essa nova pastoral e sistema educativo levantavam suspeitas. Contudo, Dom Moacyr foi levando avante com prudência, mas com audácia evangélica.

Um dos frutos do Projeto Igrejas-Irmãs foi o envio, pela Arquidiocese de Fortaleza, graças aos esforços de Dom Aloísio Lorscheider, de um grupo de Irmãs Josefinas que chegou a Rio Branco em 1977. Com a presença das irmãs, a casa passou a ser chamada comunidade Nossa Senhora de Nazaré. A escolha da

— IV – Serviço pastoral em Rio Branco (1973 a 1998) —

patrona da casa foi de Rosita Paiva, fundadora do Instituto Josefino,[20] com sede em Fortaleza. Dona Rosita levou em consideração a espiritualidade mariana no Norte, a partir de Belém e segundo a mística da Sagrada Família de Nazaré com a simplicidade de José e Maria no seguimento de Jesus, Verbo de Deus encarnado na cultura e na vida de sua gente. Várias localidades e comunidades foram enriquecidas com a presença das irmãs que se estabeleceram em Volta Seca, Manuel Urbano, no Sousa Araújo (do qual se informará mais adiante), Plácido de Castro, Estação Experimental.

Dom Moacyr acabou conhecendo mais a fundo Dona Rosita e a sua espiritualidade encarnada no cotidiano do sofrimento do povo. Percebia a beleza que transbordava de seu coração. Recordava a riqueza de sua espiritualidade quando orientava retiros ou encontros formativos para as Josefinas.

Dom Aloísio visitou várias vezes a Igreja-Irmã de Rio Branco e as Irmãs Josefinas. Realizava reuniões, visitava as comunidades, dava palestras, incentivava a oração e animou a formação de candidatas autóctones.[21]

---

[20] O Instituto Josefino foi fundado em 1933, em Fortaleza por Rosita Paiva, nascida em 1909 em Lábrea, Rio Purus. Portanto, conhecedora e sensível às causas amazônicas. Eu a conheci quando ela passou por Lábrea em visita à sua terra natal, Mucuripe, no Rio Purus. Rosita foi Superiora Geral de 1944 a 1988, tendo fundado 84 comunidades. Faleceu na Comunidade de Campo Maior, PI, em 19 ago. 1991.
[21] Instituto Josefino. Relatório das Josefinas sobre a visita do Cardeal Aloísio Lorscheider em 15 jul. 1981, Arquivo da Casa Regional, Rio Branco, Acre.

4. Conjuntura brasileira, latino-americana e acreana

Com a maior participação dos leigos e leigas, era necessário ajudá-los na formação e na missão. Foram criados folhetos com temas bíblicos, catequéticos, pastorais, litúrgicos. Como as comunidades tiveram outros espaços de ação, como as CEBs, os temas aliavam compromissos pastorais, bíblicos e sociopolíticos. Com isso os grupos iam tendo mais consciência política, participativa e detectando as injustiças sociais e defendendo os direitos humanos. Foram exprimindo suas exigências cidadãs. A isso tudo acompanhava uma formação bíblica e teológica na linha da libertação.

Essa nova práxis sociopastoral incomodava. Um político famoso disse que a teologia não mudava o mundo,[22] ao que a senadora Marina Silva respondeu: "Dizer que a Teologia, os fundamentos do Cristianismo não mudam a realidade, é no mínimo, desconhecimento não apenas de Teologia, de religião, de fé, mas também de Sociologia, de Antropologia, de Filosofia...".[23]

Enquanto isso, no cenário de pastoreio de Dom Moacyr, muitas transformações ocorriam nas cidades, no interior, ao longo dos rios, nos seringais. Muita gente, sobretudo do Sul do Brasil, chegava à região. Também se instalou o agronegócio, muitas vezes, com viés predador. Conflitos foram surgindo. Grupos populares, agora mais conscientizados, sindicatos, uma leitura da realidade à luz da Palavra de Deus, foram gerando resistência e exigindo os direitos humanos mínimos, como uso da terra e participação sociopolítica.

---

[22] O Estado de São Paulo, 17 mar. 2000.
[23] Em defesa dos teólogos. O Estado de São Paulo, 6 abr. 2000; Ferrarini, S. Cenários do Profetismo, p. 85.

IV – Serviço pastoral em Rio Branco (1973 a 1998)

A chegada de Dom Moacyr na região acreana coincidiu com o período de terror instalado no Brasil e na América Latina. Esse tempo de medo e violência gerou também atitudes de audácia, muita criatividade social, educacional, pedagógica, eclesial e, por que não, hilária. Digo hilária, pois, naquele momento de sufocamento, a sociedade se vingava produzindo um sem número de piadas[24] sobre as pessoas do momento, dos fatos etc.

Moacyr noticia a seus fiéis da prelazia as palavras do Conselho Permanente da CNBB sobre a situação de inquietação que pairava sobre o Brasil no ano de 1984:

> Vemos a situação quase insuportável: salários desvalorizados pela crise econômica que destrói as riquezas do país, o desemprego, a falta de condições de esperança no futuro que atinge especialmente as crianças e jovens. Por falta de soluções adequadas e definitivas aí está a tragédia do Nordeste e os estragos das cheias no Sul. Os bispos falam que estão do lado do povo em suas justas reivindicações e não o abandonam mesmo quando, levado pelo desespero, faz algumas coisas que são contra as leis atuais do País, como saques, certas greves, invasões etc. Não as incentiva, mas também não deixa o povo só à mercê do arbítrio, quando sabe que muitas dessas coisas poderiam ser solucionadas pacificamente, se em tempo, as autoridades tivessem tomado as devidas providências.[25]

---

[24] Veja, por exemplo, Febeabá: Festival de Besteira que assola o país, de Stanislaw Ponte Preta (Sergio Marcus Rangel Porto) (1923-1968), de 1969. Com sua caneta ferina, incomodava muita gente. Líamos sofregamente suas sátiras.

[25] Nós Irmãos, ano 13, out. 1984.

E finalizam os bispos, lembrando da importância da ética na política.

Essa nova cultura cristã, engajada, profética, despertava suspeitas nos governos de então. No artigo de Dom Moacyr mencionado, ele fala do clima de insegurança e violência por parte do governo a partir de 1964, para quem tudo o que estava na linha da conscientização, teologia da libertação, educação libertadora, direitos humanos... era atividade subversiva. Vários padres e leigos/as engajados foram expulsos, presos, mortos, perseguidos, proibidos de exercer sua profissão.

Dom Moacyr enfrentou oposição forte dentro e fora da Igreja por causa de suas posições a favor dos pobres. Muitas vezes esbarrou com óbices vindos da área política, que tinha dificuldade de compreender os novos paradigmas da Igreja. Por isso, recorda:

> Nós, Igreja, temos de falar com humildade e questionar o que há de ruim na sociedade. Muitas coisas que não são boas também acontecem entre nós. No tempo em que atuei no Acre, por exemplo, havia apenas os partidos PMDB e PDS, os quais não deixavam os colonos e seringueiros participarem das discussões políticas. Foi aí que surgiu o PT, que abriu espaço para essas pessoas, embora hoje, todos os partidos estejam meio parecidos.[26]

Na região que medeia o Rio Purus e o Rio Acre, terra de pastoreio de Moacyr, instalou-se, a partir dos anos 1960, uma política de ocupação das terras que tudo atropelava: ribeirinhos, seringueiros, povos originários, simples colonos e o meio ambiente. Moacyr não duvidou em enfrentar todos esses graves problemas que trazia o

---

[26] Dom Moacyr Grecchi: "Santarém definiu o rosto da Igreja na Amazônia". Entrevista.

IV – Serviço pastoral em Rio Branco (1973 a 1998)

avanço do capitalismo avassalador. Essa corrente político-econômica viu no bispo um entrave aos seus desejos e o ameaçou de morte por muitos anos. Assim o relata a irmã Fátima Gonçalves:

> Em 1985, intensificaram-se as ameaças de morte ao Dom Moacyr. Diante dessa situação, pediu-me para acompanhá-lo nas celebrações nas casas religiosas, na Casa de Acolhida Souza Araújo, no Mosteiro, Vila Pia, Km 52 da estrada de Boca do Acre. No seu escritório pediu-me para analisar as comunicações que chegavam da Itália, Alemanha, França, Estados Unidos, da América Latina. Recebia frequentemente as correspondências das Conferências Episcopais. Por outro lado, chegavam dezenas de cartas, envelopes dos Estados Unidos contendo apenas duas frases. Toda semana era a mesma coisa e isso nos incomodava imensamente. Eu fazia a relação das mesmas, mostrava para ele e dizia: "Pode rasgar e jogar fora". Quase todos os dias chegavam incômodos telefonemas, com ironias e palavrões. Foram momentos de tortura. Tantas vezes fomos seguidos durante o percurso da viagem para as comunidades.
>
> Muita tensão na semana em que mataram os dois cachorros da raça "pastor alemão", dentro do quintal da casa do Bispo, em duas noites seguidas. Os animais foram envenenados. Na mesma semana deste fato, eu ia atravessando o pátio, entre a Catedral e a casa do Bispo, subi a calçada, já perto do portão de entrada da cúria, ouvi uma voz de dentro de uma camioneta: "Ainda mato esse sujeito". Tomei um susto, topei em uma raiz de árvore em cima da calçada e quase caí. Olhei para dentro do carro e vi um desconhecido e ele disse: "Não estou falando com a senhora não, Irmã!". Fiquei receosa, porque, esta pessoa me reconheceu e eu não sabia quem era. No entanto, logo percebi que era com o

Dom Moacyr, pois em outras ocasiões disseram que iriam matar *aquele* sujeito.[27]

Foi um tempo de grandes tensões. A pressão exercida pelos migrantes "sulistas", muitos deles deslocados para a Amazônia Ocidental por terem as suas terras ocupadas por projetos hidrelétricos e outros movidos pelo *slogan*: *Terra sem gente para gente sem-terra*. Como resultado da sua cultura de produção pouco afeita ao extrativismo (dominante na Amazônia), teve início o desmatamento em larga escala, sobretudo para a instalação da pecuária.

No mencionado programa da TV Cultura, os entrevistadores arguiram Dom Moacyr sobre uma ampla gama de situações sociais do Acre e do Brasil. O tema da grilagem de terras, do avanço do latifúndio mancomunado com cartórios e juízes e os incentivos fiscais foram recorrentes. A apropriação de vastas extensões de terra estava relacionada à pauta do meio ambiente. Moacyr afirmou que a raiz do mal estava na concentração de terras. As enormes extensões dos seringais e as terras devolutas foram caindo em mãos de poucas pessoas, sobrando vida marginal, palafitas e subempregos para os seringueiros e ribeirinhos.

O trabalho de conscientização sobre a vital importância da preservação do bioma amazônico foi um trabalho que partiu das bases, dos sindicatos, das Comunidades Eclesiais. Com isso se conseguiu o Zoneamento Ecológico Econômico do Acre.[28] A sociedade foi motivada a fazer uso da terra acreana com sabedoria, sabendo que toda manifestação de vida – humana e da natureza – precisa ser respeitada. Há um caminho para alcançar essas metas

---

[27] Depoimento da Ir. Fátima, Josefina. Ela foi secretária de Dom Moacyr no período de 1985-1995, em Rio Branco, AC.
[28] Governo do Acre. Zoneamento Ecológico Econômico do Acre.

IV – Serviço pastoral em Rio Branco (1973 a 1998)

sendo a educação um dos principais e, no que toca às Igrejas, os Planos de Pastorais Sociais.

A Igreja foi criando coragem para denunciar. Mesmo ameaçado de morte, Moacyr afirmou que jamais deixaria o Acre para se proteger. Ao contrário, permaneceria firme e resoluto denunciando e defendendo o povo, as organizações populares, os líderes. Lembrava que muitos desses líderes eram das CEBs e se fortaleciam com o apoio da Comunidade e da Palavra de Deus.

O povo compreendeu a mensagem de Dom Moacyr e reagiu às opressões agrupando-se na força dos sindicatos, da Contag e das CEBs. Uma das formas de resistência foram os embates,[29] no qual todos participavam: crianças, mulheres e homens. Era um movimento e maneira pacífica de defender as comunidades, a floresta e a propriedade. Ele "desenvolveu um estilo pastoral de governo eclesial que sempre buscou a comunhão diocesana [...] a exemplo de Santo Agostinho, era o bispo do povo e, em sua simplicidade de educador na fé, era um cristão que nos ensinou a ser cristãos, envolvidos e inseridos na caminhada pastoral".[30]

Todo o seu envolvimento social, toda a carga pesada que o povo oprimido carregava, toda a maldade perpetrada pela superestrutura dominante não abalava a sua mística, a sua espiritualidade. Pelo contrário, carregava tudo isso para o altar e punha tudo nas mãos de Deus.

As missas aos domingos tinham uma relevância especial. Eu encontraria aquele padre que me fazia refletir sobre coisas que pareciam não caber na minha cabeça. Eu era

---

[29] Para esse tema, veja: Pessoa Cavalcante, Ormifran. Carmem: era uma vez um seringal, p. 105.
[30] Neurimar Pereira, depoimento.

apenas um garoto, quase escondido lá no fundo da igreja. Dom Moacyr era um homem alto, bonito até. Mas eu ficava atento e encantado com a sua maneira de falar. O timbre da sua voz, o ritmo das palavras e toda a sua comunicação corporal me alcançavam de maneira suave e direta. Eu o compreendia.

A minha admiração tenra e juvenil por Dom Moacyr transformava-se a cada domingo. Conhecer a vida e a obra de Dom Moacyr, a sua firmeza e humanidade vão além do altar da missa aos domingos. Vejo um homem determinado a servir e, sem rodeios, vivenciar a sua missão e vocação pastoral.[31]

5. De Medellín a Aparecida

Dom Moacyr herdou uma Igreja que vinha sendo construída desde os anos 1870. Era uma Igreja originária do Nordeste brasileiro, com a marca de um catolicismo tradicional. Esses nordestinos vinham para explorar a goma elástica[32] num território que pertencia à Bolívia.[33] A região do Alto Acre e Purus fora missionada pelo pároco de Lábrea, Francisco Leite Barbosa, até por volta de 1910[34] pela pastoral denominada desobrigas.[35] Ao tempo de Dom Moacyr, a pastoral da desobriga de certa forma continuou, mas

---

[31] Jairo Salim Pinheiro de Lima. Depoimento à Ir. Fátima Gonçalves.
[32] Ferrarini, S. Transertanismo, o sofrimento e a miséria dos nordestinos na Amazônia.
[33] Macedo Soares, J. C. Fronteiras do Brasil no regime colonial.
[34] Ferrarini, S. Centenário em Lábrea; Ferrarini, S. Lábrea.
[35] Desobriga era um atendimento pastoral realizado no interior da Amazônia, utilizando, sobretudo, os rios e realizado de tempos em tempos. Era o momento de batizar, crismar, realizar casamentos, celebrar a eucaristia etc.

já se iniciavam outras estratégias de pastoral, de atendimento às comunidades distantes.

Dom Joaquín[36] afirma que, durante muitos anos, o catolicismo praticado

foi um catolicismo sem padres, cheio de devoções aos santos, com terços, novenas, promessas, rezadores e oratórios domésticos. O Cristo Morto, Nossa Senhora, São Francisco das Chagas e São Sebastião foram os companheiros de uma vida de sofrimento, ao longo dos rios e no centro dos seringais.

Era, portanto, um catolicismo vivido com muita reza e pouca missa; muito santo e pouco padre.

Dom Moacyr valorizou a piedade popular e a espiritualidade do povo amazônida: celebrações, romarias, novenas e missas, caminhadas, peregrinações e procissões em honra de Nossa Senhora Auxiliadora, Nossa Senhora Aparecida, São Francisco de Assis, Santos Padroeiros, a devoção a São José, a oração diária do terço e do Ângelus. Sua devoção a Nossa Senhora das Dores, própria do carisma servita, ajudou muitas mães a superarem seu luto pelos assassinatos de seus filhos, muitos doentes a superarem sua dor e sofrimento no leito de suas casas e hospitais.[37]

Dom Moacyr encontrou uma Igreja própria daqueles tempos em que era importante "batizar, casar todo mundo e aumentar o número de confissões e de comunhões, sem a principal preocupação de catequizar, pois todo mundo devia ser católico sem ninguém

---

[36] Pertíñez Fernández, J. História da Diocese de Rio Branco.
[37] Neurimar Pereira, depoimento.

questionar a fé".[38] Isso não significa não ter fervor missionário, apostólico. Bispo, freis e irmãs realizavam esse trabalho com total dedicação, completamente fora de suas zonas de conforto, sujeitos a duras enfermidades e parco regime alimentar. Esse trabalho pastoral denominado desobriga era longamente preparado, pois se tratava de ficar fora de casa (da sede) por várias semanas ou meses. A partida do grupo evangelizador era entusiasta. As despedidas aconteciam geralmente em portos fluviais.[39] Com o caminhar da Igreja Brasileira e Latino-Americana, foi surgindo outra mentalidade. Mas essa conversão exigia do pastor um novo estilo de missão, de pastoral. Exigia algumas rupturas e ousadia evangélica. Naquele início de ministério Moacyr reconhecia: "Começa a nascer uma nova Igreja; é preciso um certo distanciamento do poder. Colaborar sim, mas sem subserviência".[40]

Dom Moacyr continuou o trabalho das visitas pastorais, visto que a extensa prelazia era povoada de colocações ao longo dos rios Purus, Acre e seus afluentes. Dadas as difíceis e precárias condições de mobilidade, em suas viagens, o bispo utilizava embarcações e, muito regularmente, deslocava-se a pé ou a cavalo. Havia outras condições de vida a que se devia acostumar: passadio à base de farinha e peixe; dormir em rede; servir-se da água dos rios; debater-se sem parar para espantar os insetos. Enfim, acostumar-se à vida simples e ouvir as histórias de vida cheias de sonhos, fantasias, conformidade, fé, resignação e apontar novas aspirações de vida.

Dom Moacyr foi um dos bispos brasileiros indicados para participar da Terceira Conferência do Episcopado

---

[38] Pertíñez Fernández, J. História da Diocese de Rio Branco.
[39] Cadiolli Basílio, Sandra T. A luta pela terra e a Igreja Católica nos vales do Acre-Purus (1970-1980), p. 109.
[40] Cadiolli Basílio, Sandra T. A luta pela terra e a Igreja Católica nos vales do Acre-Purus (1970-1980), p. 152.

— IV – Serviço pastoral em Rio Branco (1973 a 1998) —

Latino-Americano em Puebla de los Angeles, México, no ano de 1979.[41] Essa Conferência ratificou a opção preferencial pelos pobres assumida na Conferência de Medellín.[42]

Recordando a recomendação do Vaticano II que convidava os cristãos a viverem as bem-aventuranças, colocou esta página evangélica como um verdadeiro programa de vida para todos.

Vivendo essas recomendações o cristão é no mundo fermento, luz, sal. Para compreender bem essas bem-aventuranças é preciso ter os olhos fixos em Jesus. Os pobres de espírito sabem partilhar fraternalmente o muito ou o pouco que têm. Os mansos vencem o mal com o bem, perdoam. Os que choram são os que não se conformam com o mundo como está. Os misericordiosos são os que têm uma atitude de amor sincero frente aos necessitados. Os de coração puro são as pessoas sem máscaras; que buscam fazer sinceramente a vontade de Deus. Os pacíficos, são os artífices da paz; os que só com sua presença transmitem serenidade, reconciliação. Os perseguidos são os que seguem o Mestre assumindo o seu estilo de vida. [...] É claro que a mensagem das bem-aventuranças é para todos, mas, segundo Puebla 1178, são uma enorme força renovadora, devem dar sua contribuição para que todos nós sejamos, de fato, o povo novo, o povo das bem-aventuranças.[43]

---

[41] Essa foi a III Conferência Geral do Episcopado Latino-americano e teve como título: "A Evangelização no Presente e no futuro da América Latina". O capítulo I da quarta parte tem como título "Opção preferencial pelos pobres" e o capítulo II, "Opção preferencial pelos jovens".
[42] Medellín foi a II Conferência e se realizou nessa cidade da Colômbia. Foi inaugurada por Paulo VI em 1968.
[43] Nós Irmãos, ano 12, jul. 1983.

Esse itinerário pastoral – de Medellín a Aparecida – foi para ele uma bússola a indicar sempre o mesmo norte: a opção preferencial pelos pobres. Por ocasião da Campanha da Fraternidade de 1989 (Comunicação para a verdade e a paz), assim se exprimiu:

Para se comunicar com a humanidade e libertá-la, o Filho de Deus se faz um de nós, homem com os homens e se insere no mundo dos pobres, com eles se solidariza e com eles cria um novo povo. Assume a pobreza desde seu nascimento; ampara e cura os necessitados; vive pobre, prega a Boa-Nova aos pobres e *faz disto uma característica de sua missão*. Morre com os oprimidos, crucificado injustamente. Assim Jesus mostra que o Reino de Deus é dos pobres, dos oprimidos e marginalizados. Revela que Deus ama preferencialmente os empobrecidos, *não porque sejam bons, mas por serem pobres, oprimidos, deixados de lado*. Isto não significa que Deus esqueça os ricos. Ele os convida a se libertarem da riqueza assumindo a causa dos marginalizados que é a causa mesma do Reino. Nossa Igreja, se não quiser trair sua missão, deverá seguir o mesmo caminho. Da atuação de Jesus, cada um de nós deverá tirar critérios que norteiem sua comunicação na vida cotidiana, na sociedade e na Igreja e no uso dos MCS: rádio, jornal, TV etc.[44]

Nesses tempos de desafios sociais e eclesiais, nem todos os bispos se entusiasmaram com a nova eclesialidade. Moacyr diz que havia um e outro colega do episcopado que não comungava com os ideais evangélicos e humanos e, portanto, com as posturas dele.[45] Mas ele era alentado por uma plêiade de outros bispos-pastores

---

[44] Nós Irmãos, ano 18, mar. 1989.
[45] Ferrarini, S. A imprensa e o Arcebispo Vermelho; Ferrarini, S., Utopias, p. 131; Sedoc, v. 10, O problema do homem e da terra no Brasil, p 304.

como Dom Pedro Casaldáliga, Dom Helder Camara, Dom Tomás Balduíno, Cardeal Aloísio Lorscheider, Dom Luciano Mendes de Almeida, Dom Antônio Possamai, Dom Paulo Evaristo Arns e outros.[46] Dom Oscar Romero muito o iluminou e diz Dom Moacyr:

> Em Puebla tive a oportunidade de encontrar-me com Dom Romero, irmão no episcopado que, em tão pouco tempo depois, teria sua vida ceifada por mãos criminosas. Ele participou, em 1979, da Conferência Geral dos Bispos Latino-americanos em Puebla,[47] identificou-se plenamente com o apelo dos bispos à conversão de toda a Igreja para uma opção preferencial pelos pobres, no intuito de sua integral libertação.[48]

Além da Conferência dos Bispos da América Latina de Puebla em 1979, Dom Moacyr também participou da Conferência de Santo Domingo em 1992.

O itinerário eclesial latino-americano manteve uma coerência ao longo dos anos que medeiam 1968-2007: de Medellín a Aparecida. A opção pelos pobres permaneceu atual e se manteve porque tem sua raiz no Evangelho. E Moacyr sempre teve esse horizonte em sua vida e em suas orientações pastorais. Por isso lembrava, em 1985, que "a opção solidária e preferencial pelos pobres não é invenção da Igreja, não é e não deve ser moda passageira. É questão de fé, de coerência evangélica. E esta opção tem consequências de ordem política".[49] E destacava, nesse trabalho

---

[46] Ferrarini, S. Utopias latino-americanas.
[47] Para conhecer a lista dos bispos brasileiros que participaram da Assembleia de Puebla e suas atribuições e contribuições, ver Ferreira, R.; Souza, Ney de. Os bispos e a Igreja do Brasil em Puebla.
[48] Ferrarini, S. Utopias, p. 132.
[49] Nós Irmãos, ano 14, nov. 1985.

sociopolítico-pastoral, a ação dos órgãos ligados à Igreja como: CPT, CIMI, CDDH, CEBs. Lembrava outro critério fundamental nesse trabalho: a sintonia com a Doutrina Social da Igreja.

Foi um tempo de extenso martírio. Muitas perseguições e mortes violentas de lideranças, sindicalistas, pastoralistas, posseiros. O latifúndio predador queria receber uma área limpa, ou seja, sem a presença de seringueiros e posseiros.

Nesse contexto, foram aparecendo outras expressões da fé popular, coexistindo com as novas manifestações, mas com caráter mais participativo, comunitário como: Filhas de Maria, Vicentinos, Apostolado da Oração, Congregação Mariana e outras.

A opção pelos pobres o "itinerou" de Medellín a Aparecida. E desde o instante em que Dom Moacyr chegou em terras acreanas, a opção pelos pobres esteve sempre presente em suas reflexões, ações e orações. Aproveitando o dia de Finados de 1982, ele abordou o tema: *Os que morrem e não deveriam morrer*, e explicava:

> Fome, verminose, tuberculose, malária, sarampo, abortos provocados. Estas mortes prematuras só por falta de recursos, por egoísmo, por descaso dos responsáveis ou desinteresse da comunidade nos revoltam e são absolutamente contra a vontade de Deus. Não deveriam ocorrer. Enquanto estas mortes perdurarem em nosso meio, nossa vida cristã pode e deve ser questionada: ela é fraca, alienada, inconsequente. [...] E há os que são marcados, ainda em vida, pelos inconfundíveis sinais de morte: crianças anêmicas, pais subalimentados e, portanto, impossibilitados de prover às necessidades mínimas da família; mães cadavéricas e doentias. O fantasma da morte, de per si apavorante, aqui é terrivelmente familiar: vive e convive habitualmente dentro de nossas casas. E esta é a situação de quase toda a

IV – Serviço pastoral em Rio Branco (1973 a 1998)

nossa Prelazia. Estou retornando da última visita pastoral e posso afirmá-lo.

Cristo, nosso Senhor e Mestre veio a este mundo para que "tenhamos vida e a tenhamos em abundância" (Jo 10,10). Nossa vocação de cristãos deve ser a mesma. Esta vida abundante de que fala Cristo.[50]

A irmã M. Rosália Saccardo diz que Dom Moacyr "conseguia transmitir esperança nas lutas para a defesa dos Povos da floresta! A sua casa estava aberta dia e noite... Enfrentava a perseguição dos fazendeiros... com a coragem de um verdadeiro pastor que conhece a suas ovelhas e não as abandona nunca".[51]

Imbuído do espírito de Medelín e dos novos chamados da CNBB, Dom Moacyr procurou dinamizar a Igreja do Acre e Purus. Convertido, como disse, a partir do contato com o povo, passou a exigir dos padres, voluntários e da vida religiosa consagrada, um período de imersão junto ao povo para compreender a sua vida, a sua cultura, as suas alegrias e sofrimentos. É o que relata a irmã Fátima Gonçalves:

> Para iniciar a missão no Acre passei seis meses pelas comunidades do interior, com as seguintes orientações: "Só escute e aceite o que lhe oferecer". E, assim acontecia com Padres, Irmãs, leigos consagrados e voluntários. Uns poucos não se ambientavam e voltavam para suas Dioceses de origem.

> Essa adaptação, a "Querida Amazônia" insiste com a inculturação e sinodalidade. No entanto, a convivência de anos

---

[50] Nós Irmãos, ano 11, nov. 1982.
[51] Ir. Rosália Saccardo, depoimento.

de Dom Moacyr deu-lhe visão profética para se antecipar às Conferências e Documentos sobre a culturas dos povos da Amazônia, assim como costumava dizer: "Quando *nós chegamos o Espírito Santo já estava lá com o povo. O que precisamos é abrir o coração para aprender com eles*".

Completados os seis meses, o Pe. Asfury me convidou para fazer parte da Equipe de Apoio da Paróquia Cristo Ressuscitado. A Equipe era formada pelo Pe. Asfury, Neli e Willian, Irmã Ángela (Serva de Maria Reparadora), Irmã Fátima (Josefina), Bacurau e Onilton. Acompanhávamos 13 comunidades. Cada uma com muitos monitores, grupos de evangelização, catequistas, tesoureiros, ministros do Batismo, ministros dos enfermos, coordenadores, e os grupos de jovens. Todas as comunidades contavam com essa organização de lideranças.[52]

Nas reuniões e atividades pastorais, era comum citar a Conferência de Medellín: *como diz Medellín*... E se repetia tanto (*como afirma Medellín*) que as forças de combate à subversão se perguntavam: quem é esse Medelín de que tanto falam?!

Se Medellín foi o Vaticano II para a América Latina, Dom Moacyr e Dom Antônio lembram que o Documento de Santarém, de 1972, é "o nosso Medellín amazônico, onde definimos quatro prioridades: formação de agentes de pastoral, comunidades cristãs de base, pastoral indígena, estradas e outras frentes pioneiras".[53]

6. De Santarém (1972) a Santarém (2022)

---

[52] Ir. Maria de Fátima Gonçalves, depoimento.
[53] CNBB. A Amazônia, as CEBs e a V Conferência de Aparecida. Comunicado Mensal, n. 604, p. 162.

IV – Serviço pastoral em Rio Branco (1973 a 1998)

Um ano antes de Dom Moacyr tomar posse em Rio Branco, aconteceu o *Encontro de Santarém*. Os bispos da Amazônia ali reunidos formularam proféticas linhas prioritárias para a pastoral na Amazônia tais como: Pastoral Indigenista, Pastoral da Juventude, Promoção Humana, Formação de Agentes de Pastoral, Pastoral das Estradas e dos Rios e outras. Ele irá implementar esses princípios orientadores nas Igrejas locais.

Comentando o evento de Santarém e as linhas prioritárias, diz Dom Moacyr:

> Inicialmente, é preciso dizer que foi a primeira vez que se usou esta expressão "prioridades pastorais". Além das linhas prioritárias, nós temos duas posições ou faróis que iluminam estas linhas. Primeiro, a encarnação na realidade: nós precisávamos conhecer mais nossa realidade, valorizar mais o nosso povo, sentir de perto a sua cultura. Conheci bispos santos, que se eu fosse papa canonizava todos. Eram anciãos muito acolhedores, que viveram esta realidade da encarnação. O outro era a evangelização libertadora: mostrar que ser cristão não é ser acomodado. Estes dois luzeiros: a encarnação e a evangelização libertadora deviam iluminar as quatro prioridades.
>
> Eu digo que este Documento de Santarém é a carteira de identidade da Igreja da Amazônia. Ele mostra como foi se conformando o nosso rosto, e como a Igreja foi tomando o rosto amazônida. A primeira prioridade: formação de agentes pastorais. Em todos os níveis: desde o coroinha, o catequista, até o bispo; dioceses que não tinham agente algum, em dois anos conseguiram formar quase mil leigos e leigas, dedicados à evangelização.

A segunda prioridade foi a formação das comunidades de base: comunidades menores, base de uma Igreja local, onde se pode viver melhor o espírito das comunidades primitivas e receber os sacramentos. Não houve uma explosão, mas em diversas dioceses houve um crescimento expressivo.

A terceira prioridade era a pastoral indigenista. Logo após a criação do Conselho Indigenista Missionário, os bispos assumiram o apoio à sua ação e a capacitação missionária para o trabalho junto aos povos indígenas. A quarta prioridade foi o incentivo à participação nas frentes pioneiras, como as estradas.[54]

O surgimento de organismos eclesiais como CPT, CIMI, CDDH, decorrentes de Santarém e da CNBB, foram dando suporte mais firme à caminhada do povo e dos grupos marginalizados como os povos originários e os ribeirinhos. É claro que essa práxis eclesial perturbou muitos políticos, latifundiários, poderosos, e até alguns membros do episcopado. Essas forças reacionárias estavam acostumadas a viver à sombra do modelo e mentalidade de cristandade e de padroado. Surgiram muitos conflitos e foram muitos os/as mártires na Igreja Povo de Deus.

Novas situações sociais vão surgindo decorrentes do êxodo rural e a formação de periferias urbanas; chegada de grandes levas de migrantes; surgimento de novas expressões políticas; constituição de sindicatos; temas relacionados ao meio ambiente; planos governamentais de desenvolvimento etc.

---

[54] Grechi, Moacyr. Santarém definiu o rosto da Igreja na Amazônia.

IV – Serviço pastoral em Rio Branco (1973 a 1998)

A Igreja local precisou criar estratégias para implementar uma boa catequese, pastoral social, formação bíblica, teológica, juventude.

Marcaram época na prelazia/diocese os cursos de teologia ministrados por renomados teólogos como Clodovis Boff.[55] Os cursos de formação também contaram com a colaboração de: Leonardo Boff, Benedito Ferraro, Jung Mo Sung, Pe. João Batista Libânio, irmã Silde Coldebella (Pias Discípulas) e outros. Clodovis Boff fez várias imersões no cenário acreano e dessas experiências surgiram as publicações *Deus e o homem no inferno verde*[56] e *Teologia Pé-no-Chão*.[57]

Os cursos contavam com intensa participação de lideranças regionais. Estudava-se e analisava-se toda a conjuntura: política, econômica, cultural etc. à luz da fé, da Palavra de Deus. O objetivo era ajudar na autonomia reflexiva das lideranças a fim de fazer a ponte entre a fé e a vida. Esses cursos dotavam as lideranças de postura mais firme nas suas incidências comunitárias, litúrgicas e sociais.

A Igreja ia se fortalecendo iluminada agora com os faróis do Vaticano II, das Conferências Episcopais latinas, brasileiras e amazônicas; das novas expressões de vida pastoral, litúrgica, bíblica e de observar a realidade social. Esse movimento de renovação e consolidação de princípios devotados aos mais necessitados e à floresta gerou algumas tensões no interior do episcopado e muito desconforto na vida cidadã brasileira. Dom Moacyr posicionou-se firmemente a favor dos que eram caluniados e perseguidos:

---

[55] Boff, C. A Igreja, o Poder e o Povo, p. 11.
[56] Boff, C. Deus e o homem no inferno verde. Quatro meses de convivência com as CEBs do Acre, Petrópolis, p. 15 e 16 (Dom Moacyr, pastor do povo).
[57] Boff, C. Teologia pé-no-chão.

Dói-nos constatar que o instrumento da inglória campanha difamatória a um membro de nosso colégio episcopal[58] que, esquecido dos mais elementares princípios da caridade e da justiça, prestou-se a esse triste serviço. Consola-nos, por outro lado, a unânime solidariedade que vemos chegar a D. Pedro Casaldáliga[59] e a Dom Tomás Balduíno[60] de todos os quadrantes do país, por parte de centenas de bispos, sacerdotes, religiosos, de trabalhadores rurais e urbanos e, de um modo geral, de pessoas e setores preocupados com os direitos humanos, corajosamente defendidos por esses dois bispos, que nada mais fazem que agir em consonância com a linha pastoral apontada pela CNBB e pelos documentos sociais de nossos Sumos Pontífices. Ao trazer a esta CPI[61] meu testemunho de Prelado da Amazônia e de Presidente da Comissão Pastoral da Terra – testemunho do apoio irrestrito à ação pastoral de D. Pedro Casaldáliga e D. Tomás Balduíno – faço-o na certeza de cumprir o dever de consciência que tenho, como bispo, de caminhar pari passu com os irmãos que tão lucidamente souberam compreender a verdadeira missão de pastores: dar, se for preciso, a própria vida pelo rebanho que o Senhor lhes confiou.[62]

---

[58] Refere-se a Dom Geraldo de Proença Sigaud, arcebispo de Diamantina (†1999). As denúncias de Dom Sigaud e a reação da Igreja e da sociedade podem ser lidas em: SEDOC, v. 9, p. 1263; e v. 10, p. 205.
[59] Dom Pedro Casaldáliga (1928-2020) era bispo-prelado de São Félix do Xingu/ MT. Ferrarini, S., Utopias, p. 149.
[60] Dom Tomás Balduíno (1922-2014) era bispo da Diocese de Goiás. Ferrarini, S., Utopias, p. 185.
[61] Refere-se ao seu depoimento na Comissão Parlamentar de Inquérito sobre o narcotráfico. Relatório publicado em 2000.
[62] O problema do homem e da terra no Brasil, SEDOC, v. 10 p. 304; Ferrarini, S. Utopias, p. 131.

No ano de 2022, na mesma cidade paraense de Santarém, a Igreja da Amazônia celebrou os 50 anos do histórico encontro de 1972. Foram resgatados muitos elementos daquele primeiro encontro e relançado o desafio da mística e da profecia na Amazônia. O Papa Francisco saudou e felicitou os participantes destacando que

> aquele Encontro de Santarém, propôs linhas de evangelização que marcaram a ação missionária das comunidades amazônicas e que auxiliaram na formação de uma sólida consciência eclesial. As intuições daquele encontro serviram também para iluminar as reflexões dos padres sinodais, no recente Sínodo para a região Pan-Amazônica. […] como recordei na Exortação Apostólica Pós-Sinodal *Querida Amazônia*, ao descrevê-lo como uma das "expressões privilegiadas" do caminhar da Igreja com os povos da Amazônia.

Nas conhecidas "linhas prioritárias", fruto do recordado encontro, encontram-se esboçados os sonhos para a Amazônia que foram reafirmados no último sínodo.[63]

De fato, nas conhecidas "linhas prioritárias", frutos do recordado encontro, encontram-se esboçados os sonhos para a Amazônia que foram reafirmados no último sínodo.[64]

7. Igrejas-Irmãs

No mesmo ano dos 50 anos de Santarém (2022), também se celebraram os 50 anos do Projeto da CNBB *Igrejas-Irmãs*.

---

[63] Francisco. Carta do Papa Francisco aos participantes no encontro de Santarém.
[64] Francisco, Querida Amazônia, n. 7 e 61.

A carência de padres sempre acompanhou o pastoreio dos bispos na Prelazia do Acre e Purus, e nas demais circunscrições amazônicas. D. Moacyr conseguiu com a Igreja de Lucca, Itália (1974), uma significativa colaboração. Na sua primeira ida àquela cidade, conquistou três. Esse trio foi apelidado de "Os três reis magos": João, Natalino e Mássimo. A Diocese de Lucca[65] e a Arquidiocese de Fortaleza foram generosas Igrejas-Irmãs da Prelazia do Acre e Purus. Os ditos "magos" foram recebidos no aeroporto de Rio Branco por Dom Moacyr em dezembro de 1974. De acordo com o Pe. Mássimo, eles foram recebidos com muito amor e entusiasmo.

Dom Moacyr reconheceu a importância do intercâmbio entre as Igrejas Particulares, mas essa solidariedade exigia alguns cuidados. Falando sobre a cooperação entre as Igrejas do Brasil e da Itália, destacou: que o missionário deve ter uma autêntica vocação e não seja movido por outros motivos (como por ex. oportunidade para uma evasão); não privilegiar áreas pastorais já bem servidas; que haja sempre um diálogo entre as Conferências episcopais; que haja uma preparação séria e aprimorada, sendo um primeiro momento na Itália e um segundo no Brasil (CENFI – SCAI), que as pessoas sejam acompanhadas em seus locais de missão. Também se atente para o missionário quando regressa a seu país, pois as experiências certamente lhe deram outras visões de vida e missão.[66]

---

[65] A Diocese de Lucca situa-se na cidade italiana de Lucca, na Toscana. O bispo de então era Dom Juliano Agresti (†1990) que, desde o início, apoiou a Prelazia e Diocese do Acre e Purus.

[66] Intervenção de Dom Moacyr Grechi na Conferência Episcopal Italiana. CNBB/CDI, 1978, Doc. 8345, 16359.

— IV – Serviço pastoral em Rio Branco (1973 a 1998) —

No ano de 1983, Moacyr apresentou um panorama dos missionários estrangeiros atuando no Brasil. No triênio 1981-1983 foram solicitados 888 processos de entrada tendo sido aprovados 642 e indeferidos 71. Alguns casos foram reconsiderados e aprovados. Vários pedidos não obtiveram resposta. Dom Luciano Mendes de Almeida esclareceu que algumas recusas estavam menos relacionadas ao missionário e mais em razão das dioceses mais críticas ao governo.[67]

Como membro da CEP, em 1975, Dom Moacyr escreveu aos demais bispos do Brasil, solicitando apoio ao projeto sugerido por Dom Ivo Lorscheiter, incentivando a que se dedicasse o quinto domingo da quaresma ao Programa Igrejas-Irmãs. A proposta tinha como princípio motivar as dioceses a adotarem uma Igreja-Irmã e buscar formas de colaboração. Essa motivação vinha substanciada na Campanha da Fraternidade de 1975, cujo lema era *Repartir o Pão*.[68]

As crônicas também rezam que, como fruto da visita de D. Aloísio Lorscheiter, D. Avelar B. Vilela e D. José Ivo Lorscheiter à Amazônia, em 1972, surgiu o projeto Igrejas-Irmãs. Dizia que "todas as dioceses, ainda que pobres, sempre podem contribuir em favor de outras mais pobres". Essas ideias foram retomadas na XV Assembleia Geral de 1977.[69]

---

[67] CNBB. Situação dos Missionários estrangeiros. Comunicado Mensal (CM) n. 373, 1983, p. 1152.
[68] CNBB. Circular da Comissão Episcopal de Pastoral. Comunicado Mensal (CM) n. 269, 1975, p. 178.
[69] Missão da Igreja do Brasil na Amazônia. CNBB, CM 570, 2003, p. 715-731.

8. Solidariedade com os perseguidos e marginalizados

Dom Moacyr se reconhecia como um bispo "dos fundões da Amazônia, que participa do sofrimento de seu povo, de seus padres e irmãs. Estando nesse meio, tornou-se um pastor que escuta, guia, cuida, orienta e é solidário com as lutas do povo".[70]

Os eventos eclesiais do Vaticano II e Medellín suscitaram muitas novas expressões de ser igreja e de participação ativa dos cristãos na sociedade. Um desses momentos altos foram as várias romarias que surgiram. Eram momentos fortes de participação cidadã e cristã e reafirmavam a força com que as pessoas eram movidas pelo Evangelho. Nesse contexto, situa-se a *Primeira Romaria da Terra* realizada no Acre, em 1986. Vivia-se, justamente, um tempo de grandes conflitos pela terra e o avanço avassalador do capitalismo selvagem na região. A romaria, realizada no mês de setembro, estava inserida no mês bíblico e se inspirava na Bíblia. D. Moacyr pontuava:

> Desde os tempos antigos da Bíblia, o povo fazia grandes peregrinações a Jerusalém ou a outros lugares sagrados: eram momentos fortes de expressão da fé e de denúncia das injustiças que havia na sociedade daquela época. Eram momentos que alimentavam a esperança de construir um mundo melhor.
>
> Hoje mudam os nomes das pessoas e dos lugares, mas a história da vida não muda: os mesmos anseios e esperanças na busca da Terra Prometida. A realidade antiga do povo da Bíblia espelha-se hoje na história dos colonos de Brasileia

---
[70] Dom Antônio Fontinele, depoimento.

reivindicando ramais; dos ribeirinhos de Catuaba exigindo o cumprimento do decreto de desapropriação da terra; dos seringueiros do Carão lutando para manter um pedacinho de chão para trabalhar; dos peões e dos boias-frias escravos dos latifundiários; dos desamparados das periferias [...], enfim das milhões de famílias brasileiras sem vez, sem voz e sem-terra! [...] É preciso LER e RELER a PALAVRA DE DEUS nos grupos de evangelização, nas comunidades, porque dá a força e a capacidade de ser fermento de transformação das situações injustas, para criar uma nova ordem social, que Cristo chamou de Reino de Deus.[71]

Romaria da Terra – Horto Florestal, Rio Branco-AC, 1986.

Por que essa Romaria foi tão marcante? A irmã Fátima Gonçalves explica:

---

[71] Nós Irmãos, ano 15, set. 1986.

Foi muito marcante, devido ao contexto em que estávamos vivendo no ano de 1986. O evento acontecia dois anos antes dos assassinatos de Ivair Higino de Almeida, em 18 de junho de 1988 e de Chico Mendes em 22 de dezembro do mesmo ano. Infelizmente, Dom Moacyr já estava fortemente ameaçado com o tema: Terra Preservada, Vida Conquistada. O tema da Romaria incomodou ainda mais os gananciosos. As divulgações da Romaria tornaram-se motivos de acirramento do ódio e exalação de veneno, naquele momento. E o alvo era Dom Moacyr. Dom Moacyr já estava fortemente ameaçado.

[...] Faziam parte da organização o Pe. Luís Ceppi, Ir. Fátima Gonçalves e a CPT. Fizemos toda a ornamentação com frutos e frutas vindos das roças dos pequenos agricultores. Ao término da celebração foi partilhado um banquete entre todos os participantes. Tudo isso era novidade ao tempo em que fortalecia a comunhão e resistência.

[...] Participação grandiosa das lideranças de todas as Paróquias, cidade e interior, clima de muita alegria e comunhão. Antes mesmo do início da celebração, a coordenação da CPT recebeu por telefone uma ameaça de morte direcionada ao Dom Moacyr Grechi. Ouvi os comentários sobre o risco que corria o Bispo, contudo, foi pedido sigilo até o término do evento. De fato, no final juntou-se um grupo de coordenadores e lideranças das Pastorais e o próprio Dom Moacyr comunicou o fato. Algumas opiniões eram de que ele não fosse para a sua casa naquela hora, mas poderia ir para o Convento dos Servos de Maria. Disse ele: "Minha preocupação é com vocês. Eu não tenho filhos para deixar com fome e nem herança. Não vou baixar a cabeça com as ameaças de bandidos". Algumas pessoas

— IV – Serviço pastoral em Rio Branco (1973 a 1998) —

ali já se manifestaram para ir com ele. E fomos deixá-lo em sua casa.[72]

Dom Fontinele resgata uma fala de Dom Moacyr na entrevista feita pelo Pe. Darci Luiz Marin, para a *Revista Vida Pastoral*, em 1990, sobre o significado da "opção pelos pobres":

> Para a formação dos agentes de pastoral, a Igreja já tem uma tradição longa que deve ser revista, já tendo sido pelo Vaticano II, Medellín, Puebla, pelos documentos da Santa Sé e do Brasil, por experiências válidas que foram feitas. Já temos diretrizes fundamentais. Devemos valorizar o que é característica nossa. Por exemplo: a opção preferencial pelos pobres deve ser assumida pessoalmente, radicalizada e atingir não só aspectos econômicos, sociais e políticos, mas também nossa vida espiritual. Parece-me que ler a Bíblia, celebrar a liturgia, ler livros de espiritualidade na perspectiva dos pobres, de maneira séria e profunda, é uma das características. Lembrar sempre que a opção pelos pobres é um dom de Deus, como bem lembra Gutiérrez. Nós nos aproximamos, no empenho em estar perto deles, de comungar com eles, mas também por dom de Deus a ser solicitado. Outro aspecto é o que nasce da convivência com as CEBs: a simplicidade no nosso relacionamento. Na comunidade, deveríamos nos sentir iguais. Bispos, padres, diáconos, agentes de pastoral, deveríamos nos sentir [...] uma Igreja muito mais comunhão do que hierarquia, muito mais serviço do que poder, que se expressa muito melhor num abraço do que em gestos de reverência à autoridade. Essa convivência com as comunidades nos levaria à

---

[72] Depoimento de irmã Maria de Fátima Gonçalves, membro do Instituto Josefino. Trabalhou muitos anos com Dom Moacyr.

simplicidade e a valorizar o trabalho colegiado, isto é, as decisões tomadas em comum. Cada um com o seu dom que não é obra nossa, é dom do Espírito, e se ele o dá é para que seja valorizado. Neste nosso mundo, onde somos atingidos a cada instante por uma multidão de imagens, de solicitações, de tensões, precisamos descobrir e redescobrir a oração pessoal, o encontro com Jesus Cristo, que nos faça ter a partir da leitura da Bíblia prolongada, demorada – nada de leiturinha feita às pressas – uma visão da vida, dos relacionamentos e dos empenhos numa perspectiva de fé. A descoberta e redescoberta pessoal da oração é sumamente importante. Sem isso, não acredito na possibilidade da formação de padres para hoje.

Fontinele finaliza dizendo que "ao colocar os pobres como o centro da evangelização, em conformidade com o Evangelho, ele tornou o povo protagonista da própria ação da Igreja, e confirmou que devia a sua conversão ao povo da Amazônia".[73]

No início do seu ministério pastoral, Moacyr ainda não penetrara profundamente no clima social reinante na região, mas foi descobrindo com a ajuda do povo. A sua, digamos, conversão se deu quando vieram lhe falar de conflitos de terras em tal ou tal lugar. Hesitou em ir, mas um velho que estava por perto disse apenas: "Se eu tivesse sua idade, iria". Não foi preciso mais. Foi juntamente com o Secretário de Segurança, que achava tudo aquilo invencionice. Lá, o patrão o acolheu, como sempre acontecia. Conversando com os posseiros na frente do patrão e da autoridade, confirmou-se: não é nada mesmo. Mas Dom Moacyr, depois do farto jantar, saiu e foi assuntar a sós com os posseiros. Desprovidos da timidez e da intimidação, a conversa fluiu mais direta, simples

---

[73] Dom Antônio Fontinele, depoimento.

IV – Serviço pastoral em Rio Branco (1973 a 1998)

e verdadeira. Então apareceram as opressões, os maus-tratos, as ameaças do patrão.

Dom Moacyr relata este fato: "Foi um momento que me abriu os olhos. Daquele dia em diante eu entendi: ou eu fico do lado do pobre e injustiçado, ou é melhor eu deixar de ser bispo, porque senão eu nego a minha vocação".

Esse fato muito marcante é também contado pela irmã Maria de Fátima Gonçalves:[74]

> Ouvi umas três vezes o Dom Moacyr contar um fato chocante para ele. Havia retornado de visita pastoral em uma paróquia do interior, Brasiléia. A viagem era muito cansativa. A estrada não tinha asfalto, era piçarra e barro vermelho deslizante. Na portaria ele deixou a informação de que, por algumas horas, não poderia atender ninguém. Só deu tempo de subir até o seu quarto, tomar um banho, e já foi chamado para atender. Eram seringueiros e posseiros que trabalhavam como capatazes a mando de empresários do Sul. Eles vinham pedir ajuda para os filhos lá nos seringais e reclamar das promessas que não se cumpriam. Diziam que eram maltratados. O bispo acolhia essas demandas e o Centro de Defesa dos Direitos Humanos as encaminhava para o Secretário de Segurança Pública. Nas palavras de Dom Moacyr: "Em dado momento, um velho seringueiro de 83 anos me disse: 'Se eu tivesse a sua idade, já estava lá'. Eu tinha 37 anos. Era porque estava um pouco escuro, se não todo mundo tinha me visto envergonhado. Isto foi a única coisa que me fez vergonha e repensar meu ministério".[75]

---

[74] Ir. Fátima Gonçalves, depoimento.
[75] Ir. Fátima Gonçalves, depoimento.

Dom Moacyr presenciou e participou de vários eventos trágicos e comentava sempre, de modo oportuno, firme e esperançoso. A sua presença e a sua palavra encorajavam as lideranças. O povo não tinha outro apoio, então contava com a prelazia. Seguem alguns fatos marcantes, entre outros existentes, frente aos quais Dom Moacyr se posicionou, denunciou, se solidarizou.

Padre Alberto

Trabalhava na Paróquia de Boca do Acre. A cidade encontra-se na confluência dos Rios Acre e Purus. Era uma pessoa que incomodava os potentados do local, pois exigia mais justiça para com a população. Sobre ele, assim se expressou Dom Moacyr, em 1977:

> Foi por várias vezes hostilizado, humilhado, caluniado. Esbofetearam-no em praça pública e eu não sabia, o Afonso nada me comunicara. Não se vingou, não revidou. "Como um cordeiro levado ao matadouro, não abriu a boca". Foi escorraçado, expulso do recinto da Câmara dos vereadores, levado por dois soldados, por ordem do Delegado, como se fosse um malfeitor. Não revidou, não reagiu com violência. [...] Em muitas vezes foi ofendido, humilhado em público, ameaçado... Para certos homens e mulheres de Boca do Acre sua "existência era uma censura às suas ideias; bastava sua vista para os importunar". Mas ele, o Pe. Afonso, não sairá mais de Boca do Acre e, mesmo morto, falará.[76]

Dom Moacyr acena ao Cântico do Servo Sofredor, em Isaías 53. Ao dizer que mesmo morto não sairá de Boca do Acre, se refere à sua morte, afogado no rio, cujo corpo não foi encontrado.

---

[76] Nós Irmãos, 1977, n. 7 (*apud* Lima, Reginâmio, B. de. Ao Sol Carta é Farol, p. 349).

Chico Mendes

O subsídio *Entender para Agir*, de setembro de 1977, trazia um sucinto cenário de como se vivia politicamente no Acre: expulsão do Pe. Júlio Vitte; afastamento de líderes cristãos depostos em escolas do governo; controle dos programas de rádio e televisão; agentes do governo infiltrados nas reuniões da prelazia; intimidações, acusações, insinuações. E se decidia: posição crítica diante do Governo exigindo escolas, salários melhores, serviços sociais.[77]

A presença atuante de Francisco Mendes e sua posterior morte violenta foram um dos mais trágicos eventos daqueles tempos. A Igreja apoiava inúmeras iniciativas de base popular, como os sindicatos e os movimentos pelas reservas naturais, defesa dos camponeses, indígenas.

O caso Chico Mendes é o mais notório episódio de violência no Acre. Nilo Sergio de Melo Diniz[78] descreve esse fato. Relata que, pelo final dos anos 1980, a única voz de apoio a Chico Mendes, que conseguia algum espaço na imprensa do Acre, era o bispo Dom Moacyr Grechi. Ele intermediou correspondência entre o juiz de Umuarama, PR, e o superintendente da Polícia Federal no caso Darly Alves. Segundo Dom Moacyr, Chico Mendes seria o 84º homem ligado à terra assassinado no ano de 1988. De 1964 a 1985, foram 1300 assassinatos contabilizados pela CNBB.

Chico Mendes foi um seringueiro atuante e comprometido com os "valores" da floresta e do povo da floresta. Em dado momento, compreender a sua situação e dos seus companheiros mobilizou a vocação pastoral da Igreja e a defesa do povo marginalizado e do

---

[77] Pertíñez Fernández, J. História da Diocese, p. 558.
[78] Melo Diniz, N. S. Chico Mendes. Um grito no ouvido do mundo: como a imprensa cobriu a luta dos seringueiros.

meio ambiente. Decididamente, a prelazia e Dom Moacyr estiveram bastante envolvidos nessa questão.

Havia, entretanto, setores da sociedade e da própria Igreja que não viam com bons olhos as causas que moviam Chico Mendes. Mas Dom Moacyr sempre acolheu e motivou Chico Mendes, mesmo porque ele era participante das CEBs. Em suas conversas com Chico Mendes, Dom Moacyr o alertava para que se protegesse e evitasse colocar a sua vida e a vida dos seus companheiros em situação de risco.

Certa feita, Chico relatou ao bispo a situação de divisão que existia na sua comunidade a propósito do Partido dos Trabalhadores e do engajamento das pessoas, muitas da Igreja, nessa discussão. A transcrição a seguir respeita o texto encaminhado por Chico Mendes.

> Sem demagogia alguma, gostaria de dizer-lhe que tenho profundo respeito pelo seu importante trabalho desempenhado na defesa dos trabalhadores do Acre e, até pensei que o senhor não iria entrar nesta linha. Em nenhum momento tencionei atacar a Igreja no todo, com isto não estou querendo fazer minha defesa, porque acho que não há razão para isso. O que eu quero dizer que o que eu fiz foi criticar a forma com que um grupo, que usa a estrutura da Igreja hoje, para se autodenominar donos de um partido e com isso, sem dúvida alguma, adotar uma política sectária levando à divisão dos trabalhadores, ou seja, dividindo ainda mais os trabalhadores. […] Não estou querendo provocar uma polêmica, mas eu só queria que o senhor tivesse uma pacienciazinha. Há 14 anos me dediquei de corpo e alma na luta dos trabalhadores, fazendo naquela época um juramento secreto a Deus e a mim mesmo que haveria de

IV – Serviço pastoral em Rio Branco (1973 a 1998)

manter este ideal até quando a minha energia aguentasse ou a morte chegasse. Renunciei a qualquer interesse pessoal e financeiro para me engajar de corpo e alma nesta luta. Foram momentos duros até hoje, perseguições, cansaço, fome, mas sempre alimentado pela fé e o ideal e a vontade de vencer, sonhar com o futuro, sonhar por dias melhores para nossos irmãos. Hoje, embora o sonho não esteja ainda realizado, uma coisa é certa: Xapuri conseguiu apontar para um novo horizonte para os trabalhadores seringueiros de toda a Amazônia que hoje já contam com a quase certa aprovação pelo Incra da criação das reservas extrativistas, e isso apesar de não ter sido um trabalho só de Chico Mendes, mas de um grupo de companheiros apegados à fé e ao idealismo, teve à frente a minha participação. A Igreja teve sua importância e inegável participação. E o que acontece hoje e há muito tempo, Setores da Igreja desencadearam intensa campanha nas suas bases alertando humildes trabalhadores, desinformados da realidade para o perigo que Chico Mendes representa dentro do PT. Portanto deve-se ter cuidado com ele pois ele representa os interesses do dragão que come criança na calada da noite, que se ele ganhar ele vai deixar o PT para organizar o PRC e não sei mais o quê. Dom Moacyr, sei que a sua cultura nem se compara com a minha, pois nunca sentei num banco de aula, mas mesmo assim eu me atrevo a convidá-lo a fazer um exame de consciência. Será que isso é amar a verdade? O argumento que eu tenho ouvido é que não vou à missa, é de que estou ligado a grupos estranhos. E eu pergunto: ser bom cristão é viver dentro da Igreja, usando a estrutura dela para atender os meus interesses pessoais como fez [...] e outros aqui irão fazer? Ser mau cristão é se

95

dedicar de corpo e alma na luta pela organização dos trabalhadores? Ser bom cristão será se aliar com anarquistas que querem uma sociedade onde não existirá a figura da tradição familiar e o respeito, como foi o caso da aliança. [...] Se for assim, eu prefiro ser mau cristão para aqueles que assim me julgam, mas tenho certeza que o único dono da verdade e o único que ama a verdade que é Deus, é quem vai saber julgar meus atos e isso tenho consciência que ele já começou a fazer [...]. Enquanto me acusam de mau cristão, de comunista, a luta avança e os sinais de vitória começam a surgir, apesar das perseguições. Dom Moacyr, perdoe-me se estou sendo agravante mais no dia que o saco enche demais, a gente não consegue suportar e tem que desabafar. Chega de acusações e de se usar a maldade em nome de Deus. Não me refiro ao senhor, mais sim aos seus subordinados. Vou continuar a minha missão, apesar de acusado de comunista faço minhas oraçõezinhas na calada da noite, porque acho que não devo fazê-las publicamente. E vou continuar lutando por um PT de todos os trabalhadores sem discriminação ideológica e religiosa, pois acredito que todos aqueles que lutam de verdade por uma sociedade igualitária serão agraciados por Deus, pensar ao contrário é embarcar em canoa furada. Um grande abraço e vamos em frente, a luta deve continuar espero não guardar mágoa de mim por que eu não tenho ódio de quem me julga mas acho que isto pertence a Deus. Só não perdoo os fazendeiros porque apesar de serem aparência humana defendem os interesses do diabo. Chico Mendes.[79]

---

[79] Arquidiocese de Porto Velho. Arquivo/Cúria. Papéis avulsos.

A Rádio Capital tinha um locutor chamado A. C. Piton. Ele era truculento: metralhava no microfone contra Chico Mendes, Dom Moacyr e outros. Quando um membro da UDR estava à frente de um jornal, em Rio Branco, teria dito: "Pusemos Chico Mendes fora da circulação; pusemos o bispo Dom Moacyr Grechi também. A política dos dois não combinava com os nossos interesses empresariais". As fotos de Chico Mendes e de Dom Moacyr foram literalmente queimadas pelo jornal. Diz Dom Moacyr que *O Estado de São Paulo* (Estadão) fez terríveis editoriais contra ele. Nunca se referia a ele como bispo, mas Moacyr Grechi, "'lotado' na Igreja do Acre". Um jornal local – *Rio Branco* – foi pago para estampar na primeira página acusações contra o bispo.

No Brasil dos anos 1970-1990 havia uma certa divisão na grande imprensa. Os jornais *O Estado de São Paulo* e *O Globo* acolhiam mais facilmente notícias, personagens e artigos da direita. Os jornais *Folha de São Paulo* e *Jornal do Brasil* eram mais benevolentes com matérias relacionadas aos direitos humanos. Assim, os primeiros bombardeavam personagens como Dom Helder Camara e a teologia da libertação. Alceu Amoroso Lima escrevia para o *Jornal do Brasil*. E foi este jornal que ocupou várias páginas dedicadas ao caso Chico Mendes. O Caderno Especial estampou o conteúdo: "A hora da justiça".[80]

Trata-se de uma ampla reportagem sobre a morte de Chico Mendes, ocorrida em 22 de dezembro de 1988. O julgamento do caso ocorreu em 1990. A publicação relata os conluios, as relações no entorno de Darci e Darly, os assassinos de Chico Mendes. O caso ocupou um volumoso trabalho de 1.600 páginas. O jornal dizia que o adolescente Genésio da Silva foi uma peça-chave no caso. Passou a ser ameaçado de morte. A polícia e o exército tentaram

---

[80] *Jornal do Brasil*, Rio de Janeiro, 9 dez. 1990.

protegê-lo em Rio Branco. Dom Moacyr o acolheu em sua casa durante dias. Mesmo assim, o jovem corria perigo. Foi, enfim, enviado ao Rio de Janeiro. Por sugestão de Dom Moacyr Grechi o rapaz foi internado num colégio e se tornou um aluno estudioso e com ótimas notas.

"Todo o Acre levara seu adeus ao Chico" e "Mataram Chico Mendes. Um tiro de escopeta abateu o maior defensor dos povos da floresta", foram manchetes do jornal local. Uma multidão compareceu ao funeral de Chico Mendes. Os seus companheiros de lutas, o povo simples das florestas. A gente humilde de Xapuri misturou-se às proeminentes figuras regionais e personalidades de relevo nacional, como: Fernando Gabeira, a atriz Lucélia Santos, líderes sindicais, o deputado federal Luiz Inácio Lula da Silva, Frei Betto.[81] Dom Moacyr se pronunciou:

> Eu repudio veementemente o assassinato de Chico Mendes e o governo tem de tomar providências para que se descubra os culpados para que os assassinos sejam punidos no rosário de mortes que acontecem nesse país e todos aqueles que se colocam contra a Reforma Agrária. Objetivando a desmobilização da luta dos movimentos populares são responsáveis por isso. Esses assassinatos obedecem a uma mesma linha de critérios na escolha das vítimas que são sempre posseiros, dirigentes sindicais, advogados de posseiros e padres.[82]

O assassinato de Francisco Mendes estava relacionado com problemas históricos do Brasil, como a questão da posse da terra. Muita terra era adquirida de maneira ilegal. A ausência de Reforma Agrária era outro fator de violência. A concentração do solo em

---

[81] O Rio Branco n. 3591, 23 out. 1988, p. 1, e n. 3592, 24 dez. 1988, p. 1 e 5.
[82] O Rio Branco 27 dez. 1999, n. 3594, p. 5.

mãos de poucos e sempre insaciáveis gerava tensões e violências. Por isso, explica Dom Moacyr,

A morte de Chico Mendes não pode ser resumida a um caso de vingança familiar. Há, na base desses crimes, além da impunidade, o reflexo de uma violência causada pela enorme concentração fundiária existente no campo, o que impede milhões de trabalhadores rurais de terem acesso à terra. [...] O discurso da UDR é agressivo, provocativo e gerador de violência. Sua prática para resolver os litígios é truculenta, como ficou provado em mais de uma dezena de atentados no campo, nos quais houve a participação de membros da UDR. [...] Nenhum ser humano quer ter sua vida abreviada, porém não fico intimidado com as ameaças telefônicas e, posso afirmar, que elas não mudarão minha conduta pastoral, que está coerente com os ensinamentos papais e com as diretrizes da CNBB.[83]

Depois de ter sido embalsamado, Chico foi velado na Catedral Nossa Senhora de Nazaré, por algumas horas, em seguida o corpo foi transladado para Xapuri. Dom Moacyr, na missa de corpo presente, fez questão de citar a seguinte frase: "Felizes os perseguidos por causa da justiça, porque deles é o Reino dos céus". Bastante abalado com a tragédia, o bispo dizia que, "Chico tombou desta maneira por causa de sua vida, seu discurso em defesa das classes menos favorecidas...". As declarações do bispo foram reproduzidas fielmente pelo jornal *A Gazeta*.[84]

No ofertório, levaram para o altar as sandálias e a camisa do Chico, farinha de mandioca e um ramo de seringueira: foi a celebração de um mártir. Por volta das 11 horas da manhã do dia

---

[83] Família Cristã. Morte de Chico Mendes retrata violência no campo, p. 22.
[84] Lombardi, M. Dom Moacyr Grechi, pastor e profeta.

25 de dezembro, sob forte comoção popular, o mártir da floresta foi sepultado debaixo de uma forte chuva, em Xapuri.

Em decorrência dessas posturas de apoio e denúncias, o próprio bispo passou a ser ameaçado de morte.[85] No final do seu múnus pastoral na Diocese de Rio Branco, Dom Moacyr foi muito firme na denúncia dos abomináveis crimes que aconteciam na região, nomeadamente perpetrados por Hildebrando Pascoal Nogueira Neto, ex-coronel da Polícia Militar do Acre e ex-deputado federal pelo Acre. Dom Moacyr depôs na CPI, em Brasília. O deputado foi cassado e condenado a longos anos de cárcere.[86]

> Quando já não havia quase mais ninguém para levantar a voz, calada pela força bruta do deputado e seus asseclas, Moacyr denunciou o que muitos não conseguiam. Arriscou a sua vida para pôr fim aos desmandos. Juntou farto material a ser entregue às autoridades, expondo os abusos, as violências e as injustiças. Graças a essa ação destemida do Bispo, o Deputado foi julgado e condenado.[87]

---

[85] O Rio Branco, 27 dez. 1988.
[86] Folha de São Paulo, Câmara cassa mandato de Hildebrando Pascoal, 23 set. 1999; A Gazeta do Acre, As revelações de Dom Moacyr à CPI, 8 jul. 2019.
[87] Ferrarini, S. Utopias, p. 134.

— IV – Serviço pastoral em Rio Branco (1973 a 1998) —

Pintura de Gabriel Gonçalves – sala à entrada da Cúria Diocesana de Rio Branco/AC.

João Eduardo do Nascimento

João Eduardo foi assassinado no dia 18 de fevereiro de 1981. Era de seringais do interior do Amazonas e do Acre, migrou com sua família para Rio Branco. De maneira simples, sempre atento aos clamores do povo, passou a trabalhar pelo bairro (Bahia), tentando organizar a ocupação e a distribuição equitativa de lotes de terra para evitar conflitos. Assumiu um poder (comunitário) que lhe foi confiado pelo povo. Recebeu também a missão de monitor na CEB ali existente. Era pessoa próxima às famílias e ajudava a todos em suas dificuldades. Alguns gananciosos o assassinaram porque João Eduardo os incomodava em seus intuitos de possuir mais terras. Em sua homenagem, um bairro da cidade de Rio Branco recebeu o seu nome: Bairro João Eduardo.

Ivair Higino de Almeida

Ivair foi um líder no movimento pela Reforma Agrária e pela preservação da Amazônia. Estava do lado dos colonos e dos seringueiros. Era ativo em sua Comunidade de Base e era monitor. Costumava cantarolar: "Põe a semente na terra, não será em vão". Trabalhou com Chico Mendes no Sindicato dos Trabalhadores Rurais. Mineiro de nascimento, mudou-se com a família para Xapuri/AC em 1985. Como incomodava os latifundiários invasores das terras acreanas, foi assassinado em 18 de junho de 1988.

Wilson de Souza Pinheiro

Wilson Pinheiro era seringueiro, presidente do Sindicato dos Trabalhadores Rurais de Brasileia, e foi assassinado naquela cidade no dia 21 de julho de 1980. As cidades de Cobija, na Bolívia, e Brasileia, no Acre, estão interligadas pela Ponte Binacional Wilson Pinheiro, em homenagem ao sindicalista acreano. Esta ponte foi inaugurada em 2006.

Dom Moacyr enviou uma mensagem de apoio aos trabalhadores rurais.

O assassinato do líder sindical Wilson de Souza Pinheiro demonstra, mais uma vez, a escalada de violência por parte daqueles que detêm o poder contra todas as formas legítimas de organização com que o povo procura defender seus direitos – tão esmagados pela tirania de um regime de terror. A morte do líder sindical de Brasileia vem comprovar, de maneira bastante acentuada, que o poder está nas mãos de quem tem dinheiro e que por isso é conduzido da maneira que melhor lhes convêm. A prova disso é cumprimento da ameaça feita pelo secretário municipal de Xapuri, Guilherme Lopes, quando disse: "O problema fundiário no Acre só será solucionado com a morte de alguns padres e líderes sindicais". [...] O crime de Brasileia deixa clara a firme disposição dos donos do poder de continuarem explorando e massacrando o povo brasileiro até as últimas consequências. Portanto, não podemos consentir que continue a cínica impunidade em que permanecem todos aqueles que covardemente vêm atacando os que lutam verdadeiramente, com o suor de seu trabalho, por um Brasil melhor.[88]

Como se vê, muitas são as pessoas que foram perseguidas, presas e mortas. Dom Moacyr recebia muitas denúncias, e procurava ser um porta-voz de seus anseios, e mesmo de socorro. O Estado não se interessava em fazer justiça. Então, por vezes, o povo resolvia se mobilizar e fazer justiça. Foi assim que um dos fazendeiros, mandante dessas violências, foi agarrado, julgado e fuzilado.[89]

João Martins de Menezes

João, dito da Volta Seca, possuía várias deficiências, uma delas era retinopatia diabética, que não o impedia de trabalhar pelo povo, de se engajar, de falar em público, de mobilizar, de participar de sua comunidade. Foi monitor nos grupos de evangelização

---

[88] Lombardi, M. Dom Moacyr Grechi, pastor e profeta.
[89] Cadiolli Basílio, S. T. A luta pela terra e a Igreja Católica nos vales do Acre-Purus (1970-1980), p. 170.

das CEBs. Depois, entrou no seminário em Rio Branco, concluiu os estudos com muitas dificuldades. Dom Moacyr o levou, ainda seminarista, para fazer o tratamento em São Paulo, com todo acompanhamento. João recebeu o ministério sacerdotal em dezembro de 1989. Fez a sua Páscoa (passagem) em 13 de junho de 1990, durante um período de tratamento oftalmológico, em São Paulo. Tudo isso era motivo suficiente para ser visto como um "comunista" e forte candidato ao pau-de-arara. Assim, ao sair do encontro de um Grupo de Evangelização foi detido e violentamente agredido por agentes da Polícia Federal. Ele defendia o movimento contra o aumento da passagem de ônibus, em Rio Branco-Acre.

Os policiais fizeram com que se deitasse no chão, para em seguida algemá-lo e levá-lo até à sede da Polícia Federal, enquanto um deles dizia: "A escuridão da noite está apropriada para pegar comunista safado como você".

Depois de levar alguns tapas dos policiais, para intimidá-lo, perguntaram-lhe se já havia sido pendurado no pau-de-arara. Ainda por cima encostaram-lhe um revólver e o ameaçaram de morte.

Depois ainda tentaram convencê-lo a colaborar com a polícia, entregando documentos, papéis, notas, enfim, tudo o que pudesse denunciar a Igreja, o Movimento e até o jornal Varadouro. Os policiais estavam particularmente interessados em saber "se é o bispo que manda falar contra o governo".

Disseram também que, por ter falado durante o ato público, ele poderia ser enquadrado na Lei de Segurança Nacional. Em seguida, perguntaram-lhe se sabia o que é a Lei de Segurança Nacional. Mas a resposta os próprios policiais se encarregaram de dar.

Mas João da Volta Seca não se abalou. Depois de sair da polícia, ainda foi capaz de dizer: "Não vou deixar de estar com esse Movimento. Se o Movimento está com o povo, eu estou com os dois".[90]

Dom Moacyr apoiava essas reivindicações, mas observava:

Vejo, porém, uma lacuna do Movimento contra o aumento das passagens de ônibus, que se apoia só nas organizações da Igreja e das Comunidades de Base. O povo não tem ainda um canal independente e estável para manifestar-se. Por essa razão, movimentos como esse correm o risco de morrer, antes de crescer.

Essas manifestações são um sinal de vida do povo, que nunca é consultado sobre seus problemas. Mas não se conseguiu motivar suficientemente o povo para que o Movimento tivesse um peso ainda maior. Daí a importância do povo se organizar, daí a necessidade de que ele crie seus próprios mecanismos para veicular suas reivindicações.[91]

Hoje, o Seminário Diocesano, em Rio Branco, leva o nome de Seminário Padre João Martins.

Lobos em pele de cordeiro

O sistema de repressão utilizava pessoas travestidas de autoridade para indagar sobre lideranças, eventos, informativos e tudo o que pudesse levar a nomes de pessoas, sobretudo lideranças, a fim de serem denunciadas como subversivas. Por isso o bispo orientou as famílias e as comunidades como deveriam agir.

---

[90] Lombardi, M. Dom Moacyr Grechi, pastor e profeta.
[91] Lombardi, M. Dom Moacyr Grechi, pastor e profeta.

Estes indivíduos já visitaram a Comunidade do Quinari, dizendo que queriam participar da reunião para batizar o filho; na Paróquia Imaculada Conceição, se apresentaram como representantes da Igreja de Porto Velho; na Santa Inês e na Cadeia Velha, afirmaram que estavam fazendo pesquisas para o programa "Tribuna Livre"; na Comunidade de Volta Seca, se apresentaram como jornalistas. Constantemente, na casa do Bispo, são recebidos telefonemas suspeitos. Pelo que fomos informados, estes elementos fazem todo tipo de perguntas: querem nomes de lideranças, endereços, o boletim "Nós Irmãos", e indagam sobre as programações da Igreja.

Irmãos, as intenções destas pessoas estão claras. Elas pretendem colher todas essas informações, com o objetivo de perseguir a Igreja, semeando o terror, a desconfiança, o medo e a repressão. Eles desejam subornar e manipular os pobres. Como diz o Evangelho, são lobos devoradores, vestidos em pele de cordeiro. Por isso, pedimos atenção de todos os colaboradores da Igreja, padres, irmãs e leigos para observarem estes pontos.

Qualquer pessoa que se apresentar nas Comunidades indagando sobre nosso trabalho, pedindo nomes e endereços, não tem nenhuma autorização de nossa Igreja. Fica expressamente proibido dar nomes e endereços a qualquer pessoa, sem autorização expressa da Prelazia. Temos o direito de negarmos qualquer informação e velar pela nossa privacidade, sobretudo quando se trata de abuso de poder e tentativa de suborno.

Quando estas pessoas se apresentarem, vocês mostrem esta carta e peçam que elas se dirijam a Dom Moacyr. Na verdade, irmãos, o Evangelho já nos adverte que os filhos das trevas procuram sempre destruir o Reino de Deus. Mas nós acreditamos que a Luz de Cristo Ressuscitado será mais forte para mostrar na claridade, todo o veneno dos seus corações. Permaneçamos firmes, fiéis e vigilantes. Esta carta deve ser lida em todas as igrejas, nas Missas de domingo, dia 16 de agosto. Rio Branco, 14 de agosto de 1981. Dom Moacyr Grechi. Bispo da Igreja do Acre e Purus.[92]

Flanelinhas

O Pe. Mássimo Lombardi lembra a história do menino sapeca Franciney. Com apenas sete anos, fugiu de casa com a sua cuequinha "supermacho" e, por conta disso, passou a ter esse apelido. Ele participava de uma turma de meninos, os "flanelinhas",

> que dormia uma noite no Kaxinauá, outra noite no Casarão e almoçando quando o Alemão lhes oferecia. Começaram a pular o muro da (Paróquia) Santa Inês para passar a noite e dormir numa das palhoças que serviam para a catequese. Quando acordavam recebiam da dona Terezinha e da Francisca Marinheiro, o café da manhã ou iam bater na casa da dona Cleomar do Betão, que sempre os recebia dando pão com manteiga. Eles começaram a cheirar cola de sapateiro e o grupo estava aumentando, com o Juquinha, o Xuxu, o Lelé, Boca Torta, Bananinha e outros mais.

---

[92] Lombardi, M. Dom Moacyr Grechi, pastor e profeta.

O grupo (flanelinhas) se tornou um experto batedor de carteira, sobretudo nas procissões da Semana Santa, como eles mesmos declaravam com um certo orgulho de superioridade:

> [...] o povo andava cantando, rezando e carregando um rádio nos ombros e a gente tirava a carteira das pessoas. Até de Dom Moacyr tiramos do bolso um pacote de dinheiro – O bispo dava o santo para beijar no meio da Catedral e eu me aproximei, o abracei e tirei do bolso dele um pacote de dinheiro. Até consegui o mesmo com o Edmundo Pinto que estava fazendo comício da esquina da Alegria, me aproximei, o cumprimentei e o abracei e na hora saquei do bolso dele não sei quanto dinheiro.[93]

A irmã Fátima Gonçalves conta a história de como surgiu o grupo de meninos em torno da Catedral e a dedicação de Dom Moacyr por eles:

> Logo após o grupo do Hidelbrando mandar decapitar o Flanelinha (referenciado nesta obra) que trabalhava olhando e lavando os carros estacionados na frente da casa de Dom Moacyr, ele me chamou, juntamente, com a Nazaré Pinto e disse: "De hoje em diante vocês irão acompanhar constantemente esses meninos, em meu nome. Não quero mais vê-los serem humilhados, torturados e mortos de forma bárbara". Nazaré Pinto, uma voluntária, era responsável pelo encaminhamento dos doentes que vinham de todos os municípios pedir ajuda ao Bispo, para o hospital Santa Juliana e outros hospitais públicos.

---

[93] Lombardi, M. Dom Moacyr Grechi, pastor e profeta.

— IV – Serviço pastoral em Rio Branco (1973 a 1998) —

Fizemos um levantamento de quantos trabalhavam ao redor da casa do Bispo e Catedral: somaram 25 entre crianças, adolescentes e jovens. O Bispo viu a lista e disse: "Comecem pelo Mudo, toda vez que celebro missa na Catedral ele vem e corre por todo lado, dança lá no altar; vão conversar com a família dele".

Descemos o barranco do bairro Dom Giocondo, acompanhadas de uns dez deles. Todos os meninos que trabalhavam próximo à Catedral moravam ali, no barranco. Os nossos guias nos informaram que a mãe do Mudo era desconhecida, assim como o nome dele. Chegamos no barraquinho e encontramos apenas o pai do menino. Ele estava fazendo quibe. Conversamos bastante com seu Ribamar. Disse: "Eu acho é bom ele ir para a Igreja é seguro pra ele. Quando ele me aperreia aqui, eu mando pra lá". Afinal, a visita à família deu resultado positivo. O mudo passou a frequentar a Catedral de dois a três dias por semana permanecendo bem-comportado.

O critério principal para acompanhá-los era estudar. Íamos na escolinha do bairro para conversar com a direção; fazíamos levantamento do uniforme escolar, kit escolar, tênis, chinelo, camisetas para trabalhar. Os encontros mensais com eles, ninguém perdia por causa do lanche bem reforçado. Tínhamos um grupo bom de apoiadores. Festejamos os aniversários, Natal e Páscoa. Nestas oportunidades Dom Moacyr nos chamava para apresentar a lista de participação, sendo confirmado a fidelidade dos flanelinhas, ele colocava em um envelope, uma cédula de maior valor em circulação, para cada um, além de outros presentes.

*Pátio da Catedral – entrega da camiseta do colégio para Edney.
Irmãs Fátima Gonçalves e Nazaré Pinto – julho 1992.*

Quando Dom Moacyr chegava em casa, todos corriam para ajudá-lo abrir o portão da garagem. Sempre que podia, lotava o carro com eles e saíam para pizzaria ou sorveteria. Levava-os para padarias, além de lancharem, ainda levavam pão para casa. Sempre que Dom Moacyr saía de sua casa e caminhava até a Catedral, os meninos (assim o Dom e nós identificávamos o grupo) corriam e o escoltavam, disputando espaço mais próximo possível dele, até à Sacristia da Catedral. Às vezes quando eu chegava no pátio da Catedral, de longe os meninos gritavam: "Nosso pai chegou!".[94]

---

[94] Depoimento de Ir. Maria de Fátima Gonçalves.

— IV – Serviço pastoral em Rio Branco (1973 a 1998) —

Encontro de confraternização no Natal de 1993, na sala de reunião da casa do bispo, em Rio Branco. Da direita para esquerda: Dona Amália (in memoriam), Dona Deise, irmã Fátima Gonçalves, Latife e, na frente da mesa, Nazaré Pinto.

Dom Moacyr tinha uma dedicação especial com esses meninos. Muitas vezes eram reunidos na Colônia Sousa Araújo para uma tarde de convívio e confraternização.

Aristides e Francisco

A ditadura militar, através de seus "dedos-duros", vigiava todos os recônditos do país, as reuniões, as escolas, os movimentos, os meios de comunicação... para denunciar e prender os que, segundo eles, eram os braços estendidos do comunismo no Brasil e na América Latina. Toda uma terminologia usada nas escolas e nas igrejas como educação libertadora, teologia da libertação, conscientização, mobilização, caminhadas, romarias etc. eram vistas como perigo comunista infiltrado na sociedade. Foi assim que os padres Aristides Camio e Francisco Gouriou e mais treze camponeses foram denunciados, enquadrados na LSN, presos e condenados. Na data de 28 de novembro de 1982, Dom Moacyr manifestou a sua solidariedade a esses companheiros. Também fora expulso do Brasil o Pe. Francisco Jentel.[95]

Nós: bispos, padres, religiosas e leigos, representantes das paróquias e comunidades da Prelazia do Acre e Purus, [...]. Faz agora seis meses que a Justiça do País os condenou, após um julgamento iníquo e desrespeitoso da ética. Nossa Igreja se sentiu ofendida e condenada com vocês. Mas, agradecemos a Deus pela constância da sua fé e pelo testemunho corajoso que manifestam, apesar das provocações e tormentos do momento.

Lembramo-nos de seu sofrimento nesta terra que escolheram para servir o povo dos humildes, nossos irmãos sofredores do Araguaia. [...] Anos atrás, expulsos do Laos, terra amada onde anunciavam a Boa-Nova de Jesus Cristo, foram condenados como elementos inimigos do povo. [...]. Hoje, as ameaças de expulsão pesam sobre vocês. São presos considerados como inimigos do povo. Os capitalistas querem mandá-los fora como *persona non grata*. [...] São considerados elementos perigosos. [...] O poder que se diz democrático, age arbitrariamente, desprezando a Verdade, a Justiça, e o Direito.

Lamentamos que os verdadeiros, sinceros, e desinteressados amigos do povo brasileiro sejam presos e perseguidos, enquanto os reais inimigos do povo, roubadores das riquezas nacionais, exploradores do suor dos trabalhadores, destruidores da dignidade da pessoa humana, são livres e gozam de importância e de destaque. [...].

---

[95] SEDOC, mar. 1976, p. 844.

— IV – Serviço pastoral em Rio Branco (1973 a 1998) —

Nossa Prelazia se sente ainda mais perto de vocês pela presença no meio de nós de vários padres, inclusive conterrâneos seus e religiosos estrangeiros, que saíram da terra natal para servir a Igreja do Acre e Purus.

Aristides e Francisco, sabemos de sua fé e da sua esperança e da sua alegria de ter sido julgados dignos de sofrer pelo nome do Senhor Jesus. "Felizes são vocês que são odiados por causa do Filho do Homem. Alegrem-se porque grande será a vossa recompensa". [...]. Recebam o apoio sincero e amigo de seus Irmãos da Prelazia do Acre e Purus. Em nome de todos, Dom Moacyr, Bispo.[96]

Em seu comunicado no boletim da prelazia, em outubro de 1983, Dom Moacyr diz:

O compromisso radical em favor da vida é para nós, Igreja, questão de fidelidade a Deus que é o Senhor da vida! [...]
E desse compromisso a favor da vida não arredamos pé. Custe o que custar. Este compromisso tem um alto preço neste momento do Brasil: neste preciso instante (17 horas do dia 20/10) fiquei sabendo que os padres Francisco e Aristides, não obstante sua comprovada inocência, foram mais uma vez condenados. Nada de susto, a última palavra pertence ao Senhor da vida![97]

Solidariedade ao Pe. Florentino Maboni

O fato de Dom Moacyr estar intimamente ligado à CPT favorecia e motivava as pessoas a se manifestarem frente às violações

---
[96] Nós Irmãos, ano 12, jan. 1983, p. 9.
[97] Nós Irmãos, ano 12, nov. 1983.

ocorridas nessa área. E não foram poucas nos anos em que viveu. Vejamos a sua postura frente ao caso Maboni:

> Após os conhecidos incidentes, em fins de outubro em São Geraldo do Araguaia, Sul do Pará, o Pe. Florentino Maboni, missionário na região, foi detido pelas autoridades militares no momento em que levava uma mensagem de apoio ao Bispo Dom Estevão Cardoso Avelar de Conceição do Araguaia, às famílias dos posseiros que estavam sendo presos. Ficou incomunicável e foi submetido a torturas físicas e psicológicas. Recebeu ferimentos muito graves. Também foi forjada uma entrevista.

A nota também denunciava "a assustadora frequência em que indivíduos são presos em nome da segurança nacional, assinam 'confissões' e fazem 'retratações' em troca da liberdade". O texto exigia, ainda, que fossem detidos os assassinos de tantas outras pessoas, várias delas foragidas com a cumplicidade da polícia. A contundente e corajosa denúncia também incluía a expulsão de numerosas famílias pela Codevasf e Chesf. Fatos denunciados

> ao Ministro do Interior pelo Bispo de Propriá, Sergipe, e ao Ministro Golbery do Couto e Silva, pela CONTAG, não poderão ser superados dentro de um sistema em que o dinheiro compra a justiça e as consciências, e os pobres não têm nem voz nem vez. Com esses pobres, procurando juntos o caminho da libertação, a Igreja que se encontra no meio rural brasileiro, quer sempre caminhar.[98]

---

[98] CNBB. Comissão Pastoral da Terra. Nota Oficial, CM, n. 292, p. 113-115.

— IV – Serviço pastoral em Rio Branco (1973 a 1998) —

Clodovis Boff e Leonardo Boff

Por vezes, era o próprio Vaticano que não compreendia muito as posições teológicas e pastorais, sobretudo as decorrentes da teologia da libertação e das próprias orientações, tanto do Vaticano II como das Conferências Episcopais da América Latina e brasileira. A prelazia precisava, então, manifestar a sua solidariedade a essas pessoas, sobretudo àquelas mais próximas, atuantes e fortes colaboradoras com a Igreja Local, como Clodovis Boff e Leonardo Boff, um condenado ao silêncio obsequioso, o outro proibido de lecionar. Dom Moacyr elaborou uma carta de solidariedade que foi lida em todas as capelas e paróquias no mês de maio de 1985.

Diante destes acontecimentos que atingiram nossos irmãos de fé, nós da Igreja do Acre e Purus, sentimos o dever de lamentar e ao mesmo tempo prestar nossa solidariedade a esses companheiros de caminhada, injustamente punidos. Conhecemos o Leonardo e o Clodovis, não só pelos seus livros, mas também por eles marcarem presença em nossa Igreja, enriquecendo as CEBs, com seu testemunho de fé e colaborando na formação dos agentes de pastoral, tornando-se por isso estimados e queridos pelo povo. Eles, que procuraram falar em favor dos milhões de latino-americanos sem voz e sem vez, hoje são forçados a calar-se em nome de uma duvidosa interpretação do livro *Igreja, carisma e poder*. [...] Nós somos testemunhas de seu autêntico amor à Igreja, de sua profunda vida de fé e oração. Temos certeza que os seus escritos e ensinamentos são uma demonstração deste amor e uma busca para que a Igreja seja mais autêntica e evangélica, "sem rugas e sem manchas", para ser realmente Luz, Fermento e Sal (Mt 5,13-16).[99]

---

[99] Lombardi, M. Dom Moacyr Grechi, pastor e profeta.

Em 29 de março de 1986, Roma suspendeu Leonardo Boff do silêncio obsequioso. Essa punição perdurara onze meses.

Dom Moacyr era uma pessoa muito visada, por ser Presidente da Comissão Nacional da Pastoral da Terra e, com certeza, muitas informações negativas chegaram aos ouvidos de Roma, adiando por cinco anos a passagem da prelazia à diocese. A Congregação para os Bispos chegou a escrever a Dom Moacyr uma carta muito dura.

> Vez por outra aqui chegam manifestações de perplexidade e de pena, quando não queixas a respeito de uma exacerbada acentuação sociopolítica nos programas pastorais e no próprio conteúdo da evangelização desta Prelazia, de um certo classismo com as consequências da acentuação de uma conflitualidade social, terreno fértil para manipulação de fundo político. Infelizmente e a bem da verdade, diversas publicações da Prelazia aqui examinadas sobretudo o boletim "Nós irmãos" parecem confirmar a veracidade de tais assertivas.[100]

Roma acabou serenando quando vários bispos brasileiros, entre eles a presidência da CNBB, Dom Ivo Lorscheider, Dom Benedito de Ulhoa Vieira e Dom Luciano Mendes de Almeida posicionaram-se a favor de Dom Moacyr e da prelazia.

Solidariedade com bispos perseguidos

Desde o início de seu pastoreio, Moacyr se caracterizou pela solidariedade para com seus irmãos no episcopado. Foram muitas as ocasiões em que ele manifestou clara e profeticamente o seu apoio àqueles que foram, por diversas maneiras, agredidos e ameaçados por suas posturas em favor dos perseguidos e marginalizados.

---

[100] Lombardi, M. Dom Moacyr Grechi, pastor e profeta.

— IV – Serviço pastoral em Rio Branco (1973 a 1998) —

A Igreja de Roraima vinha recebendo muitos ataques na década de 1980, o que levou muitos bispos a se solidarizarem com Dom Aldo Mongiano. Foi o que fez também Dom Moacyr Grechi, presidente do Regional Norte I da CNBB, juntamente com Dom Jorge Marskell, bispo de Itacoatiara, quando visitaram Roraima no final de abril e início de maio de 1986. Tomaram conhecimento da campanha de difamação contra o bispo diocesano e os missionários em visita à Missão do Surumu. Ali reuniram-se com o Conselho dos Tuxauas e os catequistas indígenas, em que puderam constatar o trabalho positivo que realizavam na região. Depois, perante o governador, manifestaram o seu repúdio ao que vinha acontecendo. Em nota à imprensa, assinalaram:

> Os bispos: (1) apoiam irrestritamente as opções pastorais da Igreja em Roraima; (2) denunciam mais uma vez a sistemática campanha difamatória de baixíssimo nível, contra a Igreja de Roraima; (3) conclamam as Igrejas da Amazônia a que se unam, na oração e solidariedade, a essa Igreja que quer ser fiel à sua missão.[101]

Em 1987, por decisão do Conselho Permanente da CNBB, Dom Luciano Mendes e Dom Moacyr Grechi viajaram em visita de desagravo e confraternização a Dom Aldo Mongiano, bispo de Roraima. Dom Luciano disse à imprensa daquela localidade:

> Ao chegar a Boa Vista, tomei conhecimento de vários artigos ofensivos à pessoa e obra ministerial do bispo Dom Aldo Mongiano. Permito-me defender o meu irmão no episcopado e declarar que não posso concordar com as acusações feitas e que conheço bem o mérito pessoal do bispo de Roraima e dos missionários da Diocese [...].

---

[101] CNBB. Visita do Regional Norte 1 à Diocese de Roraima. CM, n. 400, p. 742-743.

O ataque contra Dom Aldo, seus missionários e agentes de pastoral tem como lamentável última explicação a ganância dos que pretendem ocupar as terras indígenas e encontram resistência corajosa e atuante por parte do Bispo de Roraima e seus colaboradores. A eles nossa homenagem e desagravo.[102]

Eles visitaram a missão Yanomami Catrimani, constatando a precariedade do atendimento a esse povo.

Outro gesto de solidariedade de Dom Moacyr foi ao bispo de Propriá, Sergipe, frente à perseguição realizada a Dom José Brandão de Castro (Membro da CPT), o bispo de Propriá. Moacyr estava iniciando a sua atividade junto à CPT, recém-criada. Dom José Brandão de Castro era acusado pelo Presidente da Codevasf de usar métodos marxistas em seu trabalho pastoral. Afirmava Moacyr:

> Ele está corajosamente empenhado na luta dos fracos e marginalizados [...] expulsos das terras no vale do São Francisco e por ser uma voz que se levanta contra a grilagem no Nordeste. [...] Repudiamos as acusações injustas e descabidas que tentam encobrir a verdade da situação e evitar uma vitória justa e merecida do povo sofredor do Betume. [...] Esperamos que o irmão injustamente caluniado e seu povo, longe de desanimar permaneça firme na defesa dos direitos dos seus irmãos, vítimas da prepotência da Codevasf e dos inúmeros grileiros, quer particulares, quer oficiais.[103]

---

[102] CNBB. Presidente da CNBB em Roraima. CM, n. 417, p. 1731, 1811.
[103] Carta de solidariedade ao bispo de Propriá. CNBB, Comunicado Mensal n. 302, p. 1393.

— IV – Serviço pastoral em Rio Branco (1973 a 1998) —

Corumbiara

As causas nas quais Moacyr se envolvia no Acre eram as mesmas que ocorriam em muitas outras regiões do Brasil. Ele se sentia solidário com todas e convidava o povo a estar atento a essas mesmas causas e a se envolver também. O caso de Corumbiara é emblemático. Escrevendo no Boletim da Diocese de Rio Branco, assim se expressou:

Corumbiara, município do sul de Rondônia, pobre e esquecido como milhares de outros no Brasil... palco de mais um conflito. Digo "mais um" porque sua causa é comum à de muitos outros: a concentração da terra nas mãos de poucos [...]. Em Corumbiara, famílias de agricultores sem-terra ocupavam a fazenda Santa Elina, de 14 mil hectares, desde 14 de julho. O juiz Glodner Paoletto expediu ordem de despejo imediato no dia 1º de agosto. No dia 9 a polícia foi desocupar a fazenda e o resultado foi a morte de 11 pessoas, 9 agricultores e dois policiais, segundo dados oficiais, além de centenas de feridos e outros desaparecidos. [...] A CNBB lançou o manifesto "Um grito de alerta à Nação", expressando sua indignação e repúdio diante do massacre. [...] O crescente clima de violência contra trabalhadores e índios somente cessará com o empenho de todos, mas em primeiro lugar, se forem implementados, com urgência, entre outras, as seguintes medidas: Reforma Agrária, com uma política agrícola que garanta aos trabalhadores condições dignas de trabalhar a terra e nela permanecer com suas famílias; demarcação das terras indígenas com a definição de uma política indigenista e adequada estruturação do Órgão oficial encarregado desta política; fim de toda impunidade, sobretudo dos crimes contra os trabalhadores rurais e os povos indígenas.[104]

A questão da terra sempre foi um dos pontos mais importantes geradores de violência no Brasil.[105] As demandas dos agricultores e dos sem-terra perpassa toda a história do Brasil e permanece insolúvel. Entretanto, as reivindicações persistem e muitos são os mártires da terra e da ecologia. O Papa Francisco, sensível a essas questões, dirá mais tarde: nenhuma família sem casa; nenhum camponês sem-terra; nenhum trabalhador sem direitos.

Colonos

Nos anos 1983, tempos dos grandes projetos nacionais criados pelo Governo Federal, aconteceram muitos problemas e, como sempre, os mais pobres foram os que mais padeceram. Um desses grandes projetos foi, por exemplo, a construção da usina hidrelétrica binacional de Itaipu. O projeto exigiu o deslocamento de muita gente. Por este motivo e por outros, muitos "sulistas" foram orientados a migrar para o Acre. Muitos também foram, de forma induzida, atraídos pelas facilidades que se propalavam. O assentamento desse pessoal se realizou em grande parte no cenário da Prelazia do Acre e Purus. Daí a preocupação de Dom Moacyr com a situação: "Por falar em fraternidade, nos preocupa muito a situação dos colonos recentemente chegados do Sul para Brasileia e Plácido de Castro. Sem casa, sem estradas, sem ramais, sem escola,

---

[104] Nós Irmãos, set./out. 1995.
[105] A CPT realiza relatórios anuais sobre a violência no campo desde o ano de 1985. O Relatório de 2023 informa que ocorreram 2.203 conflitos no campo em 2023 e o assassinato de 31 pessoas.

sem posto médico e, ultimamente, sem comida. Devemos fazer de tudo, é claro, para ajudá-los".[106]

O olhar de Moacyr não era povoado somente de dor, pessimismo, tristeza ou angústias. Sabia que vivia numa terra amazônica linda, num Brasil cheio de potencialidades e numa América Latina povoada de seres cheios de esperança. Por isso exclamava, em sintonia com os jovens e seu manifesto de Bogotá, em 20 de novembro de 1983, para o Encontro sul-americano de Pastoral da Juventude:

> Bendizemos a Deus por nos ter chamado a viver nesta terra bela. Nós O bendizemos por tantas pessoas que entregaram sua vida para criar países livres. Mas, ao mesmo tempo, constatamos o muito que fizemos de mal e o muito que nos resta a fazer. Vemos índios marginalizados, camponeses sem atenção, jovens sem futuro e pobres sem esperança. Repudiamos a civilização do egoísmo, da mentira e da exploração. Convidamos vocês para construir a Civilização do Amor na nossa América Latina.[107]

O Centro de Defesa dos Direitos Humanos

Outra iniciativa da Igreja que resultou em grandes benefícios para a sociedade foi a criação do Centro de Defesa dos Direitos Humanos. E, percebe-se, teve bastante trabalho e atuação. O contexto todo abrigava muitíssimos casos de afronta aos direitos básicos do cidadão e o CDDH sempre atuou firmemente. Afirma Dom Joaquín: "O CDDH desempenhou um papel decisivo no surgimento das associações de bairros e acompanhamento das

---

[106] Nós Irmãos, ano 12, nov. 1983.
[107] Nós Irmãos, ano 13, jan./fev. 1984.

ocupações de terras urbanas, no plantão permanente para atender casos específicos sobre violência etc.".[108]

Diante desse quadro de violência, a Igreja de Rio Branco promovia destemidas manifestações como foi o *Dia de Luto*, que não deixou de ser, também, um dia de luta. A imprensa local estava um tanto amordaçada, mas "jornais, rádios de muitos estados do Brasil veicularam a notícia, como algo de novo. Até a BBC de Londres, a Voz da América e a Rádio Vaticana noticiaram o acontecimento. Só os políticos do nosso estado não se pronunciaram e não deram importância".[109]

O CDDH de Rio Branco também desempenhou papel importante:

> Os CDDH e a Igreja, através de Dom Moacyr Grechi, elaboraram, durante anos a fio, dossiês sobre a violência e segurança pública para denunciar o caos em que se encontrava o sistema e exigir responsabilidade das autoridades em solucionar os problemas. Há dossiês elaborados desde 1987, até o ano de 1994, que provam que a PM não atua como órgão de defesa da ordem pública; atua de modo precário, desrespeitando os cidadãos mais pobres, especialmente nos bairros mais miseráveis dentre os 200 bairros de Rio Branco.[110]

No final de agosto de 1999, foi elaborado um dossiê com 33 páginas, assinado por Maria de Nazaré Gadelha Ferreira Fernandes,

---

[108] Pertíñez Fernández, J. Primórdios de uma Diocese, p. 107.
[109] Lombardi, M. Dom Moacyr Grechi, pastor e profeta.
[110] Lombardi, M. Dom Moacyr Grechi, pastor e profeta.

Nobel da Paz

O engajamento de D. Moacyr pelos valores fundamentais do ser humano, como justiça, solidariedade, paz, direitos humanos, ganhou a admiração e o apoio de muitas personalidades. Várias, do mundo religioso e da sociedade civil, vieram à Diocese de Rio Branco manifestar o seu apoio e solidariedade. Tal foi o caso do Nobel da Paz, Adolfo Perez Esquivel, da Argentina. Ele recebeu, em Oslo, em 1980, a distinção por seu trabalho em prol dos direitos humanos na Argentina e na América Latina. O presidente da Comissão disse: "Ele acendeu uma luz na escuridão. O Comitê é do parecer que esta luz deva continuar iluminando". D. Moacyr informava a sua presença em Rio Branco e citava trechos do discurso que Esquivel pronunciou em Oslo:

> Perez Esquivel estará entre nós como sinal de solidariedade à luta dos seringueiros nossa Igreja e como etapa de sua campanha de apresentação de D. Paulo Evaristo Arns como candidato ao Prêmio. Aqui estão alguns trechos de seu discurso por ocasião da entrega do prêmio: "Eu o faço em nome dos povos da América Latina e, mais particularmente, dos meus irmãos mais pobres e menores, pois são os preferidos de Deus. Faço-o em nome de meus irmãos índios, camponeses, operários, jovens; em nome destes milhares de religiosos e homens de boa vontade que, depois de terem renunciado aos seus privilégios, partilham a vida dos pobres e sua caminhada e lutam para a construção de uma nova sociedade. Para um homem como eu, modesta voz dos homens sem voz, que

---

[111] Lombardi, M. Dom Moacyr Grechi, pastor e profeta.

luta para fazer compreender em toda a sua força o grito dos povos, sem outra identidade senão aquela do homem concreto da América Latina e aquela do cristão, sem dúvida é a maior honra possível ser considerado como o servidor da paz".[112]

Esquivel chegou a Rio Branco no dia 9 de abril de 1989 e veio acompanhado de sua esposa a senhora Creuza Maciel. Ele veio apoiar a Igreja do Acre na sua luta pela justiça e pela paz em um momento difícil e delicado. O doutor Esquivel realizou, durante sua estada no Acre, três encontros.

No salão da Catedral, reunindo mais de 100 pessoas, sobretudo das comunidades e meios populares, fez uma explanação da situação da América Latina e as atividades dos movimentos pela paz e pela justiça.

À noite, ainda na Catedral, totalmente tomada pelos fiéis, houve uma celebração presidida por Dom Moacyr. O doutor Esquivel, acompanhado pela sua esposa, leu uma mensagem ao povo e foi aplaudido pelos presentes.

No dia seguinte, no Centro de Treinamento, houve encontro dedicado principalmente aos padres, irmãs e cristãos engajados. O tema tratado foi o aprofundamento e a concretização do tema do dia anterior, mas, no final, ficou a pergunta: como a Igreja do Acre e os movimentos pela paz devem se organizar para promover a paz e a justiça na nossa região?

Zeno Marco dal Corso[113] levanta uma questão: por que uma Igreja que luta em prol dos pobres termina não convencendo a grande massa deles? Por que a denúncia é acompanhada do silêncio? Por que os setores populares oprimidos terminam apoiando os

---

[112] Nós Irmãos, ano 18, abr.1989.
[113] Corso, Zeno Marco dal. A Igreja da denúncia e o silêncio dos fiéis, p. 119.

opressores? Essa parece ser uma interrogação para todos os tempos, hoje acompanhada pelo controle das mídias, uso perverso das *fake news*, o engodo do dinheiro e a pedagogia do medo, estratégias que o sistema utiliza para calar as massas.

9. Os Planos de Pastoral

Até o início da década de 1970, a pastoral da prelazia seguia em grandes linhas o que se denominava de "desobriga", a espiritualidade e a vida eclesial girando em torno dos Sacramentos. Muitos missionários e missionárias se dedicaram de corpo e alma a essa forma de pastoral e de evangelização. Depois, com o advento e a iluminação do Vaticano II, Medellín, Santarém e incentivos da CNBB, as Igrejas amazônicas deram um passo à frente. As visitas ao longo dos rios se demoravam nas colocações, nos seringais atendendo os ribeirinhos e seringueiros. Sendo o padre uma pessoa com muitos conhecimentos, atendia a muitas necessidades das pessoas.

As crianças eram batizadas, os adultos se confessavam, os casais se casavam, a Eucaristia era distribuída a todos. O padre não era apenas o homem do serviço religioso. Era o psicólogo que dava conselho aos pais, o educador que formava as crianças, o etnólogo que se interessava pelos índios, o botânico que pesquisava a flora, o antropólogo que estudava as tribos, o médico que receitava remédios. [...] Na mata ninguém mais culto que o padre; ninguém com tanto prestígio como o padre.[114]

Apresentamos, a seguir, alguns momentos fortes da prelazia, que foram as assembleias, os planos de pastoral e outras reuniões das quais participaram muitas pessoas.

---

[114] Christo, Alberto Libânio (Frei Betto). O canto do Galo, p. 248.

A prelazia, motivada pelas novas orientações da CNBB e do Encontro de Santarém, e com a progressiva participação dos leigos e leigas, iniciou a elaboração dos Planos de Pastoral. Em 1972, foi elaborado o primeiro Plano de Pastoral da prelazia. Ele reforçava o trabalho dos grupos de evangelização e as CEBs. Em 1974 foi elaborado o segundo Plano de Pastoral, agora já contando com as experiências anteriores. E D. Moacyr diz:

> A Igreja do Acre e Purus, considerando as diretrizes dos bispos latino-americanos em Medellín, os objetivos dos bispos da Amazônia, reunidos em maio de 1972 em Santarém e prosseguindo a caminhada que ela própria julga necessário desdobrar toda a ação pastoral no ano de 1974, em torno de quatro linhas prioritárias: 1. Formação de agentes de pastorais; 2. Formação de CEBs; 3. Pastoral das Estradas e dos Rios; 4. Promoção humana.[115]

Frei Betto constatou que, na prelazia, o agente de pastoral é o cristão que a própria comunidade aceita e escolhe para coordená-la, um pouco como no cristianismo primitivo. O Plano de Pastoral da prelazia contém os critérios para se saber quem pode ser agente de pastoral: alguém que dê testemunho de vida cristã, comunhão com a Igreja, engajamento na comunidade, sentido de corresponsabilidade, aceitação das normas do Plano de Pastoral.[116]

Um encontro importante na vida da Igreja do Acre e Purus aconteceu em Xapuri, AC, em junho de 1974, que passou a ser citado como Documento de Xapuri. Ali apareceu a firme denúncia das arbitrariedades que sofriam os colonos, os seringueiros, os

---

[115] Pertíñez Fernández, J. História das CEBs, p. 219.
[116] Christo, Alberto Libânio (Frei Betto). O canto do Galo, p. 263.

IV – Serviço pastoral em Rio Branco (1973 a 1998)

posseiros. Dom Moacyr e onze padres subscrevem o documento.[117] Foi uma postura que alarmou certas autoridades civis e militares.

No terceiro Plano de Pastoral (1977-1978), afirma D. Moacyr: "É fruto da experiência de nossa Igreja e das Diretrizes das Igrejas da Amazônia e do Brasil. Não é raiz, é fruto. A Igreja do Acre e Purus, como uma árvore enraizada na vida do povo, deu esse fruto". E, no quarto Plano de Pastoral (1979-1980), ele afirma: "A escolha dos pobres atravessa como uma linha vermelha todo o nosso Plano de Pastoral. E isso é bom e certo. Não há como arredar o pé dessa decisão. Ela é a resposta viva de nossa Igreja ao apelo de Deus escrito nos sinais dos tempos".[118]

Dom Moacyr também foi aprendendo a trabalhar muito em sintonia com o seu presbitério. Tarefa nada fácil, pois, nesse universo de pessoas de várias culturas, o trabalho conjunto requer uma boa coordenação. Frei Leonardo Boff, visitando a prelazia em 1980, constatou:

> Causou-me forte impressão o presbitério: sério, muito comprometido com o povo, com grande espírito evangélico de pobreza e simplicidade, sensível aos problemas do Espírito e da vida interior, a luta pelos direitos dos pobres, pela libertação integral, nos marcos de um espírito verdadeiramente evangélico. Dom Moacyr se mostra, efetivamente, como amigo e coordenador de seu presbitério: tudo circula, tudo é discutido em comunhão, tudo é levado adiante coletivamente.[119]

---

[117] Cadiolli Basilio, S. T. A luta pela terra e a Igreja Católica nos vales do Acre-Purus (1970-1980), p. 155.
[118] Lombardi, M. Dom Moacyr Grechi, pastor e profeta.
[119] Lombardi, M. Dom Moacyr Grechi, pastor e profeta.

Todo esse dinamismo eclesial substanciado no Evangelho e nas diretrizes da Igreja incomodava o regime militar. A ditadura admitia essa dinamicidade da Igreja, movida fundamentalmente pelos leigos e leigas, como uma ameaça, um sintoma da influência soviética, do comunismo. Por isso vigiava toda a movimentação dos grupos eclesiais, as reuniões. Usava de prisões arbitrárias, tortura, ameaças e expulsões de missionários estrangeiros.[120] O regime continuava pensando que o lugar dos padres era a sacristia.

A catequese também era convocada a desenvolver a sua pastoral evangelizadora na linha da opção prioritária e solidária pelos pobres. E isso exigia a vivência da fé nas comunidades e uma constante referência à libertação integral da pessoa humana. E enfatizava Dom Moacyr:

> A catequese em geral e, especialmente para a primeira Eucaristia, deve levar o adolescente a ligar profundamente Eucaristia, amor ao próximo, especialmente aos mais necessitados, intensa vida comunitária e luta concreta por um mundo mais justo e fraterno. Comungar é unir--se vitalmente ao Cristo morto e ressuscitado, formar uma coisa só com Ele e assim assumir a sua causa até as últimas consequências. A isso tem que chegar a nossa Catequese.[121]

Em 1993, houve uma Assembleia Diocesana, a sexta. Estiveram presentes 230 delegados. Na motivação para essa magna assembleia, dizia o bispo: "Queremos fortalecer o ardor missionário e pastoral que nasce da caridade, da nossa unidade, do serviço ao outro e do testemunho pessoal de cada um. Rezem intensamente

---

[120] Pertíñez Fernández, J. História das CEBs, p. 207.
[121] Lombardi, M. Dom Moacyr Grechi, pastor e profeta.

nestes dias para que a luz do Espírito Santo ilumine os nossos caminhos e ações pastorais".[122] Nessa Assembleia, se fez uma avaliação da pastoral da diocese.

10. Na CNBB[123]

Dom Moacyr participou de muitas instâncias da CNBB, o que significava a confiança de seus irmãos de episcopado.

Reunião com os bispos da Amazônia Legal

No ano de 1975, ocorreu um encontro dos bispos e prelados da Amazônia Legal.[124] Foi promovido pela CNBB e pela Pontifícia Comissão Justiça e Paz. Os bispos se debruçaram sobre a questão da terra e empenho pela Reforma Agrária, com a criação de uma comissão voltada para essa problemática. O evento aconteceu em Goiânia em 22 de junho de 1975[125] com a ativa participação de Dom Moacyr.

O grupo de bispos da região Norte I e da Amazônia Legal foi se fortalecendo, cada vez mais audaz na abordagem de temas relacionados aos povos originários, bioma amazônico, poluição ambiental, juventude e política, meios de comunicação, terra e grilagem.

---

[122] CNBB. Diocese de Rio Branco. Carta de Dom Moacyr. CM, n. 473, 1993, p. 1420/1421; CM, n. 469, 1993, p. 324-325.

[123] A Conferência Nacional dos Bispos do Brasil foi criada graças à dinamicidade de Dom Helder Camara, em 1952. Foi a terceira conferência episcopal a ser reconhecida pelo Vaticano.

[124] Esse Encontro ocorreu em Goiânia em junho de 1975 com a participação de 27 dioceses/prelazias.

[125] SEDOC, out. 1975, p. 346.

Presidente do Regional Norte I

A CNBB representava uma instância muito forte, inclusive para temas da área social: paz, justiça, solidariedade, ética na justiça, meio ambiente. Por isso a sua residência e os seus organismos pastorais eram canais para muita gente se expressar e fazer valer os seus direitos humanos.

A Igreja do Brasil está organizada em 18 Regionais, mais a sede em Brasília. Na Amazônia, foram criados os Regionais Norte I AM/RR, Norte II PA/AP, Norte III TO e Noroeste RO/AC e Sul do AM. O Regional Noroeste foi criado em 18 de julho de 2001 durante a 39ª Assembleia Geral da CNBB, em Itaici.

D. Moacyr foi presidente do Regional Norte I da CNBB, por dois períodos (quando ainda não existia o Regional Noroeste).[126] Os bispos dessas regiões, em geral, foram muito dinâmicos, sobretudo a partir do Encontro de Santarém em 1972, do qual Dom Moacyr não participou, pois ainda não havia tomado posse da prelazia. Mas ele participou dos encontros seguintes, como o de Manaus. Na Assembleia Regional dos bispos em 1987, Dom Moacyr falou com sabedoria:

> Somos, na verdade, uma Igreja em meio a um povo martirizado, injustiçado e escravizado de mil maneiras: nos povos indígenas gravemente ameaçados (alguns grupos já quase

---

[126] A CNBB tem como precursora a Ação Católica Brasileira. Dizia Dom Helder que num país de dimensões continentais como o Brasil era urgente criar um Secretariado que auxiliasse os bispos em seu múnus pastoral articulando ações locais, regionais e nacionais. Ele foi a Roma expor o sonho da CNBB ao subsecretário de Estado de Pio XII, que era Mons. Giovanni Montini (futuro papa Paulo VI). Aproveitou também para sugerir a ideia do CELAM. O Estado de São Paulo 19-25 nov.1997; CNBB, Comunicado Mensal, n. 302, novembro de 1977.

exterminados) pelos Grandes Projetos Governamentais, mineradoras e inclusive pelo Projeto Calha Norte, que atinge mais de cinquenta mil indígenas; nas migrações maciças e sem um mínimo de condições; nas grandes massas humanas que estão se concentrando nas periferias desumanas de nossas cidades; nos desmatamentos irracionais e em grande escala; na depredação de nossos rios; na multidão de jovens sem perspectivas de um futuro melhor.[127]

Membro da Comissão Episcopal de Pastoral

Dom Moacyr foi também Membro da Comissão Episcopal de Pastoral da CNBB, de 1975 a 1978.[128]

Membro da Comissão Episcopal para a Doutrina

Moacyr foi Membro da Comissão Episcopal para a Doutrina da Fé, composta por cinco membros, de 1995 a 2003.[129]

Presidente da Linha 2 da CNBB: Ação e Animação Missionária

Estando na coordenação dessa pastoral, Dom Moacyr fez diversas intervenções. Na condição de pastor numa prelazia do interior da Amazônia, estava bem sintonizado com este tema.[130]

---

[127] Depoimento de Dom Antônio Fontinele.
[128] CNBB. Carta-informe do Secretário-Geral. CM, n. 287, p. 707; CNBB. Dom Moacyr Grechi compõe a Comissão Episcopal de Pastoral. O Estatuto do CIMI. CM, n. 302, p. 1235.
[129] CNBB. Comissão Episcopal para a Doutrina da Fé. CM, n. 491, p. 773 e 796; CM, n. 530, p. 444, 467.
[130] CNBB/CDI. Intervenção de Dom Moacyr Grechi, Dossiê 29732.

Membro do Conselho Permanente da CNBB

O Conselho Permanente é um órgão da CNBB, sempre atento às decisões das assembleias e com outorga para se expressar sobre situações emergenciais que apareçam nos mais variados campos pastorais e sociais.[131]

Delegado da Conferência de Aparecida

No ano de 2007, Dom Moacyr foi delegado do Brasil na V Conferência Geral do Episcopado da América Latina e do Caribe, realizada em Aparecida, Brasil.

Conferências Gerais da CNBB

No ano de 1998, Dom Moacyr foi transferido da Diocese de Rio Branco, AC, e assumiu a Sé Metropolitana de Porto Velho, continuando a participar dos encontros dos bispos da Amazônia. Assim, esteve presente na 37ª Assembleia em Itaici em 1999, cujo tema foi: *A Igreja e a questão da Amazônia*. Os bispos professaram: "Cremos numa Amazônia justa, solidária, fraterna e geradora de vida para todos".[132] Fizeram um apelo dramático a toda a Igreja do Brasil, destacando: "A Amazônia não pode ser esquecida, marginalizada e excluída dos planos, dos projetos e do coração de todos. A Amazônia é Brasil. A Amazônia também é Igreja no Brasil".[133]

---

[131] CNBB/CDI. Conselho Permanente. Dossiê 40228.
[132] Kräutler, Erwin. A voz dos Pastores da Amazônia, p. 37.
[133] CNBB. IV Encontro da Igreja Católica na Amazônia Legal. 50 anos do Encontro de Santarém, 1972-2022, p. 20.

— IV-Serviço pastoral em Rio Branco (1973 a 1998) —

Participante do IX Encontro dos Bispos da Amazônia

No ano de 2007, Dom Moacyr participou do IX Encontro dos Bispos da Amazônia que teve como lema: *Discípulos Missionários na Amazônia*. Este evento aconteceu em Manaus e fortaleceu o "desejo de rever a evangelização que estamos realizando em nossas arquidioceses, dioceses e prelazias". Ocorrera logo após o Encontro do CELAM, em Aparecida, que "nos ajudou a melhor entender os atuais desafios da evangelização, num mundo globalizado e acentuadamente urbano". Os participantes deste encontro fizeram uma leitura da realidade amazônica, salientando os problemas ambientais e a urgente necessidade de cuidar da casa comum. Recordaram o cuidado com os povos originários, os quilombolas e os ribeirinhos. Enfatizaram também as atividades missionárias dos agentes de pastoral.[134]

Apoiador do CERIS

Esse órgão, de fins sociais, é vinculado à CNBB. No seminário dos 25 anos do CERIS, Dom Moacyr Grechi enfatizou a relevância daquele organismo para os serviços da Igreja.[135]

Secretário do CENFI-SCAI

Dom Moacyr participou da Coordenação do Centro de Formação Internacional a Serviço da Cooperação Apostólica Internacional por mais de um período, como secretário.[136]

---

[134] CNBB. Discípulos Missionários na Amazônia, Comissão Episcopal para a Amazônia, 2007.
[135] CNBB. Comunicado Mensal n. 417, p. 1768.
[136] CNBB. CM, n. 282, p. 176.

Apoio ao Comina

É o organismo da CNBB encarregado da organização, formação e animação missionária. Dele participou Dom Moacyr.[137]

Diretor da PANIB

As inúmeras nomeações de Dom Moacyr para vários organismos da Igreja nas décadas de 1970/1980 demonstram o apreço do episcopado brasileiro por ele. Assim, em 1976, foi nomeado Diretor da Pastoral Nipo-brasileira.[138]

Membro da Comissão Especial para a Amazônia

O espaço amazônico, desde tempos imemoriais, partilhado pelos povos originários, passou a partir das últimas décadas a ser pilhado pela ganância do *homo sapiens*. A Igreja, defensora e solidária com os mais fragilizados, percebeu que devia também lançar um olhar de fraternidade sobre o bioma amazônico. Um dos frutos dessa nova cultura em favor da vida foi a criação da Comissão Especial para a Amazônia. Essa Comissão Episcopal foi criada em 2003 para animar a vida missionária na região e trabalhar pela preservação do meio ambiente. Entretanto, em 1999, Dom Moacyr Grechi e Dom Antônio Possamai são nomeados membros da Comissão sobre a Amazônia.[139] Em 2003, ele foi nomeado membro da Comissão Especial para a Amazônia[140] e novamente em 2013.[141] Em 2013, a Comissão recebeu o encargo de preparar o Primeiro Encontro da Igreja na Amazônia Legal.

---

[137] CNBB. CM, n. 280, p. 12/13.
[138] CNBB. Dom Moacyr Grechi Diretor da PANIB CM, n. 287, p. 800, 803.
[139] CNBB. CM, Tomo I, n. 528-530, p. 446.
[140] CNBB. CM, n. 572, p. 1161; CM, n. 653, p. 117/118.
[141] CNBB. CM, n. 666, p. e 55; CM, n. 667, p. 124/125.

— IV – Serviço pastoral em Rio Branco (1973 a 1998) —

Redator das Novas Diretrizes Gerais da CNBB

A CNBB nomeou Dom Moacyr como membro da equipe que iria preparar o tema central da entidade para o triênio 2003-2006 intitulado: *Novas Diretrizes Gerais da CNBB*.[142]

Orientador do 12º Encontro Nacional de Presbíteros

O retiro aconteceu de 13 a 19 de fevereiro de 2008 e dele participaram 450 padres. Enfatizou Dom Moacyr: "Rezar não é falar muito. É fundamental escutar Deus que nos fala na vida e por meio dela. Ele fica como que espreitando uma brecha para entrar, para atingir o mais profundo do ser dos homens, o coração e não só a inteligência".[143]

Assessor do Curso preparatório para Missionários na Amazônia

Dom Moacyr foi um dos animadores do *Curso de Formação de Iniciação Pastoral para Missionários na Amazônia e Agentes de Pastoral*. Também participou Dom Antônio Possamai. Ministraram a aula inaugural em fevereiro de 2014.[144]

Encontro com os bispos das fronteiras amazônicas

A CNBB percebeu que muitos temas relativos à Amazônia do território brasileiro eram os mesmos dos outros países vizinhos, sobretudo a Bolívia. Seria então conveniente, para um trabalho de maior eficiência, realizar um trabalho conjunto entre as presidências

---

[142] CNBB. CM, Tomo III, set./dez. 2002, p. 2127.
[143] CNBB. CM, n. 613, p. 217.
[144] CNBB. CM, n. 656, p. 187.

dessas Conferências. O segundo desses encontros aconteceu em Corumbá, MS, em novembro de 1984.[145] Dom Moacyr esteve presente.

O quinto encontro aconteceu em Santa Cruz de La Sierra, Bolívia. "Esses encontros respondem à constante inquietude da preocupação pastoral pela situação problemática em que vive a maioria dos migrantes em ambos os países".[146]

O sexto encontro foi realizado nos dias 8 a 10 de setembro de 1994 em Rio Branco, AC. Temas tratados: Realidade do Brasil e da Bolívia; Igreja nesses países; situações pastorais; Conferência do Cairo;[147] zona de livre-comércio; ecologia; formação de sacerdotes e Congregações religiosas.[148]

Visitas Ad Limina

Dom Moacyr sempre participou das visitas *Ad Limina*, conforme determina o CDC no seu cânone 400. Era um momento e espaço para reforçar a solidariedade com os demais membros do episcopado e de apresentar ao papa a situação das Circunscrições Eclesiásticas. Eis algumas palavras proferidas por ele na visita de 1990:

> Vivemos no coração da Amazônia Continental [...] a nossa realidade, em suas grandes linhas, Sua Santidade já conhece. A Amazônia sempre tem sido considerada colônia do resto do Brasil. Seus problemas surgem, quase todos, de fora. Também a Igreja do Brasil só acordou

---
[145] CNBB. CDI, Dossiê 40122.
[146] CNBB. CM, n. 458, p. 46, 49, 62.
[147] A Conferência do Cairo foi um encontro internacional promovido pela ONU que aconteceu entre os dias 5 e 13 de setembro de 1994. Dela participaram 179 países. Foi importante pois se tratou de um primeiro encontro global que abordou os múltiplos aspectos da vida humana.
[148] CNBB. CM, n. 484, p. 1680-1683.

IV - Serviço pastoral em Rio Branco (1973 a 1998)

para a realidade da Amazônia como parte de sua estrutura e missão há poucas décadas. As etapas principais dessa mudança foram o Concílio Vaticano II, Medellín e a reunião dos bispos da região em Santarém-PA, com suas orientações e prioridades, em 1972. Este encontro é como que a carta de identidade da Igreja da Amazônia. O Projeto "Igrejas Irmãs", a vinda dos padres *fidei donum* e a Comissão Episcopal para a Amazônia, foram decisivos para uma profunda mudança de atitude, principalmente das dioceses do Sudeste e Sul do Brasil, em relação à sua responsabilidade quanto à Amazônia. A pobreza, o reduzido número de padres, [...] são um desafio, sem contar os de natureza socioeconômica e cultural. [...] Se hoje a Missão na Amazônia é difícil, o era infinitamente mais no tempo de nossos predecessores vindos de tantos países, e que prepararam o terreno para o nosso trabalho atual. Muitos deles e delas (Irmãs) seriam dignos/as da glória dos altares.[149]

Dom Joaquín assinala o serviço de Dom Moacyr na CNBB e com que espírito o realizava:

Seu trabalho pastoral sempre foi em comunhão com a Igreja do Brasil e do Regional Norte I. Sentia-se muito unido aos seus irmãos no episcopado efetiva e afetivamente. "O nosso Regional, como aliás a CNBB Nacional, tem como primeira finalidade, aprofundar sempre mais a comunhão entre os bispos e, consequentemente, entre as novas Igrejas. Comunhão afetiva e efetiva, tanto mais necessária em vista de nossos limites institucionais, distâncias que nos

---

[149] Depoimento de Dom Antônio Fontinele; CNBB. Visita *Ad Limina* do Regional Norte I, Comunicado Mensal, n. 442, p. 819-823.

separam, isolamento, situação quase asfixiante em que vive o povo".[150]

Dom Erwin recorda a presença significativa e atuante de Dom Moacyr em vários encontros dos bispos, seja no/do Brasil bem como na/da América Latina. Ele destaca uma particularidade da espiritualidade mariana de Moacyr:

Minha amizade com dom Moacyr começou nos anos 80. Quando fui nomeado bispo, ele já exercia há anos o seu pastoreio no Acre, primeiro como prelado e bispo da Prelazia do Acre e Purus, depois como bispo da diocese de Rio Branco. Foi nomeado bispo por Paulo VI com apenas 37 anos de idade. Em Itaici participamos de uma reunião de bispos com Gustavo Gutierrez, João Batista Libânio e outros palestrantes sobre a Teologia da Libertação. Guardo com carinho a foto de todos os participantes. Sentimo-nos unidos numa mesma luta, nutrindo os mesmos anseios de adequar a Igreja na Amazônia e em todo o Brasil aos parâmetros do Concílio Vaticano II, de Medellín (1968), Puebla (1979) e, sobretudo, do Documento de Santarém em 1972. Foi no documento final da III Conferência Geral do Episcopado Latino-Americano em Puebla, México, em que Dom Moacyr deixou suas pegadas indeléveis na Visão Sociocultural da Realidade Latino-Americana (n. 15-71), na reflexão sobre as Comunidades Eclesiais de Base (n. 617-657) e, de modo especial, no capítulo "Maria, Mãe e modelo da Igreja" (n. 282-303).[151]

---

[150] Pertíñez Fernández, J. 100 Personagens da nossa história, p. 457.
[151] Depoimento de Dom Erwin Kräutler.

11. Formação de agentes de pastoral

A vitalidade de uma diocese também é medida pelo surgimento de vocações para o clero diocesano, religioso, vida religiosa e vocações leigas. Por isso, uma das atenções dos pastores é dotar a circunscrição de uma estrutura mínima para acolher e formar essas vocações. Também depende da vitalidade das comunidades eclesiais.

Sempre foi muito difícil à prelazia, e depois o início do tempo diocesano, conseguir vocações para a vida sacerdotal e religiosa. Nas visitas pastorais, o bispo sempre ouvia o nobre desejo das comunidades de terem padres. Nesses momentos, ele refletia:

> Os padres são poucos, e o bispo ainda não conseguiu inventar a máquina milagrosa que faz padres. São as Comunidades que devem despertar nos jovens a vocação sacerdotal. Por isso, é muito importante que nesse mês das vocações as famílias, as Comunidades e especialmente os grupos de jovens discutam esta questão. Por que faltam padres em nossa Igreja? De que depende que surjam vocações para o sacerdócio? Como podemos ajudar para que nossa Igreja tenha seus padres próprios, sem precisar depender mais de fora?[152]

A primeira tentativa de formar os seminaristas aconteceu nos primeiros tempos da prelazia. Vários jovens foram levados para o seminário de Cochabamba, na Bolívia. Mais tarde, alguns jovens foram enviados para a formação seminarística, em Recife. Houve também alguns jovens acolhidos por párocos e ali, no trabalho pastoral, foram recebendo a formação. Durante certo tempo, o bispo convidava professores de outras partes do Brasil para visitarem a

---
[152] Nós Irmãos, ano 14, ago. 1985.

prelazia e ministrar algumas disciplinas. Isso aconteceu também em Porto Velho, para onde convergiram vários mestres e doutores da PUC de Campinas-SP.

A formação de leigas/os mereceu muita atenção. Em setembro de 1986, ocorreu em Manaus a Assembleia Regional do Norte I, sendo o tema *Missão do Leigo na Amazônia*. O evento esteve sob a presidência do Dom Moacyr Grechi. O documento final foi o "Projeto Regional de Pastoral". Ficou assim mais bem definida a situação dos leigos na Igreja. Também se estudou: organização dos leigos, participação da mulher, espiritualidade do leigo, sua formação, atuação na política partidária, na Constituinte, nos movimentos populares.[153]

Dom Moacyr tornou-se muito amigo de Dom Juliano, bispo de Lucca, na Itália, e ao longo dos anos trocaram correspondências e visitas. O bispo de Rio Branco, às vezes, se queixava da carência de vocações sacerdotais, apesar de ter organizado um pequeno seminário. A esperança dele era ainda contar com a cooperação de outras dioceses, "por que na Amazônia, onde crescem árvores gigantescas, não crescem vocações sacerdotais?". E desabafava assim com o amigo bispo Dom Juliano:

> Pedidos de socorro já foram feitos várias vezes, mas a nossa região amazônica sempre foi considerada difícil e distante para nos enviar missionários. Sou presidente do Regional Norte 1 da CNBB e sinto cada vez mais a carência de padres nesta nossa região.
>
> Na Amazônia nunca tivemos um clero local, nem um seminário próprio para a formação aqui de futuros presbíteros. Hoje, como nunca, precisamos até de quem nos ajude na

---

[153] CNBB. Missão do Leigo na Amazônia. CM, n. 404, p. 1307.

— IV – Serviço pastoral em Rio Branco (1973 a 1998) —

formação de novos padres, nesta Amazônia de índios, de seringueiros, de colonos, de migrantes que habitam nestas imensas florestas e rios, nesta Amazônia dos desmatamentos irracionais, do massacre bárbaro de povos indígenas. Aqui, nesta região, onde Deus nos enviou como missionários, queremos ser uma igreja fraterna, uma igreja de comunhão, sempre aberta à novidade do Evangelho e à conversão. Uma Igreja dócil, sempre dócil ao sopro do Espírito, alimentada pela Palavra e pela Eucaristia para viver o nosso ministério com ardor missionário.

Para bem acompanhar os agentes de pastoral, os vocacionados, houve também a preocupação de providenciar um espaço. Para isso foi projetado um centro para a formação desses agentes. Como ocorria com o modelo de formação de Dom Helder, no Nordeste, aqui também a formação deveria contemplar, de um lado, o embasamento bíblico, teológico, mas sem se desvincular da prática, do contato com a realidade da região. O centro de formação permanente estaria fundado em duas colunas: a mediação hermenêutica e a mediação sociopolítica.

Dom Moacyr procurava envolver a comunidade, os leigos e leigas na formação e atenção ao seminário:

> No domingo do Bom Pastor do ano de 1991, o bispo Dom Moacyr convidou todas as paróquias para visitarem o seminário, comemorando o dia do Bom Pastor. Ele escreveu uma carta para todas as comunidades: "[...] todos devem conhecer o Seminário bem de perto. É obra de toda a Igreja. E como vocês querem seus futuros pastores? Bons, acolhedores, cheios de fé, comprometidos com os pobres, prontos ao serviço? Por esta razão, todos, sem exceção,

devem sentir-se responsáveis pelo Seminário e pela formação dos futuros padres [...]".[154]

No ano de 1982, foi iniciado o curso de teologia que funcionava no Colégio São José. O objetivo era formar o clero (cinco anos) e agentes de pastoral (três anos) autóctones, nos meses de janeiro, fevereiro e julho. O coordenador executivo era Dom Moacyr. Entretanto, pouco tempo depois, por solicitação da Santa Sé, o curso foi fechado.

A formação valorizava a vocação sacerdotal e contava com o apoio de outras Igrejas-Irmãs. No dia 26 de junho de 1994, aconteceu a festa dos 25 anos de ordenação do Pe. Mássimo. A celebração da Santa Missa aconteceu na Comunidade Cristo Salvador na Vila Ivonete, presidida pelo bispo Dom Moacyr e concelebrada pelos padres Gabriel, Graciano, Toinho, Roberto e Raimundo. No meio da multidão estavam também o prefeito da cidade de Rio Branco, Jorge Viana, Doutor Tião Viana e a senadora Marina Silva. O bispo se pronunciou desta maneira:

> Pe. Mássimo, você está celebrando no meio do seu povo, seus 25 anos de padre. Como sou grato a Deus por esta sua presença de mais de 20 anos aqui no Acre, por seu testemunho e serviço sacerdotal.
>
> Agradeço-o de todo o coração e, em você, quero manifestar, de público, minha imensa gratidão aos seus colegas que aqui trabalham ou trabalharam e a toda a querida igreja de Lucca, com seu pastor dom Bruno.[155]

Além das Irmãs Servas de Maria Reparadoras, parceiras dos freis servitas desde os primeiros tempos e, depois as Servas

---

[154] Lombardi, M. Dom Moacyr Grechi, pastor e profeta.
[155] Lombardi, M. Dom Moacyr Grechi, pastor e profeta.

IV – Serviço pastoral em Rio Branco (1973 a 1998)

de Maria de Galeazza, Dom Moacyr se esforçou em trazer novas congregações femininas, para, com seus respectivos carismas, ajudarem no serviço pastoral na prelazia e diocese. Assim, chegaram os Irmãos Maristas (1972), as Missionárias de Jesus Crucificado (1973), Irmãs Josefinas (1977), Irmãs Catequistas Franciscanas (1987); Irmãs de Nossa Senhora (1988); Missionárias da Doutrina Cristã (1988); Carlistas, padres e irmãs (1988); Irmãs Beneditinas – Mosteiro Nossa Senhora da Esperança (1992).

Além da Diocese de Luca, desde o ano de 1924, a prelazia contou com o apoio muito grande da Sociedade Apostólica de São Tiago (1978).

Visando a um melhor atendimento litúrgico na diocese, ele preparou pessoas para prestarem esse serviço à Igreja. Vejamos o testemunho de sua secretária:

> Eu havia preparado uma celebração Eucarística, por ocasião da festa da comunidade Santa Terezinha e Dom Moacyr veio presidir. No ofertório coloquei um grupo de adolescentes fazendo um balé com cestas de frutos, ramos e flores. Quando terminou a celebração ele me chamou lá no altar, ainda tirando os paramentos, disse: "Fatinha do meu coração, vou te mandar para São Paulo, estudar liturgia". Assim o fez.

> Enviou uma carta-pedido para Dom Paulo Evaristo e para o Reitor de Pós-graduação da Pontifícia Faculdade Nossa Senhora da Assunção-São Paulo. Em seguida enviou um projeto para a Alemanha. Foi tudo aprovado. Durante os anos de estudos em São Paulo, ele foi várias vezes me visitar e saber como estava nos estudos. Em uma dessas idas fomos juntos ao centro de São Paulo, passando nas

livrarias católicas: Paulus, Paulinas, Vozes, Loyola me apresentando aos gerentes das lojas, dizendo: "Esta irmã trabalha comigo, todavia, está fazendo seus estudos aqui. Os livros que ela precisar podem ceder; vocês sabem muito bem do meu endereço". Só assim, com todo esse apoio deste pai-pastor completei todos os meus estudos. Especialização em liturgia, Pós-graduação em Teologia Dogmática, Mestrado em Teologia Dogmática, Concentração em Liturgia e Especialização em Teologia Bíblica.

Dom Moacyr ajudou na formação de muitos filhos de pais pobres, seringueiros, colonos, ribeirinhos. Hoje são advogados, médicos, professores, empresários e tantos outros. Lembro da Franciele, estudou em Batatais-SP, formou--se em fisioterapeuta e voltou à Rio Branco. Pediu para acompanhar os doentes da Casa de Acolhida Souza Araújo, como uma forma de agradecimento. Dois filhos do seu João Evangelista do Km 58, na Estrada de Boca do Acre. Um fez medicina e o outro, gestão administrativa; Ronízia fez Mestrado em São Paulo. E muitos outros pobres...![156]

Muitos voluntários e voluntárias, com as suas aptidões, dedicaram tempo a essa parte do povo e da Igreja.

O Pe. Mássimo, da Igreja-Irmã de Lucca, afirmava o seu desejo de ver a Igreja do Acre caminhar com seus próprios pés. Isso significa que toda diocese necessita formar o seu próprio clero. O clero da prelazia está imerso em um grande cenário missionário. Desde 1981, a sua paróquia, em Rio Branco, abriu as portas

---

[156] Depoimento de Ir. Fátima Gonçalves. Foi professora no Seminário Maior João XXIII, assessora da Pastoral Litúrgica, membro da equipe Litúrgica do 12º Intereclesial. Em 2015, com Ir. Joanice, passou a formar comunidade com Dom Moacyr.

— IV – Serviço pastoral em Rio Branco (1973 a 1998) —

aos jovens que desejavam aprofundar a sua vocação. A paróquia acolheu e ajudou os jovens interessados na vocação. E dizia que esse era um dos trabalhos mais urgentes da Igreja na Amazônia. "A Igreja de Rio Branco pediu ajuda à minha diocese de Lucca. O contrato foi feito com o bispo que iniciou uma experiência de Igreja-Irmã em Rio Branco. Ele considera as duas paróquias daqui como parte de sua diocese".[157]

Já vivendo na fase emérita, o bispo continuou respondendo às arguições que lhe faziam e provocando reflexões. Sobre o tema da formação, assim se expressava Dom Moacyr:

> Continua o desafio da formação do clero: não se improvisam bons formadores. Em Rio Branco e Porto Velho consegui uma parceria com a Universidade de Campinas, que vinham dar aula em nossos seminários aqui. Precisamos de colaboração com a formação dos futuros padres. É algo que melhorou, mas temos muito ainda para avançar. Na formação de leigos, creio que todas as nossas Igrejas têm uma formação de qualidade, segundo as orientações da CNBB Nacional. Há formação até em nível superior.[158]

E, às vésperas do 10º Encontro em Santarém, perguntado sobre a evangelização encarnada, missionária, profética explica, na mesma entrevista:

> Acho que evangelização encarnada já é um dos luzeiros de nossa ação nesta região. Não quero generalizar, mas especialmente os novos missionários devem estar atentos que aqui já existe uma caminhada feita, e que é preciso caminhar conosco. A pior praga que tem é um missionário

---

[157] Família Cristã. O desafio missionário da Amazônia, out. 1989, p. 6.
[158] CNBB. Site. 2 jul. 2012. Dom Moacyr Grechi.

que vem para ensinar. Ele deve vir para aprender também, e assumir a Igreja daqui que tem muita coisa para ensinar. É preciso preparar e formar o missionário, de preferência aqui, para que ele valorize o que temos de bom.

Em Porto Velho, ele continuou incentivando a boa formação de agentes de pastoral como testemunha sua secretária:

> Ele trabalhou para a formação dos agentes de pastoral, dos seminaristas, das lideranças, considerando a tradição da Igreja, o Vaticano II, Medellín, Puebla, as diretrizes da CNBB e de Santarém, valorizando sempre a nossa realidade. Dizia: "A opção preferencial pelos pobres deve ser assumida pessoalmente, radicalizada e atingir não só aspectos econômicos, sociais e políticos, mas também nossa vida espiritual; parece-me que ler a Bíblia, celebrar a liturgia, ler livros de espiritualidade na perspectiva dos pobres, de maneira séria e profunda, é uma das características".[159]

A formação dos padres, irmãs e lideranças era um investimento que Dom Moacyr não media esforços para que acontecesse em todas as etapas formativas, fazendo experiências pastorais no meio do povo. Portanto, não era só algo acadêmico, em sala de aula. A formação também acontecia no contato com a realidade.

A observação de Dom Moacyr sobre uma evangelização encarnada não só era pertinente, como ainda permanece um desafio. E, mais ainda, quando existe um clima na formação, sobretudo seminarística, muito impregnado de clericalismo, elitismo, poder e aparência. Vozes como a de Moacyr devem continuar ecoando e orientando os missionários, pastoralistas, religiosos e presbíteros.

---

[159] Neurimar Pereira, depoimento.

— IV – Serviço pastoral em Rio Branco (1973 a 1998) —

A vocação fundamental deles é servir o Povo de Deus na simplicidade, na solidariedade e com profunda espiritualidade.

Um dos aspectos que dava muita atenção na formação era a liturgia. Para tanto preparou professores. Ele mesmo era muito zeloso e gostava que tudo ocorresse com dignidade. Chegava sempre bem antes de iniciar as celebrações e se informava de todos os detalhes. Verificava se tudo estava condizente com o tempo litúrgico. Fazia questão de presidir as celebrações quando concelebradas com outros padres. Era comum ouvi-lo, no final da celebração, invocar algumas pessoas que muito prezava: "Dona Rosita, intercedei por nós! Frei Egídio, intercedei por nós! Doutor Marcelo Cândia, intercedei por nós!". Ele tinha, na capelinha da casa dele, em Rio Branco, três quadros com essas veverandas pessoas que foram providenciados pela Ir. Fátima. Portanto, o momento litúrgico era também uma comunhão com pessoas que representavam vários aspectos da vida da Igreja e do povo.

12. CPT e CIMI

O Brasil vinha passando por um momento de muita inquietação social e as Igrejas se manifestavam publicando documentos para alimentar a fé e a esperança do povo e alertar os políticos sobre os graves problemas, sobretudo fundiários, nas novas fronteiras de expansão do capital pela Amazônia[160] e em outras regiões.

Face aos conflitos ligados à terra, muito recorrentes desde a instalação da ditadura cívico-militar, a CNBB reuniu os bispos da

---

[160] Uma Igreja da Amazônia em conflito com o latifúndio e a marginalização social, 1971 (Dom Pedro Casaldáliga); Ouvi os Clamores do meu povo (Bispos do Nordeste), 1973; Marginalização de um povo. Grito das Igrejas (Bispos e Superiores Religiosos do Centro-Oeste), 1973; Y-Juca-Pirama. O Índio, aquele que deve morrer (CNBB), 1973.

Amazônia em Goiânia. Ali foi criada a Comissão Pastoral da Terra no ano de 1975. Houve intensos debates e, ao final, decidiu-se criar uma Comissão de Terras. O objetivo seria interligar, assessorar e dinamizar os que trabalham em favor das pessoas sem terras e dos trabalhadores rurais e estabelecer ligações com outros organismos afins. Algumas tarefas apontadas foram: traduzir em linguagem popular o Estatuto da Terra[161] e a Legislação Trabalhista Rural para que os trabalhadores tivessem consciência dos direitos que a Lei lhes garantia; promover campanha em favor dos direitos dos sem-terra. Dom Moacyr encaminhou essas resoluções para a presidência da CNBB. O presidente da CNBB pediu-lhe que formalizasse a concretização desse projeto. Ao final de ponderações e discernimentos, a comissão foi batizada com o nome de Comissão Pastoral da Terra (CPT), organismo ligado à CNBB. Em novembro daquele ano, Dom Moacyr comunicou aos bispos a criação da CPT. Era uma resposta das Igrejas da Amazônia Legal[162] à dramática situação e à aspiração do povo sem-terra.[163]

É desse período que estamos discorrendo que surgiram várias iniciativas da Igreja Católica no Brasil visando responder às necessidades emergentes, fruto da nova expressão da Igreja e dos desafios das realidades sociopolíticas e econômicas. A Comissão Pastoral da Terra ganhou destaque pela sua importância e corajosa pastoral. Logo em seguida, foi nomeado secretário executivo da comissão o Pe. Ivo Poletto e a sede estabelecida em Brasília.[164] A

---

[161] Criado em 1964, já sob o regime militar.
[162] Área de mais de cinco milhões de quilômetros quadrados, na bacia amazônica, criada em 1953 para favorecer o desenvolvimento socioeconômico.
[163] Canuto, Antônio. Há 40 anos nascia a CPT.
[164] CNBB. Comunicado Mensal n. 278, p. 1239-1240.

— IV – Serviço pastoral em Rio Branco (1973 a 1998) —

CPT se organizou juridicamente em 1977, aprovando os estatutos e a eleição de uma diretoria. Dom Moacyr foi o primeiro presidente.[165] A CPT foi um organismo afeto à CNBB e concebido para ser ecumênico, apesar de em alguns momentos ter causado atritos. Dom Moacyr, como responsável pela Linha 3 da CNBB (Ação Missionária), escreveu, em maio de 1976, aos demais bispos, informando a instituição da CPT, a sua estrutura formal, seus objetivos e atuação. Concitava a que fossem indicados representantes regionais. Era importante acolher as experiências vivenciadas e não se descuidar da atenção aos camponeses. Naquele ano, Dom Moacyr era o representante do Acre e Rondônia.[166]

Em 1979, fazendo uma memória histórica, por ocasião da reunião da presidência,

> Dom Moacyr Grechi, especialmente convidado para tratar do assunto (CPT), apresentou relatório histórico da CPT, reportando-se a 1975 quando se reuniram a Linha 2, a Comissão Justiça e Paz e Prelados da Amazônia, para refletir sobre o problema da terra. Surgiu aí a ideia de uma Comissão da Terra para a região amazônica. O projeto comunicado à Presidência da CNBB mereceu na ocasião uma carta de Dom Aloísio aprovando a iniciativa. [...] Em 1977 houve a primeira Assembleia da CPT que aprovou suas linhas mestras. Agora está se realizando a segunda Assembleia.[167]

São inúmeros os testemunhos de pessoas que se viram enriquecidas em sua missão sociopastoral graças ao trabalho da

---

[165] CPT. Refrescando a memória, 13 de fevereiro de 2015.
[166] CNBB. CM, n. 284, p. 455/456.
[167] CNBB. CM, n. 324, p. 832.

CPT. Foi um arrimo para muita gente que se via perseguida e com dificuldade para se defender sozinha. A CPT formou muitas lideranças cidadãs e pastorais.

A primeira Assembleia da CPT em Rio Branco aconteceu em 1976. Na ocasião, afirmou Dom Moacyr:

> A Igreja não quer substituir ninguém, nem Incra, nem Contag, nem qualquer outro organismo público e, menos ainda, os próprios trabalhadores. Ela não pode, porém, manter uma atitude de neutralidade face aos fatos. Assumir corajosamente o Evangelho de Jesus Cristo é assumir a causa dos pobres.[168]

A CPT se desenvolveu muito e abriu 21 Regionais por todo o Brasil. Faz, anualmente, minucioso levantamento da situação das violências e conflitos no campo e informa a sociedade sobre os abusos que as forças da repressão realizam sobre os que reivindicam os mínimos direitos do cidadão, como uma área para viver e cultivar.

Em julho de 2013, foi realizada a XIV Assembleia da CPT, em Porto Velho, que contou com a presença firme e ponderada de Dom Moacyr Grechi. Nessa assembleia, reforçou-se que a CPT tem um caráter profético e é preciso manter esse desafio.[169]

Havia consonância entre os ideais evangélicos e sociais da CPT, CIMI e CEBs. Isso reforçava a ação pastoral e dava forças às pessoas e comunidades atingidas pelos conflitos e perseguições. Eram subsidiados por materiais impressos que davam orientação e formação. Claro que, no clima político-social reinante de então, pessoas engajadas nesses movimentos, reuniões, atividades, material

---

[168] Lombardi, M. Dom Moacyr Grechi, pastor e profeta.
[169] CPT. CPT Rondônia realiza XIV Assembleia, 9 jul. 2013.

produzido etc., eram muito visadas. Era frequente a presença dos chamados "dedos-duros", infiltrados ou mesmo aparelhos de escuta. Foi o que ocorreu numa assembleia da CPT:

> Notou-se uma movimentação inusitada nos arredores da matriz de Nossa Senhora da Conceição, onde se realizava o encontro. Pessoas desconhecidas pediam informações um tanto suspeitas. Espiões, não se sabe a mando de quem, introduziram um microfone FM em uma das janelas da sala onde se realizavam as reuniões. Não conseguiram, entretanto, burlar a vigilância da Luizinha, uma voluntária encarregada do prédio que, à noite, ao fechar as janelas, percebeu o objeto estranho. Com toda a força que Deus lhe deu, o agarrou e, uma força oposta vinda da outra ponta do fio, fez com que este se rompesse. Dom Moacyr levou o aparelho da espionagem para os cofres da CNBB em Brasília.[170]

Com o tempo, Dom Moacyr também se converteu à causa dos povos originários. Por isso denunciou a exploração dessas comunidades ancestrais e a invasão e ocupação das suas terras por grileiros e fazendeiros. A corrida tresloucada dessa gente pelo Noroeste do Brasil foi abocanhando as terras de pequenos sitiantes e dos nativos, inclusive, com a conivência dos cartórios, como foi o caso em Boca do Acre/AM.[171]

O Acre é um cenário de forte presença de povos originários. Desde os primeiros contatos nos idos de 1800, iniciou-se um intercâmbio entre esses povos nativos do Alto Purus e seus afluentes. Depois, com o advento do ciclo da borracha, esse contato passou a ser cada vez mais prejudicial aos primeiros habitantes.

---
[170] Lombardi, M. Dom Moacyr Grechi, pastor e profeta.
[171] Grecchi, M. Dom Moacyr Grecchi: "Santarém definiu o rosto da Igreja na Amazônia". Entrevista.

Solidificou-se a mentalidade antinativo, carregada de estereótipos. Com a opção da Igreja latino-americana pelos pobres, verificou-se que os mais pobres, mais abandonados, marginalizados e discriminados eram os povos nativos. Uma nova prática de contato com eles se estabeleceu com a criação do CIMI.

Dom Moacyr também percebeu os apelos vindos desses povos. Vejamos como chegou a essa conversão, explicada por ele mesmo:

> Há alguns anos, em Manaus, houve um encontro de Prelazias sobre Comunidades Eclesiais de Base. Todos apresentavam suas experiências, seus métodos, sua caminhada. Quando chegou a minha vez, todos gostaram, mas a um certo momento o Pe. Egídio Schwade perguntou-me em plena assembleia: "E os índios de sua Prelazia, Dom Moacyr?" Então eu respondi: "Não sei nem se existem. Não damos conta nem dos outros que já são milhares, como é que a gente vai poder se interessar pelos índios?" Então o Pe. Egídio insistiu: "Será que os critérios pastorais de sua Prelazia não são demasiadamente numéricos? Será que não estão esquecendo os que são os últimos, os mais abandonados e marginalizados e que, por isso mesmo, deveriam ser os preferidos da Igreja, já que eles também são de Deus?". Fiquei profundamente envergonhado, mas não pude responder nada. Foi o início de uma mudança de atitude em relação ao índio e comecei a ficar mais sensível às iniciativas do Pe. Paolino, que realmente sempre se interessou pelos índios e que há mais de vinte anos acompanhava os Kulinas do Alto Purus.[172]

---

[172] Nós Irmãos, set./out. 1995; Lombardi, M. Dom Moacyr Grechi, pastor e profeta.

IV - Serviço pastoral em Rio Branco (1973 a 1998)

Dom Moacyr protesta, junto à Funai, contra a proibição da prelazia de atuar junto aos povos nativos:

A Funai poderá justificar esta medida como bem entender e como melhor lhe convier. Queremos, porém, deixar claro que fomos impedidos de atuar junto às populações indígenas porque defendemos o direito que têm os povos indígenas de garantir e recuperar suas terras, de viver sua cultura, de exigir sua autodeterminação. [...] Fomos expulsos porque não convém à Funai e menos ainda às grandes empresas agropecuárias, grileiros e outros interessados, que denunciemos as graves injustiças que se cometem contra índios e posseiros, em nome de um pretenso desenvolvimento que beneficia uns poucos privilegiados.[173]

O CIMI realizou uma Assembleia em São Paulo entre os dias 25 a 28 de novembro de 1975, presidida por Dom Moacyr Grechi, bispo responsável pela Linha 3 da CEP da CNBB. Foi examinada a situação da animação missionária e a diversidade missionária universal do Povo de Deus no Brasil.[174] E, no ano de 1977, Dom Moacyr Grechi, responsável pela Linha 2, comentou sobre o estatuto do CIMI e das Regiões Missionárias.[175]

O contato de Dom Moacyr com os povos originários garantiu-lhe maior compreensão sobre as suas culturas e a necessidade de estar a seu lado nas lutas, sobretudo na demarcação de suas terras.[176]

---

[173] Christo, Alberto Libânio (Frei Betto). O canto do Galo, p. 249.
[174] CNBB. Comunicado Mensal n. 278, p. 1259-1260.
[175] CNBB. CM, n. 302, p. 1230, 1235.
[176] CNBB. CM, Tomo I, n. 604/606, p. 162/164.

153

Em 1987, Dom Moacyr participou da VII Assembleia do CIMI. Com a assessoria do doutor Júlio Gaiger, fez-se um relatório da questão indígena no Brasil. Este documento foi entregue ao presidente da República. Foram discutidos temas como a questão das terras indígenas em região de fronteira, mineração e outros.[177]

A Igreja do Acre e Purus quis marcar presença entre os povos indígenas, assumindo a sua causa, respeitando a sua cultura e agindo de acordo com as orientações do CIMI. O grande expoente nesta causa foi o frei Paolino Baldassari, sobretudo nos rios Purus e Iaco.

O Pe. Paulino era um frade da Ordem dos Servos de Maria, que dedicou toda a sua vida aos ribeirinhos, crianças, povos nativos, natureza amazônica. O seu campo de atuação foi especialmente o rio Iaco e o município de Sena Madureira. Era profundo conhecedor da região. Antes de seguir para Sena Madureira, realizara um curso de enfermagem, o que lhe valeu para atender e salvar muitas vidas naqueles confins amazônicos. Foi uma voz profética, denunciando as agressões aos povos da região e ao meio ambiente. Isso lhe valeu algumas perseguições. O povo estava ao seu lado e realizou uma grande manifestação de solidariedade à qual aderiram várias entidades não governamentais e alguns políticos sensíveis às mesmas causas. O evento aconteceu no dia 24 de setembro de 1995. Frei Paulino disse: "Não podemos perder a esperança". Dom Moacyr esteve presente ao ato e enfatizou:

> O ato de solidariedade ao Pe. Paolino incluía os que ele representa e defende com transparência evangélica, bondade e persistência. São 40 anos. [...] São seringueiros, os ex-seringueiros de nossas periferias, os grupos indígenas.

---

[177] CNBB. CM, n. 412, p. 872.

No rosto do Pe. Paolino nós vemos também os sem-terra do Rio Grande, os massacrados de Corumbiara. Essa multidão de irmãos nossos que vagam por todo esse Brasil em busca de um pedaço de terra, em busca de melhoria, em busca de vida. E são tratados como marginais, bandidos, delinquentes. Enquanto isso, temos um Ministro da Agricultura que é um banqueiro sem nenhuma competência ou compromisso com a causa do homem do campo. [...] e um presidente do Incra que é ex-membro da UDR (União Democrática Ruralista). E nós tranquilos, indiferentes. [...] Prefiro mil vezes participar de um ato cívico-religioso em solidariedade, mesmo com seus inevitáveis defeitos ou até ambiguidades, do que ficar, por covardia ou interesse, do lado de fora. [...] e depois celebrar uma belíssima missa de 7º dia (ante) as câmeras das TVs do mundo inteiro. [...] e o olhar compungido de quem não fez nada para mudar as coisas.[178]

13. Expressões de vida evangélica na arte, na arquitetura, nas músicas

Nas décadas de 60/70 do século XX, boa parte das músicas litúrgicas e pastorais e da arte, inclusive a sacra, refletia o novo espírito trazido pelo Vaticano e pelas Conferências Episcopais. Esses novos ares incidiam: no movimento litúrgico, bíblico e catequético; na espiritualidade que aliava cultura e fé, vida e fé, vida social e fé; nas romarias (da terra, das águas, bíblica, dos mártires); na Campanha da Fraternidade e outras fontes de inspiração.[179]

---
[178] Nós Irmãos, set./out. 1995.
[179] Alves de Holanda, J. P. A. História, Memória e Teologia. O autor analisa inúmeras canções populares dessa época, sobretudo ligadas às CEBs.

No Acre, esse reavivamento da vida evangélica encontrou vários artistas que ajudaram muito as Igrejas e as comunidades a cantar. Citamos aqui o Pe. Leôncio Asfury[180] com a sua música *Igreja é povo que se organiza* (composição dos padres Leôncio Asfury e Francisco Augusto Nunes – Bacurau). Eram canções que alimentavam a espiritualidade e as iniciativas sociais:

Igreja é povo que se organiza/ gente oprimida buscando a libertação/ em Jesus Cristo a ressurreição. O operário lutando pelo direito/ de reaver a direção do sindicato; o pescador vendo a morte de seus rios/ já se levanta contra esse desacato. O seringueiro com sua faca de seringa/ se libertando das garras de seu patrão. A lavadeira, mulher forte e destemida/ lava a sujeira da injustiça e opressão. Posseiro unido que fica na sua terra/ e desafia a força do invasor. Índio poeta que pega sua viola e canta a vida, a saudade e a dor. É gente humilde, é gente pobre, mas é forte, dizendo a Cristo: meu irmão muito obrigado pelo caminho que você nos indicou.

Os dois compositores participam do 4º Encontro Intereclesial de CEBs que ocorreu em Itaici, SP, de 20 a 24 de abril de 1981, sob o patrocínio do cardeal dom Paulo Evaristo Arns, devido a uma conjuntura desfavorável para a Igreja dos pobres. Participaram desse encontro em torno de 280 pessoas, de 71 dioceses e de 18 estados. Delas, 184 eram representantes das bases, 56 eram agentes de pastoral, 15 eram assessores e 17 bispos. O tema foi: *Igreja, povo oprimido que se organiza para a libertação*. Dentre seus objetivos, destacam-se: a troca de experiências, a celebração da fé

---

[180] O Pe. Leôncio José Asfury, nascido em 1949, é presbítero incardinado na Diocese de Rio Branco, AC. Primeiro padre nativo ordenado na prelazia.

e o aprofundamento crítico das lutas reivindicatórias, sindicais e político-partidárias.[181]

Outra canção bem conhecida, também de autoria do Pe. Asfury é: *Cristo dos seringueiros:*

Na densa floresta vai um caminheiro/ Cristo Seringueiro, seringa a cortar/ e corta seguro. A mão calejada/ da planta amada faz vida nascer. E vem a Esperança que surja bonança/ Não seja explorado o suor na balança. Na mata escura, um homem pacato/ o Cristo do mato, seringa a colher/ E colhe o futuro. A mãe natureza/ lhe dá a certeza: o filho crescer. E vem a Esperança, que surja a mudança/ e o homem refaça com Deus, aliança/ Em uma palhoça, alguém bem curtido/ o Cristo sofrido, borracha a fazer. E faz o progresso. Constrói a riqueza/ beleza e grandeza pra outro viver. E vem a Esperança que surja a dança/ dos povos iguais semelhantes crianças. Vai um caminheiro, um homem pacato/ alguém bem curtido, na rua perdido/ Foi espoliado. Da mata querida/ não tem mais guarida. É só padecer. Foi ladra a balança. Não houve aliança/ e a dança criança é ainda esperança.

---

[181] 4º Encontro Intereclesial das CEBs – Itaici/Indaiatuba, SP, 1981.

157

Xapuri – 2003 – Inauguração do Painel dos Mártires. Da esquerda para a direita: Dom Mosé Pontelo, Dom Joaquín Pertíñez, Jorge Viana, Dom Tomás Balduíno, Dom Moacyr Grechi, Izalmar Mendes, Pe. Luiz Ceppi, Júlio Barbosa.

Irmã Fátima Gonçalves destaca:

> Vejo como uma grande contribuição da Igreja do Acre para aquele encontro e o quanto as lideranças estavam solidárias com as propostas pastorais de Dom Moacyr. Segundo o Pe. Asfury, no primeiro dia do encontro, ficaram empolgados com as reflexões do tema. À noite compuseram o canto *Igreja é povo* e no dia seguinte, apresentam aos participantes que cantaram e aprovaram. A partir daí, este canto tornou-se para os Intereclesiais e a Igreja do Acre, "um canto do grito dos oprimidos". Foi verdadeiramente uma composição histórica.

IV – Serviço pastoral em Rio Branco (1973 a 1998)

Autor do painel: Cláudio Pastro, especialista em arte sacra.

Essas canções e artes ajudavam as comunidades a viver a Palavra de Deus e a se engajar pelas causas sociais. Eram meios criativos que faziam as pessoas mergulharem na sua história e nas suas realidades sociais e manter viva a memória da caminhada de um povo. Fortalecendo a espiritualidade e os meios de conscientização, Dom Moacyr suscitava uma vivência mais engajada e ética do cristão e do cidadão. Dom Joaquín procurou resgatar todos esses elementos no seu belo trabalho *Cristo Seringueiro*.[182]

O folheto *Nós Irmãos* e outros manuais eram abundantemente ilustrados com desenhos repercutindo a realidade social, a vida eclesial e as agruras do povo.

---

[182] Pertíñez Fernández, J. Cristo Seringueiro. Aproximação a uma cristologia do seringal.

14. Comunidades Eclesiais de Base: novo espaço eclesial

No ano de 1971, a prelazia começou a publicação do Boletim *Nós Irmãos*.[183] O folheto veiculava as reflexões litúrgicas, pastorais e sociais do bispo, as notícias das paróquias e, sobretudo, a vida e a missão das CEBs. Esse novo modo de viver a vida eclesial, social e o Evangelho baseava-se no tripé: missão, sair do templo; corresponsabilidade dos leigos; conhecimento da realidade e o engajamento sócio pastoral.[184]

Uma dimensão da nova eclesialidade – Igreja Povo de Deus, como definiu o Vaticano II[185] – foram as Comunidades Eclesiais de Base. Emergidas de Medellín, Puebla e de Santarém, respondiam à maneira de viver o Evangelho nos tempos atuais, iluminando a cultura, a economia e a política. As CEBs surgiram na década de 1960 e, na década seguinte, se fortaleceram e se expandiram.

Antônio Cechin, um dos assessores das CEBs, esclarece:

Essa época marca o *descenso* da Igreja para o meio dos marginalizados. Ela muda de lugar social. Da classe média, que até meados do século XX era sua base de operações, ela se desloca para o meio das classes populares.... Há primeiro um processo de aterrissagem: o *contato com a dura realidade*. Começa, então, um segundo momento, uma *caminhada* histórica dos pobres como Igreja. [...]

---

[183] A primeira capa desse Boletim contém os seguintes dizeres: *Ano I, n. 1 – Mês de dezembro de 1971 – Nós Irmãos – Boletim* e, na parte inferior o mapa do estado do Acre e Purus – Rio Branco, Acre. Ele continha numerosas ilustrações que davam maior compreensão aos artigos e notícias.
[184] Pertíñez Fernández, J. História das CEBs, p. 50.
[185] Lumen Gentium, capítulo II: O Povo de Deus.

— IV – Serviço pastoral em Rio Branco (1973 a 1998) —

[Descobrem] um Deus que caminha conosco, à nossa frente, fazendo história, construindo conosco o Reino já, aqui e agora. [...] Os pobres irrompem para dentro do espaço eclesial que historicamente lhes pertencia [...] Começam então a caminhada libertadora.[186]

O provincial dos maristas, irmão Atalíbio Weschenfelder,[187] visitando a comunidade marista de Rio Branco, foi convidado a participar de uma reunião/celebração em uma comunidade e escreve:

O florescimento de tais grupos de evangelização das comunidades eclesiais de base são a esperança de brotar de novas vocações ministeriais... Adultos e jovens, na procura ardente de melhor compreensão e vivência do Evangelho nos dias de hoje, amadurecem para a solução dos problemas que se lhes apresenta. [...] É impressionante como da boca dos pobres, o Espírito faz brotar a sabedoria da Sagrada Escritura. [...] Foi naquela noite que senti como a vida se torna oração e como se leva a oração para a vida.

Moacyr recorda o tempo em que chegou na terra de sua nova missão como pastor:

Chegando ao Acre, já encontrei sementes fecundas de Comunidades Eclesiais de Base semeadas por Dom Giocondo, pelos padres Pacífico e Paulino, lideranças locais e leigos italianos. Estavam se preparando, já há algum tempo, na própria casa do bispo. Estávamos em tempos de ditadura! Chico Mendes e mais tarde Ivair Higino Siqueira, irmão do Pe. Geraldo Siqueira, de nossa Arquidiocese, eram participantes das CEBs de Xapuri. [...] A Pastoral

---

[186] Ferrarini, S. Cenários do Profetismo, p. 5.
[187] Ferrarini, S. Maristas na Amazônia, p. 159.

Amazônica tinha como principal objetivo as CEBs.[188] Havia uma decisão bem clara e um esforço concreto para não confundir CEBs com sindicato, política partidária etc. A maioria dessas comunidades vivia em áreas de conflito e criaram, na luta, na reflexão, no contato com outras organizações, a semente de uma nova visão da floresta, dos rios, dos animais, da Amazônia.[189]

Muito animadas por Dom Moacyr, sustentavam a vida cristã pelo interior, pelos beiradões, nas periferias. Era uma vivência cristã levada adiante, sobretudo por leigas e leigos. A Palavra de Deus iluminava a sua vida quotidiana e os fortalecia nas expressões de cidadania. Já não era uma pessoa denunciando injustiças e violências, mas um grupo, uma comunidade. Respondiam também às prioridades de Medellín e Puebla: opção preferencial pelos pobres.[190]

Moacyr Grechi, num artigo para a revista REB,[191] explicava o surgimento das CEBs no Acre. Primeiro traça o cenário geográfico, histórico, cultural e religioso. Explica também o surgimento da prelazia e a evolução pastoral. Menciona a realização do primeiro Plano de Pastoral da prelazia. Explica como se deu o mergulho da Igreja no meio do povo. O surgimento dos grupos de evangelização, a formação dos monitores. Discorre também sobre os grandes problemas da região, como a questão da terra e dos direitos humanos. Esse caminhar com o povo iluminará a nova eclesialidade, uma fé mais pura e mais sólida e compromissada com a comunidade.

---

[188] Documento de Santarém, n. 20-22.
[189] Arquidiocese de Porto Velho. Porta Aberta, n. 100; Ferrarini, S. Maristas na Amazônia, p. 140.
[190] Medellín: Capítulo XIV, item Orientações Pastorais; Puebla n. 382, 707, 733, 769, 1134.
[191] Grechi, M. Comunidade de Fé e Homem Novo na Experiência da Igreja do Acre e Purus.

— IV – Serviço pastoral em Rio Branco (1973 a 1998) —

Ocorre uma aproximação entre fé e vida e um novo olhar sobre o bioma amazônico. É uma teologia pé-no-chão.

A CNBB foi um forte suporte para prelazias e dioceses afetadas por problemas de diversas naturezas. Quando a presidência da entidade realizou uma visita à Amazônia Ocidental, em 1973, constatou o valor das CEBs e dos grupos de evangelização.[192]

O êxodo rural fez as cidades, sobretudo a capital, incharem desmesuradamente. A Igreja, para melhor atender a essas periferias, reconfigurou a diocese e as paróquias e o serviço pastoral. Leigos, leigas e religiosas assumiram muitas atividades paroquiais, suprindo de certa forma a carência de padres. Houve momentos em que Igrejas-Irmãs enviaram padres para trabalhar na diocese.[193]

Na década de 1980, surgiu vasta literatura a respeito das Comunidades Eclesiais de Base, que tiveram grande repercussão na Igreja Local do Acre e Purus.[194]

Salienta Dom Moacyr que as comunidades nunca quiseram se confundir com partidos políticos ou sindicatos. Elas, sim, incentivavam as pessoas a participarem nessas instâncias da cidadania. O importante era defender a ética na política, lutar pelas causas do povo.[195]

---

[192] SEDOC, set. 1973, p. 334.
[193] A Igreja-Irmã da prelazia foi Fortaleza, no tempo de pastoreio de Dom Aluísio Lorscheider. Uma ação concreta foi o envio de muitas irmãs do Instituto Josefino, fundado pela Madre Rosita Paiva, natural de Lábrea, localidade de Mucuripe, no Rio Purus. Elas fundaram diversas comunidades na prelazia sempre em locais de muitos desafios, em zonas de fronteiras geográficas e existenciais.
[194] Betto, Frei. O que é comunidade eclesial de base, 1985; Boff, C. et al. As comunidades de base em questão; Boff, C. Comunidade Eclesial/Comunidade Política. Pertíñez Fernández, J. História da Diocese de Rio Banco, p. 539.
[195] Grecchi, M. Dom Moacyr Grecchi: "Santarém definiu o rosto da Igreja na Amazônia". Entrevista.

No Acre, em parte as CEBs substituíram ou complementaram as desobrigas:

> As CEBs substituíram as desobrigas pelas viagens missionárias, pois a finalidade não seria mais só visitar, mas fundar outras novas CEBs. Surgiram, assim, CEBs nos rios e nas estradas (Pastoral das Estradas e dos Rios, assessorada pela CPT). Nas casas dos bairros de periferia (Pastoral da Periferia. Assessorada pelo CDDH), para a Igreja caminhar com o povo, dialogar e colaborar com todos os homens de boa vontade e compartilhar alegrias e esperanças, tristezas e angústias.[196]

Esse novo modo de viver a fé deu mais liberdade ao povo para denunciar as injustiças que sofriam. A comunidade se fortaleceu e a espiritualidade tornou-se mais viva.

A primeira CEB na diocese foi constituída no bairro da Estação Experimental.[197] Foi uma semente que germinou e inspirou outras comunidades. Os próprios agentes de pastoral iniciaram um movimento no sentido centro-periferia e a Igreja foi se encontrando melhor com o povo e sentindo mais de perto as suas necessidades e potencialidades. Eram animadas por monitores que se encontravam regularmente (Encontrão) para vivências e formação. Surgiram muitas comunidades inseridas no meio do povo, seja nas cidades, seja ao logo dos rios e nos centros (seringais). Os participantes das CEBs começaram a ser parte muito ativa nos Planos de Pastoral. Essa primeira comunidade cresceu com rapidez e se consolidou como experiência modelo. Cresceu por iniciativa popular, mas em unidade e comunhão com a hierarquia, dando lugar, assim, à sua

---

[196] Pertíñez Fernández, J. História da Diocese, p. 544.
[197] Pertíñez Fernández, J.; Lombardi M. História das CEBs nos vales do Acre e Purus. 10 anos de uma nova experiência eclesial, p. 50.

IV – Serviço pastoral em Rio Branco (1973 a 1998)

força transformadora. As comunidades cresceram apoiadas no tripé da missão, corresponsabilidade dos leigos e conhecimento da realidade e engajamento pastoral.

Segundo Dom Moacyr,

Só teremos Igreja – comunidade de fé, de oração e de caridade – quando muitos batizados assumirem, segundo seus dons e capacidades, o compromisso de ser os animadores de pequenos grupos de pessoas onde a fé medita e reflete sobre o Evangelho (Comunidade de Fé); onde confiantes na presença do Senhor, se reza e se canta juntos, santificando o dia do Senhor (Comunidade de Oração); onde se aprende a amar, perdoar, servir e a viver como irmãos (Comunidade de Caridade).[198]

O primeiro e o segundo Encontro das CEBs do Brasil foram realizados em Vitória/ES em 1975 e 1976. O tema de 1975, com a presença de cinco bispos, foi *Uma Igreja que nasce do povo pelo Espírito de Deus*; e do segundo: *Igreja, Povo que caminha*. Destacou-se a Igreja como Povo de Deus e sua importância na luta pela libertação do povo. Deu-se grande destaque à leitura popular da Bíblia. Os Intereclesiais, como se passou a denominar, congregam bispos, religiosos e religiosas, presbíteros, assessores e assessoras, animadores e animadoras de comunidades, bem como convidados de outras Igrejas cristãs e tradições religiosas. Neles se expressa a comunhão entre os fiéis e seus pastores. Dom Moacyr se sentia muito feliz em participar desses Encontros das CEBs. A CNBB reconheceu que "Os Encontros Intereclesiais das CEBs são patrimônio teológico e pastoral da Igreja no Brasil. Desde a realização do primeiro, em 1975

---

[198] Grechi, Moacyr. Comunidade de Fé e Homem Novo na Experiência da Igreja do Acre e Purus, p. 909.

165

(Vitória – ES), reúnem diversas dioceses para troca de experiência e reflexão teológica e pastoral acerca da caminhada das CEBs".[199]

Dom Moacyr e Dom Antônio avaliam que, além dos aspectos comumente lembrados, quando se fala de Amazônia, não se pode esquecer que 72% da população é urbana. Há muitos migrantes se deslocando em busca de terra, trabalho e riquezas. O Documento n. 25 da CNBB "Comunidades Eclesiais de Base na Igreja do Brasil" ia iluminando esse processo.[200]

O segundo encontro das CEBs contou com 24 Igrejas do Brasil de 17 estados e ocorreu de 29 de julho a 1º de agosto de 1976. Desse encontro já participaram várias pessoas vindas de outros países. Também estiveram presentes os bispos Dom Sérgio Méndez Arceo de Cuernavaca/México; Dom Samuel Ruiz de São Cristóbal/México; Pe. Gustavo Gutierrez do Peru, um dos grandes representantes da Teologia da Libertação.[201]

Em 1976, aconteceu um encontro em Manaus para refletir sobre as experiências de comunidades eclesiais de base na Amazônia Ocidental. Os bispos perceberam que "uma linha nova está aparecendo com certos traços característicos, pode ser identificada e iluminar o trabalho do conjunto". Foi estudado o tema: *O que é pastoral das CEBs?*[202]

Esse novo rosto de Igreja na Amazônia foi moldado pelo Vaticano II, Medellín, Puebla e construído pelos bispos/pastores

---

[199] CNBB. Mensagem ao Povo de Deus, Doc. 92, p. 14.
[200] CNBB. A Amazônia, as CEBs e a V Conferência de Aparecida. CM, n. 604, p. 162.
[201] SEDOC, out. 1976. Todo o número é dedicado ao tema das CEBs. À página 438 está o Relatório do Encontro e Conclusões Finais, do segundo encontro das CEBs em Vitória/ES.
[202] CNBB. CM, n. 288, p. 910.

daquela época. Foi um tempo de intenso diálogo ciência e fé; fé e política; modelos de Igreja; fundamentação bíblica/litúrgica; sacramentos/pastoral à luz da teologia da libertação. A CEB era um espaço de vida e de prática dessa nova eclesialidade.[203] A caminhada permitia discernir que a Igreja, especialmente as Comunidades Eclesiais (de Base), são o lugar da formação da sensibilidade da fé, pela interiorização da mística cristã. Por seu lado, o partido, o sindicato etc., são os lugares da formação política. As funções específicas de que são respectivamente dotados esses lugares não podem ser confundidas sem provocar uma desidentificação (alienação) tanto da fé quanto da política.

Em Medellín lê-se: "A vivência da comunhão a que foi chamado, o cristão deve encontrá-la na 'comunidade de base': ou seja, em uma comunidade local ou ambiental, que corresponda à realidade de um grupo homogêneo e que tenha uma dimensão tal que permita a convivência pessoal fraterna entre seus membros".[204] Na Conferência seguinte, em Puebla,[205] confirmou-se o valor pastoral das CEBs:

> A vitalidade das CEBs começa a dar seus frutos; é uma das fontes de onde brotam os ministérios confiados aos leigos; [...] Reconhecerá a validade da experiência das CEBs e estimulará seu desenvolvimento em comunhão com os pastores; [...] Como pastores, queremos resolutamente promover, orientar e acompanhar as CEBs, de acordo com o espírito de Medellín.

---

[203] SEDOC, nov.1976. Todo o número é dedicado ao tema das CEBs, com o título *Comunidades Eclesiais de Base. Uma Igreja que nasce do Povo pelo Espírito de Deus*. À p. 483 pode-se ler o artigo: Comunidade de Base na Igreja do Acre e Purus.

[204] CELAM. Presença da Igreja na atual transformação da América Latina, à luz do Concílio Vaticano II, Medellín, p. 67.

[205] A Evangelização no presente e no futuro da América Latina, n. 97, 156, 648.

Em Santo Domingo,[206] os bispos reafirmaram o valor das CEBs e manifestaram o desejo de multiplicar as pequenas comunidades, os grupos e movimentos eclesiais e as Comunidades Eclesiais de Base. Em Aparecida,[207] os bispos reafirmaram o valor das CEBs como escola de formação de cristãos comprometidos com a fé; têm como fonte de espiritualidade a Palavra de Deus; são expressão visível da opção preferencial pelos pobres.

No ano de 1985, aconteceu, em Guajará-Mirim,[208] o primeiro encontro do sub-regional de CEBs em Rondônia, com a presença das Igrejas de Guajará-Mirim, Ji-Paraná, Porto Velho, Humaitá, Rio Branco, além de uma grande delegação da Prelazia de Pando, Bolívia, e quatro bispos desse país vizinho. Foram refletidos temas como: terra para morar e trabalhar; a história das CEBs no Brasil; a situação dos migrantes, vindos para a região por motivo de desemprego, construção de hidroelétricas e barragens, e como meio de esvaziar as lutas dos agricultores no Sul e outras partes do país. Dom Moacyr esteve presente.

Dom Moacyr não pôde estar presente no Encontro das CEBs ocorrido em dezembro de 2002. Mas disse que se fazia presente através dos participantes de Porto Velho. E constata:

> Muita coisa mudou desde os primeiros anos do surgimento das CEBs em nossa terra (Regional Norte I e II). A situação é outra, mas, a substância das Comunidades continua a mesma: expressão básica da comunidade eclesial, sua primeira célula viva cujas exigências fundamentais estão nos Atos dos Apóstolos, relidos, é claro, no nosso contexto

---

[206] Nova Evangelização. Promoção Humana. Cultura Cristã, n. 259.
[207] Documento de Aparecida, Capítulo V 5.2.3.
[208] CNBB. Primeiro Encontro do sub-regional de CEBs em Rondônia. CM, n. 393, p. 868.

— IV – Serviço pastoral em Rio Branco (1973 a 1998) —

de Brasil e, no nosso caso, numa das amazônias das muitas que compõem os nossos regionais. Daí, também, não ser possível um rosto amazônida de nossas comunidades eclesiais de base, pois, os rostos são muitos e nem sei se esta expressão é a mais feliz para indicar as características de nossas CEBs.

As CEBs são um sinal de vitalidade da Igreja, na expressão de João Paulo II e, nós sabemos que vitalidade, a vida da Igreja, é o Divino Espírito Santo. As CEBs nasceram aqui, em nossa terra, como dom do Espírito Santo. Como resposta divina aos desafios pastorais e socais de nosso povo. [...] O amor concreto a Jesus Cristo, que se manifesta no gosto pela leitura orante do Evangelho, a opção preferencial pelos pobres, vivida intensamente e a participação de todos, encontrará respostas concretas, possíveis e profundamente evangélicas. As coisas grandes nascem pequenas e nas coisas do Reino o serviço, a modéstia dos meios e a certeza da presença e ação do Espírito de Jesus farão o resto. As CEBs, sem grupo de reflexão ou evangelização ou células, perdem muito sua força e capacidade missionárias.[209]

Ivo Lesbaupin[210] afirma que um dos resultados mais evidentes da organização em CEBs é a mudança de lugar dos leigos: os leigos e, em particular os leigos populares, passam a assumir sua responsabilidade como cristãos, passam a dirigir suas próprias comunidades, a participar, como adultos, da construção da Igreja. As CEBs iam revelando um novo modo de ser Igreja, significando

---

[209] Arquidiocese de Porto Velho. Arquivo/Cúria. Papéis avulsos.
[210] Boff, C. et al. As comunidades de Base em Questão, p. 105.

uma mudança no campo da experiência religiosa. Tornam os fiéis mais conscientes e militantes.[211] Essa eclesiogênese não deixa de fazer emergir tensões, tanto dentro como fora do ambiente religioso eclesial.

Na Prelazia/Diocese do Acre e Purus, como em muitas outras regiões do Brasil e do mundo, multidões carecem do mínimo necessário para uma vida digna. Grande parte desse povo é cristão, católico. Eles alimentam uma espiritualidade provinda dos Evangelhos, da Palavra de Deus, de Jesus. Ora, Cristo inaugurou uma nova era, enveredando pela construção do Reino de Deus, que segundo São Paulo é "justiça, paz e alegria no Senhor" (Rm 14,17). Como viver isso num cenário de sofrimento, exclusão, perseguição? Nesse contexto surgiu a Teologia da Libertação,[212] um dos sustentáculos das CEBs, da nova expressão da Igreja.

É dentro do horizonte maior da libertação integral – humana e divina – que a Teologia da Libertação, hoje, como Teologia epocal ou contextual, pensa a questão da libertação social e histórica. É aqui que ela coloca o acento; é este o sentido que ela explicita. Situa a libertação histórica como um momento dentro do grande processo da libertação total.[213]

Foi assim que, dando chão ao Vaticano II, Medellín e Puebla – e as Conferências posteriores ratificaram[214] – e movidos pela

---

[211] Teixeira, F. A espiritualidade nas CEBs, p. 207.
[212] Reflexão e prática da fé e da pastoral enraizadas na pessoa de Jesus Cristo e nos Evangelhos que iluminou a vida da Igreja sobretudo nas décadas de 1960-80 do século passado, desenvolvida por Gustavo Gutiérrez, Jon Sobrinho, Juan L. Segundo, Leonardo Boff, Antônio Cechin, Hugo Assmann e outros.
[213] Boff, L.; Boff, C. Como fazer teologia da libertação, p. 126.
[214] Santo Domingo em 1992 e Aparecida em 2007.

— IV – Serviço pastoral em Rio Branco (1973 a 1998) —

realidade da América Latina, fizeram *a opção preferencial pelos pobres*. Os profetas e o Cristo por excelência fizeram essa opção. No decorrer da história, foi sendo desprezada por muitos, mas sustentada pelas minorias abraâmicas.[215] Nos rios Acre e Alto Purus, esses pobres, prescindidos, eram representados pelos seringueiros, ribeirinhos, povos originários, negros, periferias urbanas e os perseguidos por latifundiários, certos políticos, boa parte do sistema judiciário e policial. A pobreza no mundo atual é moralmente intolerável, para qualquer ser humano, e mesmo para toda a criação. É também politicamente insustentável como lembram Pixley e Boff.[216]

Essas novas posturas eclesiais, pastorais e sociais já vinham fermentando desde o início dos anos 1900. No início desse novo século, situa-se o Papa Leão XIII e a encíclica *Rerum Novarum*.[217] É o tempo, no Brasil, do Pe. Júlio Maria,[218] que já veiculava ideias de renovação.[219]

Dom Moacyr é enfático em destacar que as comunidades se fundam no exemplo da Comunidade Apostólica. Elas nasceram da ressurreição de Cristo e do Espírito Santo. Por isso, a centralidade da Palavra de Deus é essencial.[220]

No ano de 1981, a prelazia celebrou 10 anos de CEBs. Esteve presente o cardeal Aloísio Lorscheider. Foram dez anos muito

---

[215] Acredita-se que a expressão "minorias abraâmicas" tenha sido criada por Dom Helder Camara. São grupos de pessoas que, com muita mística e profetismo, movidos pela *não violência ativa*, vivem uma teologia libertadora, são capazes do perdão. Incomodam os que não praticam a justiça e a ética.
[216] Pixley, J.; Boff, C. Opção pelos pobres, p. 271.
[217] Trata-se de uma encíclica (Das Coisas Novas) de Leão XIII, publicada em 1891, sobre questões sociais.
[218] Júlio Maria Lombaerde (1878-1944), missionário da Sagrada Família.
[219] Serrano, Jonathas. A questão social, p. 175.
[220] Grecchi, M. Dom Moacyr Grecchi: "Santarém definiu o rosto da Igreja na Amazônia". Entrevista.

fecundos: cerca de 1000 grupos de evangelização e 1.200 monitores. Eram os frutos da frondosa árvore da Igreja Popular.[221]

Comunidade Belo Jardim – Barrancas do Rio Acre – Irmãs Josefinas: Maria Soares, Auxiliadora, Maria José Teófilo, Inês Machado e Isabel Rodrigues; João Ribeiro (hanseniano), jovem da comunidade do Belo Jardim, Jácomo (italiano) e esposa Maurizete; doutor José Furtado (chapéu), Maria de Jesus (enfermeira do Hospital Souza Araújo).

Quase no final de seu serviço pastoral em Porto Velho, Dom Moacyr esteve bem envolvido no 12º Intereclesial, que aconteceu em Porto Velho em 2009. Na abertura ele destacou:

> A Amazônia é, sempre na história, tratada como colônia e vocês dirão a todos que a Amazônia quer ser tratada com dignidade. [...] Os povos nativos devem ser respeitados, os seringueiros devem ter onde trabalhar, nossa cidade precisa ser humanizada. O grito da Amazônia repercutirá como o grito da esperança [...]. As CEBs estão vivas no coração

---

[221] Nós Irmãos jul./ago. 1981, p. 16 (*apud* Pertíñez Fernández, J. História da Diocese, p. 563).

— IV – Serviço pastoral em Rio Branco (1973 a 1998) —

da Amazônia e do Brasil. Foram sementes lançadas há pelo menos três décadas e hoje são árvores frondosas.[222]

É grande a vitalidade da Igreja na Amazônia, em sua grande diversidade, é verdadeira expressão da Igreja Povo de Deus, Igreja Ministerial, conforme o Vaticano II: é "sacramento de comunhão de seus povos; morada dos pobres de Deus".[223]

Essa Igreja muito ativa, criativa e de forte vivência da fé, recebeu encorajamento de muita gente solidária: tanto da Igreja, quanto da sociedade civil. Personagens ilustres visitaram a diocese: Dom Helder Camara, que atraiu um grande público com as suas falas na Catedral e na Universidade; Adolfo Pérez Esquivel, Nobel da Paz, para apoiar a Igreja do Acre nos momentos de tensão após a morte de Chico Mendes.[224]

Toda a vitalidade eclesial trazida pelas CEBs movia as comunidades a se engajarem por mudanças sociais, políticas e econômicas. Momentos marcantes foram as romarias. Em 1986, foi realizada a primeira Romaria da Terra na diocese com o tema: *Terra preservada, vida conquistada*. Participaram cerca de seis mil pessoas, sob a coordenação da CPT. A segunda Romaria foi em 1989 com o tema: *Amazônia preservada, terra conquistada*, com a participação de cerca de oito mil pessoas. Como se percebe, essas primeiras romarias refletiam fortemente os temas ecológicos. Esse era um tema recorrente nas mobilizações, nas pastorais, nos documentos. A diocese continuava a apoiar essa causa, sempre

---

[222] A Caminho. Jornal do 12º Intereclesial das CEBs, n. 11, p. 1 e 2.
[223] Neurimar Pereira. Depoimento destacando fala de Dom Moacyr e recordando DA 524.
[224] Pertíñez Fernández, J. Primórdios de uma Diocese, p. 179.

resistindo à investida de uma agropecuária predadora. O grito era: *Parem com a devastação da natureza!*

Ligado a esse tema vinha a defesa dos povos originários, sempre apoiada por Dom Moacyr. Essas mobilizações incomodavam os potentados políticos e econômicos. Uma forma de se livrarem desses profetas do meio ambiente e da vida cidadã era eliminá-los.

Dom Moacyr afirma que, em parte, foi convertido pelas CEBs:

> Vi muitos atos de solidariedade, de amor, de ajuda ao outro. Vi pessoas caminharem dez quilômetros para ir a uma celebração na paróquia da comunidade para ouvir a Palavra de Deus, rezar, para encontrar outras pessoas e reforçar a sua fé. As Comunidades se alimentam da Palavra de Deus, encarnando o poder-serviço do Evangelho. Hoje elas têm pouca visibilidade na mídia, mas nos anos 80, quando sua força política assustava as classes dirigentes, elas eram a maior força de mobilização da Igreja na sociedade.[225]

Frei Betto conheceu a vida das CEBs no Acre ainda nos primórdios desse novo jeito de ser Igreja. Visitou muitas comunidades na prelazia e apontou algumas dificuldades pela frente:

> vi o povo reunir-se à noite, sem pressa e com interesse. A novena de Natal foi muito concorrida. Infeliz, porém, o momento em que a televisão chegar a esses lares. [...] Vai ser difícil livrar o povo desse ópio (TV), a menos que a pastoral da Prelazia encontre um método capaz de manter as comunidades permanentemente motivadas.[226]

---

[225] Grecchi, M. Dom Moacyr Grecchi: "Santarém definiu o rosto da Igreja na Amazônia". Entrevista.
[226] Christo, Alberto Libânio (Frei Betto). O canto do Galo, p. 254.

IV – Serviço pastoral em Rio Branco (1973 a 1998)

A vida eclesial, mormente as CEBs, foi muito beneficiada com um sem número de iniciativas que deram eficácia à pastoral, à evangelização, à educação, à espiritualidade. Não faltaram cursos, encontros, subsídios, análises de conjuntura, assembleias, retiros; assessorias de renomados educadores, teólogos e pastoralistas; grande publicação de pequenos subsídios para a catequese, liturgia, jovens, temas bíblicos, conscientização política etc. A arte, a música e outras expressões artísticas também acompanhavam essa caminhada.

O desenvolvimento das CEBs coincidiu com um período de grande devastação ambiental no Acre e em todo o bioma amazônico. Ele não podia ficar alheio à vida das CEBs. Na década de 1980, Dom Moacyr motivava as comunidades a refletirem esse tema vital para o povo e a natureza. Ele vinha embutido na demanda da Reforma Agrária.

Deste modo, o tema da ecologia e proteção do meio ambiente era assunto relevante e merecia estar presente nas pautas das CEB, nas pastorais e na espiritualidade.

Concluímos esta parte destacando que a vida das CEBs contribuiu para o crescimento na fé, vida eclesial mais sólida e engajamento social. E, enfatiza Dom Moacy, como destacou Dom Fontinele mais acima:

> Outro aspecto é o que nasce da convivência com as CEBs: a simplicidade no nosso relacionamento. Na comunidade deveríamos nos sentir iguais, pois recebemos o mesmo batismo, bispos, padres, diáconos, agentes de pastoral, deveríamos nos sentir uma Igreja muito mais comunhão do que hierarquia, muito mais serviço do que poder que se expressa muito melhor num abraço do que em gestos de reverência à autoridade. Cada um com o seu dom que

não é obra nossa, é dom do Espírito, e se ele o dá é para que seja valorizado.[227]

15. Cenário sociopolítico sombrio

O período histórico dos primeiros tempos do múnus pastoral de Dom Moacyr, como bispo/pastor no Acre, coincide com dois grandes movimentos socioeclesiais: de um lado, uma Igreja que se abria para o mundo, abandonando compromissos nefastos com o trono, tornando-se mais seguidora de Jesus, nos moldes de Medellín; e, de outro, uma realidade sociopolítica que se fechava, não só no Brasil, como em toda a América Latina. Por isso, estranhava a muitos dirigentes político-econômicos a nova postura da Igreja. Para eles, ela deveria permanecer na sacristia, administrar os sacramentos, ensinar a obediência subserviente. Dom Moacyr esclarece a sua postura:

> Num certo momento eu tinha uma mentalidade ainda de sacristia. Eu achava que a minha função era pregar o Evangelho, administrar os Sacramentos, tentar manter o pessoal unido. Eu não queria entrar nesse aspecto, digamos, política com "P" maiúsculo, isto é, a busca do bem comum, da justiça. Eu, praticamente, fui forçado pelo povo. O povo confiava em mim, então eu fui tendo contato com as injustiças bárbaras, arbítrios de autoridades, e acabei me envolvendo. Também, naqueles anos, eu fui eleito Presidente Nacional da Comissão Pastoral da Terra. Então a problemática era terra para o Brasil inteiro. Eu fui bem assessorado por pessoas competentes e, no Acre, por

---

[227] Neurimar Pereira. Depoimento resgatando fala de Dom Moacyr, Porto Velho, RO.

pessoas muito próximas. Aí então, diziam que a Igreja do Acre era do PT. Não é. É que todo o mundo que trabalhava acabou fundando o PT e ficou muito marcado por esse aspecto.[228]

Violência contra famílias de posseiros. Juízes mancomunados com as forças repressoras. O povo protesta. A violência ocorria tanto no meio rural como no meio urbano. Dom Moacyr, por se posicionar do lado dos perseguidos e por denunciar as violências, foi constantemente perseguido e ameaçado de morte. Por recomendação da Polícia Federal, teve de aceitar seguranças em todas as suas locomoções.

As alegrias e as esperança da nova diocese (erigida em 1986) foram sendo provadas com acontecimentos violentos que surgiram na região. A promulgação da nova Constituição brasileira, jubilosamente celebrada em 1988, foi uma manifestação cidadã alvissareira. Mas havia os "donos do poder", representados por partidos autoritários mancomunados com o agronegócio e o alto empresariado. A vivência do Evangelho e as fortes expressões do catolicismo social esbarravam com expressões de morte, como esquadrões de morte, truculência do mandonismo local, violência policial, justiça manietada, impunidades.

Moacyr recorda que 1964 inaugurou um "tempo de catacumbas", de sombras. Felizmente a Igreja, de um modo geral, tornara-se um dos poucos veículos que ecoavam as angústias e os sofrimentos do povo.

A CNBB tomava decisões firmes em termos pastorais e sociais apoiando as Igrejas locais. Era um profetismo auspicioso

---

[228] Momento Brasil, 9 dez.2007 (*apud* Ferrarini, S. Utopias, p. 133).

levado avante por numerosos bispos/pastores, aos quais muitos políticos e empresários denominavam "bispos vermelhos".[229]

O avanço do neocolonialismo na Amazônia, apoiado e incentivado pelo governo, privilegiava migrantes de denominações religiosas subservientes.[230] Os migrantes, vindos do Sul e Sudeste, a maioria católicos, traziam já uma cultura de Igreja participativa, combativa, com um catolicismo social mais aguerrido. Essa mentalidade não agradava aos novos latifundiários, que foram se apossando de enormes extensões do bioma amazônico. Iniciou, então, ou se propagou com mais velocidade, o estabelecimento de evangélicos, Igrejas pentecostais.[231] O regime priorizava colonos pertencentes a essas Igrejas. Outras expressões de igreja e de espiritualidade também apareceram. Era necessário acolher todas essas manifestações e manter o diálogo.

Essa nova vivência da fé, mais comprometida com a realidade socioambiental, que começou a vingar no Acre e em muitas outras partes da Amazônia e do Brasil, foi vista com muita desconfiança pelo regime cívico-militar reinante no Brasil naquela época. Como eram espaços eclesiais e sociais em que as pessoas podiam se manifestar sobre todos os temas, eram temidos pelo regime, sempre atento em denunciar esses eventos como perigosos, comunistas.[232]

---

[229] Ferrarini, S. A Imprensa e o Arcebispo Vermelho. Não só Dom Helder Camara era assim denominado, mas muitos outros, tanto do Brasil, como da América Latina.
[230] Ferrarini, S. Arquidiocese de Porto Velho. Uma história de missão, p. 45.
[231] Quando ministrei um curso, em Presidente Figueiredo, RO, para as comunidades daquela região, vários migrantes confirmaram esse fato.
[232] Livro de Tombo da Imaculada, v. II, p. 266 (apud Pertíñez Fernández, J. História da Diocese, p. 589.

IV – Serviço pastoral em Rio Branco (1973 a 1998)

A sociedade brasileira respirou mais aliviada quando, em 1988, foi promulgada a nova Constituição do Brasil. Ela abrigava anseios de muitos grupos que foram historicamente marginalizados.

O cenário de violências e injustiças não era exclusivo do Brasil. E Dom Moacyr lembrava que era uma realidade de toda a América Latina:

> Venho de um continente dividido entre a angústia e a esperança. [...] A América Latina é um continente jovem, vivo, que foi definido pelo Papa Paulo VI como o continente da esperança. [...] Quando olhamos para a realidade que é a dos nossos povos, vemos que ela é uma ofensa a Deus, pois milhões de crianças, jovens, adultos, pessoas idosas vivem sob o signo do subdesenvolvimento. A violência institucionalizada, a miséria e a opressão geram uma realidade dual, fruto da persistência de sistemas políticos e econômicos criadores de injustiças. [...] Diante dessa realidade, quero, como os bispos em Puebla, como os cristãos comprometidos nos movimentos de defesa do homem, e com os homens de boa vontade, partilhar as angústias que brotam do rosto sofredor do homem da América Latina, no qual reconhecemos o rosto sofredor do Cristo, nosso Senhor, que nos questiona e interpela. Na edificação dessa nova sociedade devemos ter as mãos abertas, fraternas, sem ódio, sem rancor, para chegar à reconciliação e à paz, mas com firmeza, sem hesitação nenhuma na defesa da verdade e da justiça. Não podemos semear de mãos fechadas, para semear é preciso que tenhamos as mãos abertas.[233]

---

[233] Nós Irmãos, ano 18, abr. 1989.

Nas décadas de 1970-1990, o povo vinha se organizando tanto em nível eclesial como social. Era uma resposta a um clima de insegurança, perseguição e sufocamento a que fora submetido. A Igreja do Acre e Purus dava apoio a essas organizações, como, por exemplo, os sindicatos (Sindicato dos Trabalhadores Rurais) e o início da atuação da Contag no Acre. O Sindicato de Rio Branco foi fundado dentro da Catedral, com a presença ambígua do governador e a Catedral cercada pelo exército.[234]

Numa entrevista dada a Gabriela Cabral, com o título: *Um defensor dos direitos humanos*, Moacyr mostrou vários elementos do cenário que se vivia nos tempos em que foi bispo em Rio Branco e Porto Velho:

> No Acre, em diversas circunstâncias a Igreja teve um peso muito grande e reconhecido por todos... Nós tínhamos o Centro de Defesa dos Direitos Humanos, que era o único de toda a Amazônia. A gente primeiro organizou as comunidades eclesiais de base: um conjunto de cristãos que se reúne regularmente na floresta para ler o Evangelho.... Discutem, rezam e procuram reatar amizades.... Reúnem-se para fazer uma escola... A Diocese era praticamente toda coberta de comunidades. E nas comunidades se aprendia a dialogar, criar coragem, a ler e se exigia que o cristão também exprimisse o seu amor se engajando no sindicato. Era tempo de revolução. A coisa era séria. Gravavam nossas reuniões, prendiam arbitrariamente alguém. O sindicato de Rio Branco foi criado dentro da Catedral, porque era o único espaço que lhes dava garantia. Rodeados com soldados armados, como se fossem para a

---

[234] Cadiolli Basílio, S. T. A luta pela terra e a Igreja Católica nos vales do Acre-Purus (1970-1980), p. 161, 165.

— IV – Serviço pastoral em Rio Branco (1973 a 1998) —

guerra e lá dentro gente desdentada, mas com uma grande vontade de se organizar. Depois se foi percebendo que não bastava só o sindicato, pois ele só luta pela sua causa, que era ficar na floresta, mas precisava defender a própria floresta, e começaram uma ideia de conservar a floresta. Então houve morte de quem começou a defender a mata. Aí surgiu a necessidade de um partido [...] Chico Mendes chegou a morar seis meses na casa paroquial de Xapuri [...]. Aqui (em Rondônia) tem uma área (em Candeias do Jamari) do Incra sob a proteção nacional. Uma noite vieram encapuzados e queimaram tudo. Eu estive lá no outro dia e vi. É um exemplo do que constantemente acontece e não há punição e se sabe quem mandou. A impunidade é um dos graves problemas. Toda essa ganância de terra tem por trás a criação de gado extensiva e soja. A soja é um câncer, pois onde se planta tem que derrubar a mata. Aqui não é terra para soja; é um mal para a Amazônia. Temos de ter um desenvolvimento sustentável e fazer valer o que já existe.[235]

No período dos anos de chumbo, a Igreja, lideranças sindicais, presidentes de associações de agricultores e outros líderes eram muito vigiados. Dom Moacyr orientava para que se tomasse cuidado com a presença de espiões nos encontros. Em alguns casos, pessoas da própria Igreja, inconformadas com a proposta do Vaticano II e das Conferências Episcopais Latino-Americano faziam esse serviço a favor do sistema de morte que se vivia.

---

[235] Diário da Amazônia, Porto Velho, 1º fev. 2011, caderno B, p. 3.

16. Comissões Parlamentares de Inquérito

Uma das atribuições dos deputados e senadores é investigar fatos e pessoas que atentam contra a ética cidadã, contra a ordem e o bem-estar dos cidadãos; contra agressões sérias à economia, à saúde, à educação, à política. Infelizmente não foram raros, no decorrer da história, esses graves acontecimentos. A Igreja não se omitiu. Pelo contrário, teve atuação firme e declarada a favor dos direitos da população, sobretudo dos mais pobres, dos povos originários e da floresta. A hierarquia (CNBB) emitiu muitos documentos defendendo a democracia, a ética na política, em favor das políticas sociais e defesa dos perseguidos. Houve consequências, por certo: perseguições, ameaças, prisões. Dentre os vários bispos da Igreja Católica convocados a depor em algumas CPIs, está o bispo de Rio Branco, Dom Moacyr Grechi.

Depoimento à CPI da grilagem de terras

Logo que Dom Moacyr chegou ao campo de sua missão pastoral, deu-se conta de um dos mais sérios problemas vividos pelo povo: a questão das terras. E esse era também um tema muito sensível ao sistema dominante. Os "dedos-duros" (SNI) do governo, infiltrados nos ambientes que consideravam subversivos, incluíam a questão da *terra* como uma insinuação comunista, ou de subversão. Portanto, um discurso perigoso. O Boletim *Nós Irmãos* era muito vigiado e um de seus números foi assim descrito:

> Em julho do corrente ano, a Prelazia do Acre/Purus fez editar (1) número de seu Boletim Informativo "NÓS IR-MÃOS", dando conta das atividades da Arquidiocese [sic], no âmbito das comunidades existentes em sua área de atuação. Com um conteúdo quase que exclusivamente político, este Boletim reveste-se integralmente da influência

ideológica da ala Progressista do Clero brasileiro, tendo em vista os artigos expressos em tal publicação. A abordagem desses artigos gira em torno da problemática "TERRA" na Amazônia, como fator desagregador e marginalizador do trabalhador rural, responsabilizando nas entrelinhas o governo, pois lhe compete fazer cumprir as diretrizes normativas contidas no "ESTATUTO DA TERRA" e a "LEGISLAÇÃO TRABALHISTA".

> Trabalhador rural, responsabilizando nas entrelinhas o governo, pois lhe compete fazer cumprir as diretrizes normativas contidas no "ESTATUTO DA TERRA" e "LEGISLAÇÃO TRABALHISTA" [...].[236]

Tanto Dom Moacyr, como outros bispos do Brasil, sobretudo da Amazônia, foram convidados a falar, em Brasília, sobre a questão da terra. Moacyr fez o seu depoimento no dia 11 de maio de 1977.[237] Na década de 1970, os megaprojetos do governo federal provocaram um grande deslocamento populacional para a Amazônia. O desmatamento, que era moderado desde o tempo da colonização, a partir dessa década do século passado se acentuou de maneira avassaladora. Como consequência disso, houve desassossego, sobretudo para os povos originários, os ribeirinhos, os posseiros e pequenos produtores, os quilombolas. Muitos colonos vieram induzidos e só encontraram desilusão. A malária e outras doenças dizimaram muita gente. Esse clima se acentuou tanto que os parlamentares em Brasília abriram uma CPI para averiguar a questão fundiária em todo o território nacional. Moacyr ocupava um posto importante em nível nacional como presidente

---

[236] Lima, Reginâmio B. de. Ao Sol Carta é Farol. A luta pela posse das terras, p. 232.
[237] SEDOC. O problema do homem e a terra no Brasil, p. 304.

da Comissão Pastoral da Terra. Portanto, estava bem enfronhado nessa temática. De início ele deixou bem claro: "falamos em nome do Evangelho que inspira o trabalho da Pastoral da Terra, em nosso Brasil de hoje. Não desconhecemos o peso político de nossa palavra, na medida em que interfere no modo de os homens se relacionarem e se organizarem em nossa sociedade". Disse também não ser porta-voz de um partido político nem de trabalhadores rurais.

Lembrou que a Igreja deve estar atenta à "espoliação do índio, expulso de suas terras, à destruição de sua cultura. Não pode fechar os olhos ante a grave situação de insegurança em que vivem os pequenos, ante a fome dos pobres e a desnutrição das crianças. Não pode ignorar os desenraizados, os migrantes que buscam novas oportunidades [...]".[238]

Lembrou também que somente com a participação do povo (convidado a participar do processo de seu desenvolvimento), ele aceita com dignidade os sacrifícios exigidos, os quais, de outra forma, podem criar tensões e revoltas sociais, com agravamento do estado de violência, de repressão e de corrupção.[239]

Dom Moacyr explicou aos parlamentares como foi se desenvolvendo a agricultura, a industrialização, a mecanização, a concentração de terras, um modelo e um processo que criam um exército de boias-frias, moradores de rua, gente privada de casa, de alimentação, de saúde, migração, êxodo rural etc. Essa estrutura fundiária provocou o deslocamento da população para o Centro-Oeste e para a Amazônia, muitas vezes, com uma propaganda ilusória. Foram lançados num pedaço de terra sem demarcação,

---

[238] São também as palavras da CNBB no documento *Comunicado ao povo de Deus*, out. 1976.
[239] Moacyr ecoava aqui o texto da CNBB *Exigências cristãs de uma ordem política*, 1977.

— IV – Serviço pastoral em Rio Branco (1973 a 1998) —

sem título de posse, sem vias de escoamento, sem infraestrutura. Sendo ali, novamente espoliados e expulsos.

Outro tema abordado por Dom Moacyr foi o projeto dos incentivos fiscais e os seus beneficiários. O resultado é uma grande devastação da Amazônia. Questionou o pouco benefício das grandes propriedades para o conjunto dos trabalhadores e para o país:

> A implantação destas grandes empresas é incentivada em nome de uma "racionalidade". Que racionalidade é esta, se os dados provam que, quanto maior a propriedade, menor a produtividade e menor a oferta de oportunidade de trabalho? Além disso, sabemos o quanto a implantação da pecuária extensiva na Amazônia é depredadora da natureza, com graves riscos ecológicos.

Dom Moacyr também expôs o tema da grilagem da terra e dos grileiros, que classificou como criminosos. Usam de falsidades, de violência, das instituições (cartórios), de jagunços, de forças policiais e ausência ou conivência do Estado. Deu atenção e respondeu sobretudo aos temas ligados à terra, sobretudo na região do Acre.[240] Entre outras coisas salientou aos parlamentares:

> Por limite ao latifúndio, já que todo o Acre se situa em áreas reconhecidas como indispensáveis à segurança e ao desenvolvimento nacional; definir a situação jurídica das terras do Acre, apressando o processo de discriminação de terras, para evitar grilagem e a especulação com terras públicas; regularização da situação dos posseiros e distribuição de terras às famílias de trabalhadores sem-terra; uma política de incentivo e apoio aos trabalhadores e pequenas empresas.

---

[240] PRC 87/1976, 11 maio 1977, 15ª Reunião (Câmara dos Deputados), Depoimento de Dom Moacyr Grechi, bispo da Prelazia do Acre-Purus, DCNI.

Por seu engajamento na denúncia de violências e grilagem de terras no Acre, a Igreja foi duramente atacada pelo comandante da 8ª Região Militar. Dom Moacyr respondeu firmemente: "Antes que os governos militares descobrissem a Amazônia, a Igreja já estava presente nos lugares mais abandonados e nunca separou a salvação da alma da salvação do corpo. Estão aí centenas de obras espalhadas por toda a região: escolas, hospitais, leprosários, e faz isso sem receber salário".[241]

É claro que o tema Incra[242] entrou no depoimento e Dom Moacyr demonstrou a ineficiência daquele órgão para tratar da posse de terra aos colonos e pequenos agricultores. O pouco que se conseguia era por meio de grande pressão social, resultando em violência e até mortes. E afirma: "O Incra tornou-se o órgão que vende e regulariza terras para os grandes projetos agropecuários e de colonização particular a preços mais vantajosos que os apresentados pelos grileiros". Aponta que faltava, acima de tudo, uma política oficial para o setor agropecuário, sem isso tudo seria difícil. E lembrava que ainda existiam a Constituição e o Estatuto da Terra para iluminar e orientar toda a política. Portanto, diz Moacyr, bastaria cumprir a legislação vigente. A Reforma Agrária é o caminho para solucionar muitos desses problemas. Então, Dom Moacyr conclama os deputados e a Igreja "a exigir a progressiva desapropriação de toda terra que não esteja cumprindo a sua função social. Que não se titule terras que foram roubadas!".

Moacyr reservou também parte de sua fala para relatar o que se passou e se passa nos estados do Amazonas, de Rondônia e,

---

[241] Cadiolli Basílio, S. T. A luta pela terra e a Igreja Católica nos vales do Acre-Purus (1970-1980), p. 169.
[242] Eu cheguei na Amazônia no ano de 1975. Era comum ouvir das pessoas uma piada sobre o Incra, que segundo elas significava: Infelizmente Nada Conseguimos Realizar na Amazônia!!!

— IV – Serviço pastoral em Rio Branco (1973 a 1998) —

sobretudo, no Acre. Recordou o centenário, naquele ano de 1977, da migração nordestina para a Amazônia (1877); da ascensão e queda da produção da borracha e o resultado nefasto para os seringueiros. Veio, depois, a partir dos anos 1960, uma corrida para o Acre, apropriação de suas terras, devastação do meio ambiente, ação nefasta dos grileiros e jagunços e dos cartórios. A pressão sobre os posseiros foi intensa e brutal. "É preciso coibir o latifúndio, nos termos do Estatuto da Terra (1964)", esclarecia.

Finalizando o seu relato, diz que se apresentou perante a CPI não por ser um gesto honroso, aceitou como se fosse um dever. Lembrou também os depoentes Dom Tomás Balduíno e Dom Pedro Casaldáliga, que compreendem *a verdadeira missão de pastores: dar, se for preciso, a própria vida pelo rebanho que o Senhor lhes confiou.*

Homenagem prestada a Dom Moacyr pelos pequenos produtores rurais.

187

Em seu depoimento, Dom Moacyr relatou que, na década de 1960, os trabalhadores começaram a melhor se organizar e fundar sindicatos. Muitos viram nessas organizações o elemento subversivo, agitação e seus líderes foram ameaçados. Ilustra ainda como nos anos 1960/1070 não se deu atenção à Reforma Agrária, mas se criaram grandes projetos para o interior do Brasil e da Amazônia que favoreceram mais os grandes latifundiários. Praticamente não se ouviu o clamor do povo, que continuou marginalizado.

Os problemas e abusos continuaram no Acre, levando a diocese a continuar as denúncias. Encabeçado por Dom Moacyr, bispo de Rio Branco, encaminhou-se documento ao Procurador Geral da República exigindo investigação sobre denúncias de corrupção no Acre, na data de 22 de novembro de 1995. O documento denunciava a falta de ética na administração do Estado, corrupção, violência contra os meios de comunicação, desvios de verbas públicas. "Acreditamos que a penosa situação que o Estado do Acre está passando, e o constrangimento a que seu povo está condenado, vendo sua honra e dignidade (a dignidade dos pobres), manchadas por denúncias e suspeitas, serão definitivamente esclarecidas pelas autoridades responsáveis",[243] esse era o anseio de Dom Moacyr.

O documento destaca como causa do atraso no campo agrícola a histórica concentração de terras em mãos de poucos, os latifúndios, com a exploração da mão de obra dos trabalhadores. É uma história que empurrou pessoas para a marginalidade e a miséria.

Moacyr estava sempre bem embasado e se apoiava em autores renomados e textos de peso para expor as suas teses. Os seus argumentos e o seu pensamento deveriam ecoar nos ouvidos da sua plateia, com certeza composta por uma boa porcentagem de

---

[243] CNBB. Bispo, presbíteros e lideranças exigem apuração de corrupção no Acre. CM, 1995, n. 496, p. 2490-2492.

latifundiários. Os grandes latifundiários, a classe que desde tempos imemoriais controlou a política e a economia do Brasil e configurou-se uma classe insaciável e responsável pelas agressões ao meio ambiente e, em grande parte, geradoras dos conflitos sociais.

Depoimento à CPI do narcotráfico

Um evento marcante para a história do Brasil foi o depoimento de Dom Moacyr à CPI do narcotráfico em Brasília, no ano de 2000. Isso lhe acarretou ameaças de morte. Por isso, em 5 de setembro de 1999, foi realizada uma moção de apoio ao bispo que alcançou 5.390 assinaturas, por ocasião da Vª Romaria da Terra.

Um caso que se tornou emblemático no serviço pastoral de Dom Moacyr foi o do deputado Hildebrando Pascoal. Moacyr teve um papel decisivo no desfecho desse caso escabroso. Tratava-se do crime organizado, portanto um caso difícil de ser enfrentado. Moacyr também foi procurado pelo Fantástico (TV Globo), que durante oito minutos denunciou o crime organizado e as violências no Acre. E foi assim que o Brasil teve conhecimento desses fatos.[244]

Enfatiza Dom Moacyr que "é da natureza da Igreja estar do lado do pobre, do sofredor, do explorado. Tem de ser solidária com o povo, porque essas pessoas mais pobres são ameaçadas de morte a todo instante por juízes corruptos. [...]. Ela tem de correr riscos, inclusive de morte". E foi o que ocorreu em muitos lugares do bioma amazônico.

O jornal *A Gazeta*, com o título "As revelações de Dom Moacyr à CPI do narcotráfico: um passado sombrio de um Acre não tão distante", constatava:

---

[244] O depoimento de Dom Moacyr pode ser lido na Revista SEDOC: O problema do homem e a terra no Brasil.

Dom Moacyr, um homem de dores. Sem sombra de dúvidas, Dom Moacyr Grechi escondia, por trás do jeito alegre e brincalhão, aflições. Muitas delas de situações que ele não pode resolver ou, ao mesmo tempo, saber que era vulnerável. Ele revelou à Comissão que em conversa com o corregedor-geral de Justiça da época, desembargador Arquelau de Castro Melo, este lhe disse que: "a sociedade acreana é refém de Hildebrando Pascoal e de seus colaboradores". Nota-se o sentimento vivido no Acre no final da década de 1990 e começo do ano 2000.[245]

Na Câmara Federal, em Brasília, convidado a depor à CPI, assim se expressou:

> Quando cheguei, o Acre era bem diferente. Rio Branco era uma cidade relativamente pequena [...] e pobre, sim, mas onde não havia sequer um menino pedindo esmola; onde todas as famílias podiam ficar na frente de casa à noite, ou jogando dominó; os meninos brincando e as mulheres conversando, um ambiente de total tranquilidade [...] Com a política de ocupação da Amazônia, favorecida pelos incentivos fiscais escandalosos, levaram àquela terra muitos "sedizentes" proprietários de terra, porque na maioria dos casos houve grilagem, ou investidores que não eram investidores. Então, a população que ainda restava nas matas foi forçada, ou por falta de oportunidade de trabalho, ou até ameaçada pelos que financiavam jagunços e, inclusive, contratavam a polícia daquele lugar. A população do interior se deslocou para Rio Branco. Então tivemos bairros inteiros de seringueiros, sem trabalho, sem condições de

---

[245] As revelações de Dom Moacyr à CPI do narcotráfico: um passado sombrio de um Acre não tão distante, 8 jul. 2019, n. 9866, p. 6.

vida para seus filhos, para seu futuro. É nesse tempo que começa a crescer a problemática da violência, ligada, mais tarde, à droga.

Em seguida relatou o caso da truculência do Hildebrando Pascoal e de como amedrontava, não somente a população, mas, inclusive, as autoridades. Diante disso, reuniram-se as autoridades máximas do estado com relação à segurança pública. O então deputado Hildebrando entrou na sala e afirmou, diante de todos:

> Eu matei o assassino do meu irmão e quem tentar me impedir será morto também. Nenhuma das autoridades teve a coragem de resistir ou reagir. [...]. Fui então falar com o Comandante do Exército e ele me disse: "Dom Moacyr, primeiro de tudo o Exército, pela Constituição, não tem essa finalidade, mas se quiséssemos, por necessidade reagir, nós não conseguiríamos enfrentar a Polícia. Nós temos soldados recrutas, armas velhas mais para treinamento e falta de treinamento". Então, dizia-me o doutor Arquelau: "A sociedade acreana é refém do deputado Pascoal e de seus colaboradores. [...] O Acre, realmente, creio que ainda é refém desses homens. O clima é de medo, é de terror generalizado".

Dom Moacyr relatou ainda outras violências e assassinatos relacionados ao deputado. Quando o médico estava fazendo autópsia no corpo do irmão do Pascoal, ele invadiu o Instituto. O médico informou que não podia admitir ninguém no recinto, que o seu trabalho era técnico. Nesse momento, o deputado pôs o revólver na cabeça do médico e disse: "Faça o trabalho e já".

Face à violência, à impunidade e aos assassinatos, a Igreja de Rio Branco tomou uma decisão drástica: houve um evento memorável, em 1987, denominado *Dia de Luto, de Oração e Jejum*, ao qual aderiram diversos membros da magistratura, do governo, das pastorais, reunidos na residência de Dom Moacyr. Decidiu-se uma coisa rara na Igreja Católica: a suspensão da missa em um dia de domingo, de comum acordo. Não houve missa em nenhum lugar como protesto, como sinal de luto. Entendia-se que, onde se mata uma pessoa impunemente, não se tem o direito de celebrar a eucaristia. Seguiu-se um ato público com 5 a 6 mil pessoas, exigindo que as autoridades tomassem uma providência. O povo foi convidado a se concentrar em frente à Catedral. Foi uma maneira forte, destemida, de a Igreja e a sociedade protestarem contra a violência.

A CNBB também repercutiu o fato publicando o fechamento das igrejas, colocação de uma tarja preta de luto nas portas e convite aos cristãos para um tempo de jejum, oração e reflexão sobre as causas e consequências da violência e da pior delas: que é a injustiça social. Convidava, em primeiro lugar, cada um a tirar as próprias violências que cultivava em seu coração. Terminava recordando a passagem do Evangelho: "Felizes os pacíficos".[246]

O povo simples, perseguido, ameaçado, recorria a Dom Moacyr: "Pessoas apavoradas, transtornadas vêm à minha casa ou pedem que eu as procure num lugar não conhecido, porque têm medo de serem assassinadas e querem fugir não só do Acre, mas do Brasil".

Graças a esse clima de terror instaurado na região, capitaneado pelo deputado Pascoal, afirmava Moacyr: "Já se criou, assim, uma espécie de mito, que o deputado consegue achar e matar em qualquer canto do Brasil. Um verdadeiro terror, essas pessoas, a pessoa, a família, e muitas vezes eu não sabia o que fazer. [...]. Somos reféns dessas pessoas. Não existe o estado de direito no Acre [...]".

---

[246] CNBB. Continuar Campanha da não violência. CM, n. 414, p. 1310.

A influência do deputado aumentou quando o seu primo, Aureliano Pascoal, se tornou comandante-geral da PM:

> Aureliano Pascoal, primo do nosso deputado, passou de major a coronel em dois anos e feito comandante-geral da PM, por influência política de Hildebrando Pascoal. Dessa forma a organização de Hildebrando tornou-se senhora da PM, através do COE: da PH, que é aquela polícia interna; do controle da penitenciária, de assassinato, torturas, tráfico.

Moacyr esclareceu que se tentava também controlar a mídia, os jornais. Ele tinha muita gente bem conhecida, amiga, mas que não se atrevia a publicar certas matérias:

> Eu pedia: "publiquem, pelo amor de Deus, pelo menos isso. Ele dizia: tenho três, quatro, cinco, seis filhos para sustentar, Moacyr. Você não tem nenhum". Então, ele achava que estava sendo corajoso, porque não tinha risco, né?
>
> Mas era assim, os jornalistas mais de uma vez também vieram à minha casa, apavorados e assustados, com medo de morrer, querendo que eu os ajudasse a fugir.

Dom Moacyr denunciou muitas outras violências, impunidades, diminuto efetivo da Polícia Federal, a circulação de cocaína, fortunas ilícitas inexplicáveis. Para esse último tema sugeria:

> Esse ponto poderia ser analisado com o envio de alguns auditores da Receita Federal, para verificarem algumas fortunas acreanas ostensivas e até espalhafatosas. […]. Alguns policiais, comenta-se, ganhando pouco, em regra são mal remunerados, apresentam sinais ostensivos de rendas ocultas, que também deveriam ser investigadas.

Lembrava aos membros da CPI que a história das violências e das drogas é algo que vem de longa data. Expôs casos concretos de violência, prisões, torturas, mortes com métodos cruéis. Parentes das vítimas recorriam a ele para que as ajudassem. Dom Moacyr afirmava que muitos daqueles eventos tinham por detrás o grupo de extermínio de Hildebrando Pascoal. Ele citou para a CPI mais de uma dezena de casos. Explicou ainda que muitos dos que queriam pedir-lhe ajuda não queriam seus nomes publicados, por medo de serem perseguidos. Dom Moacyr relatou ainda o conteúdo de algumas cartas que recebera:

> Sabemos de muitos crimes praticados pelo grupo gerenciado pelo deputado coronel Hildebrando, e acredito que se as autoridades quiserem podem investigar e conseguir várias provas que incriminem esse facínora. Sei da existência de um cemitério clandestino nas imediações do município de Senador Guiomard. É um local conhecido como "Poço das Rosas", que fica sob domínio da família Pascoal. Há, ainda, a prática da desova de corpos no igarapé Iquiry. […] A prática do grupo do deputado Hildebrando em atacar delegacias de polícia, executar presos sumariamente, libertar traficantes e a esses dar garantias é tida e reconhecida por toda a população. Assim como é de sua ciência que quem fala morre.

Muitos dos traficantes tinham os muros de suas casas pintados com propaganda política do deputado. Propriedades do político se estendiam pelo ramal Mulungu, à esquerda da BR que liga Rio Branco a Plácido de Castro e vai à fronteira com a Bolívia. Isso facilitava a circulação das drogas sem serem molestados.

Não eram poucos os que temiam pela vida de Dom Moacyr e de outros que tinham a coragem de enfrentar esse "criminoso", como era conhecido. "O risco de assassinatos de autoridades é sério, caso a cassação ocorra realmente, como aliás todos esperamos", afirmava uma pessoa próxima de Dom Moacyr que, por precaução, desejava manter anonimato.

Outras pessoas, ao tomarem conhecimento do depoimento de Dom Moacyr à CPI, fizeram chegar até ele dados e informações sobre as violências e o crime organizado e os conluios entre várias autoridades do estado.

Dom Moacyr informou também aos parlamentares outra notícia que merecia, dizia, pelo menos, ser investigada:

> É uma denúncia prestada por alguns dos ex-prisioneiros, ex-detentos, de que o coronel Hildebrando foi quem pessoalmente dirigia a caminhoneta [...] que deu fuga pela porta da frente a Darly e o seu filho, assassino de Chico Mendes, durante o governo de Romildo Magalhães. O cuidado na participação do próprio coronel teria sido de garantir que Darly chegasse são e salvo ao seu destino, pois o preço da empreitada, que teria sido paga por alguns fazendeiros, que não queiram que Darly falasse quem lhe pagou para que mandasse matar Chico Mendes, foi bastante elevado. Como o coronel Hildebrando não era e não é parado em nenhuma barreira policial, ele mesmo foi dirigindo a caminhonete que conduziu Darly para fora do estado.

Ao tempo em que Dom Moacyr fez o seu depoimento em Brasília, seus amigos do Acre informavam que continuavam sob o clima do medo. Dizia-se que o pessoal ligado ao deputado denunciado estaria ajuntando pistoleiros a praticarem violências como forma de vingança com tudo o que vinha ocorrendo. "A Polícia Civil e a parte boa da PM do estado do Acre não têm condições reais de enfrentar um grupo paramilitar bem armado – as armas estariam sendo fornecidas pelos traficantes colombianos – dispostos a tudo", afirmavam.

Há outras correspondências a Dom Moacyr citando fatos e denunciando o mafioso deputado, que se desfazia de seus adversários com mortes brutais. Não tinha pudor em informar as formas de tortura que utilizava, sempre com o objetivo de intimidar a população, as famílias, as instituições e a imprensa. E diz uma carta enviada ao bispo:

> a propósito, ele tem uma divisa irregular, dada pelo então ex-governador Romildo Magalhães: subiu irregularmente do posto de tenente-coronel para o posto de coronel, uma divisa fraudada. Bem que poderia ser tirada essa divisa dada irregularmente a um bárbaro, a um mafioso, a um criminoso.

Afirmava que o coronel extorquia os soldados e os castigava com surras, ambiente que ocasionou vários suicídios no quartel.

Ao final de sua fala, Dom Moacyr esclareceu:

> Só queria dizer que toda essa avalanche de informações dolorosas eu as faço com profunda dor interior [...] faço isso porque por vinte e seis anos eu vi mães e pais de famílias desesperados na minha frente, porque vi corpos torturados. Vi um moço que trabalhava lavando carro na minha frente, que eu sei que é inocente, ser decapitado estupidamente. [...] Vi uma imprensa amordaçada; autoridades, as máximas autoridades do meu estado, incapazes de reagir. Vi uma população que não podia viver a cidadania, principalmente os pobres. [...] Eu quis dar essa pequenina contribuição para essa luta gigantesca que a CPI está iniciando e que, creio, deverá ser assumida por

IV – Serviço pastoral em Rio Branco (1973 a 1998)

todos nós. Eu fico pensando na juventude destruída neste país por meio das drogas, que é o ninho da violência mais horrível, e a política.[247]

Essa denúncia que o bispo fez na Câmara dos Deputados contra o deputado pelo Acre Hildebrando Pascoal foi um dos fatos mais marcantes em sua trajetória. Ele reuniu muita matéria a ser exposta no Congresso, em Brasília. O promotor de Justiça Cosmo Lima de Souza, ao saber que Dom Moacyr iria depor à CPI do narcotráfico em Brasília, forneceu informações sobre o possível sucessor de Hildebrando Pascoal [...] que já era suplente. Dizia que, caso seja o sucessor de Pascoal, será para vergonha do povo acreano... se este viria a ser cassado pela Câmara dos Deputados.[248]

Moacyr foi intimado, no dia 25 de novembro de 2003, a comparecer à Auditoria Militar Estadual, em Porto Velho para dar o seu depoimento relativo à CPI no dia 2 de dezembro de 2003, como testemunha qualificada. Arguido pelo Juiz, respondeu:

> Eu confirmo integralmente as declarações prestadas à CPI do narcotráfico. [...] Eu fui bispo pastor da Diocese de Rio Branco, no Acre, por vinte e seis anos. Esses fatos, sobe os quais falei na CPI, tiveram início quando foi assassinado o irmão do deputado Hildebrando Pascoal, o Itamar. A pessoa que acompanhava o assassino de Itamar teve seus braços amputados com motosserra, ainda vivo. Depois de vilipendiado, foi atirado na frente da televisão *A Gazeta*, para ameaçar a população. [...]. Eu também relatei à CPI

---

[247] As informações e citações transcritas são parte do texto exposto por Dom Moacyr Grechi à CPI do narcotráfico, de n. 0760/99 de 24 ago. 1999, à Câmara dos Deputados em Brasília. Arquidiocese de Porto Velho. Arquivo/Cúria. Papéis avulsos.

[248] Arquidiocese de Porto Velho. Arquivo/Cúria, Papéis avulsos.

que ofereceram cinquenta mil reais pela captura do assassino de Itamar, num cartaz de "Procura-se" e o telefone para contato era de Hildebrando Pascoal. Um outro episódio, digno de nota, aconteceu por ocasião da autópsia do Itamar Pascoal, pois o doutor Queiroz, segundo me disse, foi obrigado, sob a mira de um revólver, a realizá-la na presença de Hildebrando Pascoal. [...]. Eu fiquei estarrecido com o relato que me fez o desembargador Arquelau Castro dessa reunião, pois retratava fielmente o quadro de impunidade que se estabelecera no estado do Acre, pois as mais altas autoridades da Segurança Pública e da Justiça estavam reunidas e ninguém prendeu esse homem, que entrou na sala chutando a porta e ameaçando matar que interpusesse em seu caminho.

O epílogo desse horrível episódio foi a cassação do deputado e a condenação a mais de cem anos de prisão.

Dom Moacyr sentia-se na obrigação de alertar as autoridades sobre diferentes temas da sociedade brasileira, sobretudo os que afetavam os direitos fundamentais dos cidadãos.[249]

17. Novas expressões de vivência cristã

Na década de 1990, surgiram novas expressões da vida eclesial e da presença da Igreja. Podemos citar o Encontro de Casais com Cristo (ECC). Não foi fácil conseguir uma ajuda para criar o ECC. Os buscadores encontraram apoio em Goiânia e um casal

---

[249] CNBB. Carta ao presidente da República, Luís Inácio Lula da Silva, expressando a posição do episcopado na questão dos atingidos por Barragens. CDI Doc n. 2113, Brasília, 2004; CNBB. Telegrama ao Ministro da Justiça. CM 324, 1979, p. 968; CNBB. Mensagem ao Presidente da Câmara dos Deputados, CM, n. 278, p. 1204.

de lá veio ajudar em Rio Branco. Em outras regiões do Regional Noroeste, também foram organizados esses encontros. Os visitantes deram vitalidade à vida laical e responderam às necessidades da Pastoral Familiar. Outras pastorais sociais foram implementadas, como a Pastoral Carcerária e a Pastoral da Criança.

Outras formas de vida eclesial também foram acolhidas e atuaram na diocese, proporcionando diferentes estilos de vivência do Evangelho e da espiritualidade: como a Legião de Maria, com o seu trabalho simples, humilde, discreto, mas muito presente nas famílias; o Focolares, com a sua dimensão festiva, jovial, mariana; a Renovação Carismática Católica; Vicentinos e o movimento das capelinhas da Mãe Peregrina e outros. Esses movimentos e as novas pastorais trabalhando, vivendo o Evangelho, sintonizados com os Planos de Pastoral da diocese, manifestam a multiplicidade de rostos da Igreja.

Todos esses movimentos e expressões da vida cristã perseveraram graças ao empenho dos leigos e leigas. Eles se tornavam dinamizadores da vida cristã à medida que viviam a fundo o Evangelho, realizavam trabalhos em sintonia com as diretrizes da Igreja e estavam abertos ao novo.

Desde o início da década de 1960, movimentos de leigos desempenharam um papel importante na transformação da Igreja. Antes mesmo de surgir a Teologia da Libertação, estes movimentos progressistas já haviam iniciado um debate acerca dos principais temas que seriam sistematizados pela nova reflexão teológica.[250]

---

[250] Berkenbrock, V. et al. A Igreja Católica e as questões sociais e políticas no Brasil (1950-1960), p. 334.

A caminhada ia apontando novos rumos, correção dos erros. Um catolicismo social, mais engajado, imerso na cultura, na economia, na política. Diríamos, hoje, iluminados pelo Papa Francisco, de uma fraternidade social. Tratava-se de viver uma espiritualidade libertadora, que redundava também numa educação libertadora que ajudava a viver atentos, de olhos abertos e compreender a realidade.

Todas as expressões de espiritualidade, as pastorais, os movimentos só têm sentido se caminham juntos, iluminados pelas fontes da Palavra de Deus (Bíblia), da realidade do povo, do cotidiano das pessoas e da unidade pastoral.

18. Catolicismo social

A Igreja na Amazônia desenvolveu a sua ação evangelizadora basicamente em duas vertentes: o anúncio da Boa-Nova, a formação das Igrejas locais, administração dos sacramentos; e a realização concreta de obras que respondiam às necessidades básicas do povo, num momento em que o poder público não conseguia atender. A Igreja respondia ao desafio apontado por Mateus no capítulo 25: tive fome, estive preso, estive nu, fui analfabeto, estive doente etc., e você me socorreu. Assim, a Igreja do Acre e Alto Purus, desde a sua constituição, esteve preocupada em atender os pobres, como apontava a prioridade de Medellín. Viu que o povo estava analfabeto; viu que estava doente; viu que estava discriminado (hansenianos); viu que necessitava agrupar-se para defender os seus direitos básicos (sindicatos); viu que precisava socorrer o meio ambiente (RECA)... E foi respondendo proficamente a esses apelos.[251]

---

[251] Pertíñez Fernández, J. Duas pérolas; Pertíñez Fernández, J. Dois sinais dos céus. Duas comunidades para salvar vidas. Arco Iris / 25 anos. Estrela da Manhã 10 anos.

— IV – Serviço pastoral em Rio Branco (1973 a 1998) —

Contando com a colaboração de leigas, leigos, voluntários e, sobretudo, das Irmãs Servas de Maria Reparadoras nos inícios, e depois de outras congregações, foi possível abrir escolas, hospitais, centros sociais, associações.

Na década de 1950 e 1960, a Igreja desenvolveu inúmeras obras sociais na região do Acre e Alto Purus.[252] Era urgente enfrentar essa realidade. O prelado, padres, religiosas, voluntários/as devotaram-se à educação fundando muitas escolas. Os mais abandonados e marginalizados foram contemplados com essas obras sociais. Entre elas também está a atenção aos hansenianos, um grande contingente na região, tratados na Colônia Souza Araújo. Uma grande obra social no campo da saúde foi a construção do Hospital Santa Juliana. A Igreja ia descobrindo a urgente necessidade de encarar com audácia o estado precário em que vivia a população. Ao mesmo tempo, fazia pressão para que o Estado também avançasse nas políticas públicas de proteção aos mais vulneráveis.

Hospital Santa Juliana

Não só a Igreja do Acre e Purus, mas praticamente todas as prelazias e dioceses da Amazônia socorreram o povo com obras sociais como escolas e hospitais em regiões onde as ações do Estado não chegavam. No artigo de Frei Betto aludido acima, ele descreve a ação da Igreja em alguns locais da prelazia: "Visitei as irmãs que tomam conta do único hospital de Xapuri, cidade de 3 mil habitantes. É graças a elas que esse hospital continua funcionando. [...] O hospital Santa Juliana, em Rio Branco, também é iniciativa da prelazia e considerado o melhor da região e onde os pobres são atendidos com interesse e respeito".[253] A Fundação Marcelo Cândia

---

[252] Pertíñez, J. História da Diocese de Rio Branco. Parte II, Obras Sociais.
[253] Christo, Alberto Libânio (Frei Betto). O canto do Galo, p. 247.

aparelhou o hospital com UTI, centro cirúrgico e apartamentos.
O hospital tinha a obrigação de atender 25% de pessoas pobres.

Colônia Souza Araújo

A prelazia e a diocese zelaram muito no atendimento aos hansenianos, ditos na região "doentes de pele". Existia ali a casa Souza Araújo, que acolhia essas pessoas e suas famílias. Aprazia a Dom Moacyr visitar o estabelecimento. E, com muita frequência, ele levava ou era acompanhado por pessoas da esfera do governo e da prelazia para encontros, reuniões, dias de retiros e confraternizações.

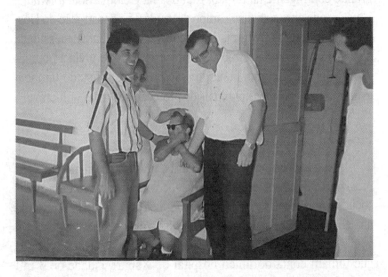

Dom Moacyr no Souza Araújo com Maria Salustiana (Salu), Jorge Viana, irmã Inês e doutor Furtado.

O mais sofrido para essas pessoas não era tanto a doença em si, mas o confinamento a que a sociedade de então lhes impunha. Eram realmente discriminadas. A Igreja tentou romper esse isolamento e estabelecer laços de diálogo entre a sociedade e a comunidade.

— IV – Serviço pastoral em Rio Branco (1973 a 1998) —

Ficou marcante o relato de Sebastião Fernandes da Silva,[254] conhecido como Sebastiãozinho. Ele descreve o seu itinerário de vida como hanseniano; a dura exploração do ser humano tanto nos seringais como nos primórdios da Casa Souza Araújo (Hospital de Dermatologia Sanitária). Só melhorou no governo de José Guiomar e depois quando passou aos cuidados da prelazia, em 1967. Recebeu muita atenção com as voluntárias vindas da Itália, assim como recursos. "Agora estão as Irmãs Josefinas que são peças importantes em nossas vidas. Dom Moacyr, o bispo da Prelazia do Acre e Purus, está sempre nos visitando e rezando missa. É outro que muito tem feito por nós", relata Sebastiãozinho.

Em março de 1977, chegaram as Irmãs Josefinas, para responder à necessidade da prelazia, que tinha dificuldades de encontrar pessoas dedicadas totalmente ao serviço do hospital. A comunidade religiosa foi formada por cinco irmãs que ajudavam na administração do hospital e na espiritualidade dos pacientes. Em 2000, houve uma grande reforma nas instalações da Souza Araújo, tornando aquele espaço mais humanizado e acolhedor. A partir de então, passou a ser chamado Casa de Acolhida Souza Araújo.

Irmã Fátima, Jorge Viana, Dom Moacyr, Angelim e irmã Joanice – 2016.

---

[254] Arquidiocese de Porto Velho, Arquivo/Cúria. Papéis avulsos.

Comunidade Terapêutica

A iniciativa de se criar a Comunidade Terapêutica partiu de dom Moacyr. Com a ajuda de parcerias, em recurso e pessoal, foi possível concretizar o Projeto. Teve relevante apoio do *Projeto Uomo* e do *Centro de Solidariedade de Lucca*, Itália. D. Moacyr liderou uma comitiva que foi à Itália, composta por ele, pelo prefeito Jorge Viana, os padres Mássimo Lombardi e Luiz Ceppi, a vereadora Francisca Marinheiro. Lá conheceram o funcionamento desse tipo de atendimento, que os levou a realizar algo semelhante em Rio Branco.[255]

Caminho Aberto, Beija-flor, Escolinhas

Várias outras iniciativas tiveram lugar, atingindo as fímbrias da sociedade, lá onde muitas vezes nem o poder público nem as pastorais eclesiais chegavam. Foram criados projetos sociais como o *Caminho Aberto*, para acolher dependentes químicos e *Beija-flor* para crianças de rua. Outro significativo projeto foram as *Escolinhas* para as crianças até os 5/6 anos, que funcionavam em espaços exíguos, mas atendiam às necessidades das famílias das periferias facilitando que os pais/mães trabalhassem.

Escolas

Várias escolas de ensino básico e médio da prelazia foram obras da Igreja. Frei Betto conheceu algumas escolas da prelazia e afirma:

> O único colégio de 2º grau do município de Xapuri é obra da Igreja. [...] O único colégio de segundo grau do município de Sena Madureira está entregue a uma congregação

---

[255] Pertíñez Fernández, J. Duas Pérolas, p. 19.

— IV – Serviço pastoral em Rio Branco (1973 a 1998) —

religiosa. Os colégios tradicionais de Rio Branco, capital com cerca de 60 mil habitantes, são obras da Igreja. [...] Em Boca do Acre muitos jovens foram educados pelo patronato mantido pelos religiosos Servos de Maria.[256]

O que o bispo desejava era que essas escolas tivessem atuação bem participativa, acolhessem os pobres, estivessem próximas das famílias e adotassem o modelo pedagógico proposto por Paulo Freire. Em Porto Velho, sempre deu muito apoio à Escola Maria de Nazaré, conseguindo recursos junto à Fundação Marcelo Cândia.[257]

Em Porto Velho, Dom Moacyr continuava preocupado com as questões sociais. Ganhou relevância a instalação de uma unidade de saúde oncológica. Dom Moacyr foi a Brasília com o doutor Henrique Prata pedir apoio. Convidava promotores públicos, advogados para reforçar esse projeto. Via que o Estado não tinha muito interesse. Os esforços culminaram com o Hospital de Amor da Amazônia, com laços com o mesmo centro médico de Barretos/SP. Gostava de visitar o Hospital de Amor! Era sempre bem recebido e admirado pelos médicos, enfermeiros e funcionários.

---

[256] Christo, Alberto Libânio (Frei Betto). O canto do Galo, p. 247.

[257] Marcelo Cândia (1916-1983) foi um industrial italiano que investiu seus bens em inúmeras instituições sociais, sobretudo na África e no Brasil. Veio morar no Brasil em 1965. O Vaticano lhe concedeu o título de *Missionário*. Em uma das paredes de sua casa pôs a inscrição: *Você não pode compartilhar o Pão do Céu, se você não compartilhar o pão da terra*. E afirmava: "Eu não sou nada. Eu sou apenas um humilde instrumento da Providência". João Paulo II o declarou *Servo de Deus*. Abraçou a causa de Madre Teresa de Calcutá, de quem era amigo. Dom Moacyr, muitas vezes, o invocava no final da missa.

19. Contato com famílias, pessoas necessitadas, pobres

A irmã Marinella Brizzi relata que conviveu muito com Dom Moacyr. Ela destaca vários aspectos da vida e missão dele: deu continuidade ao trabalho de Dom Giocondo; procurou uma formação de qualidade à luz de Medellín e Santarém, tanto para o clero, quanto para as Comunidades de Base; esteve atento às periferias; visitava seguidamente as comunidades e o interior; solidarizava-se com os perseguidos; denunciava a falta de ética na política; as suas homilias eram bem dinâmicas; devoto de Maria; sintonizado com o caminhar da Igreja Latino-americana.

Realizar obras de misericórdia é seguir a fundo o Evangelho. Essas ações evangélicas, pastorais, de solidariedade, colocam a pessoa em contato com as realidades sofridas dos seus semelhantes. A assertiva de Dom Luciano Mendes é bem pertinente na vida de Dom Moacyr: "os pobres nos evangelizam". Vejamos alguns testemunhos de pessoas que foram muito tocadas e até revividas com a presença de Dom Moacyr em suas vidas. Nele encontraram um arrimo, esperança, sentido para viver.

Dona Mara Odete tem uma grata lembrança de Dom Moacyr, pelo muito que ele se interessou por ela:

> Quando o Dom Moacyr mandou me buscar em Boca do Acre eu tinha 11 anos de idade, desses 11 anos até 23 anos quem cuidou de mim foi o Dom Moacyr. O que ele fez por mim nem a minha família foi capaz de fazer. As irmãs de Boca do Acre disseram para o bispo que eu estava abandonada. Então, ele pediu para o Pe. Manuel, pároco de Boca do Acre, ir me buscar.... Lá na casa (do bispo) a irmã Inês foi cuidar de mim porque estava com a cabeça

IV – Serviço pastoral em Rio Branco (1973 a 1998)

> cheia de piolho, me deu banho... Dom Moacyr deu ordem na portaria para que ninguém dissesse meu nome... Todo dia lembro de rezar pela alma dele; muito brincalhão... Nunca, nunca ele me negou nada. Vim morar aqui na Colônia em 2009, quando amputei a perna... Dom Moacyr para mim foi mais do que um pai. Agradeço a Deus no céu e a Dom Moacyr na terra. Porque se não fosse ele, eu não existiria mais, teria morrido... Dom Moacyr foi em Boca do Acre encaminhar minha documentação no INSS, para eu mesma pegar minha aposentadoria aqui.[258]

Muitos dos socorridos por Moacyr se referem a ele como um pai. Ele foi o bom samaritano que não somente se encontrou com o doente, mas se interessou por ele e o acompanhou:

> Sou do interior do Amazonas, vivia pelos seringais, porque adoeci muito cedo e as coisas se complicaram e tive que procurar ajuda. Em 1990, cheguei até Pauini (Rio Purus, Amazonas) e procurei uma das irmãs. Perguntei se ela podia me encaminhar para fazer um tratamento. Ela disse que ia fazer uma carta para entregar a Dom Moacyr, em Rio Branco e assim foi feito. Logo que a carta foi entregue, veio um táxi aéreo me buscar. Já no dia seguinte fui internado no Pronto Socorro, Pavilhão I. Desta forma, comecei meu tratamento aos 41 anos de idade. Passei três meses lá, depois vim pra cá para findar o tratamento, mas foram três anos. A doença estava bem avançada, deu várias cruzes. Fiquei aqui e ele sempre vinha nos visitar. Isto não foi só comigo, mais com vários pacientes com hanseníase que passaram neste hospital e no hospital de Base. Dom

---

[258] Depoimento de Maria Odete Lima da Cruz.

Moacyr foi um pai para nós. Hoje estou com 75 anos de vida e 34 aqui na Souza Araújo.[259]

Maria Auxiliadora, conhecida como Dora da Catedral, relembra o que significou para ela o contato com Dom Moacyr. De como eles (Guilherme e Auxiliadora) fizeram parte de sua história e ele da vida deles:

O Dom era brincalhão, seu humor era sério, mas nos encantava. Falava com todos e se preocupava com seu rebanho. Os pobres e necessitados faziam filas em sua porta, nos dias a eles dedicados, aliás se procurasse ele sempre dava um jeito de cuidar. Dificilmente alguém saia sem solução. Suas homilias são inesquecíveis, falava da igreja doméstica e sempre tinha uma historinha que nos fazia gravar melhor ainda a mensagem. Quando fiquei grávida da minha primeira filha, a Valéria, somente por um milagre viveu. Ele nos visitou em casa e ela estava no hospital, pedi que batizasse. Ele foi lá e mandou me dizer que deu apenas uma bênção, pois ela tinha vida nos olhos e ia viver e, por carinho a apelidou de defuntinha... kkk. Hoje ela tem 43 anos e é um anjo em minha vida!... Uma vez, quando as perseguições a ele estavam muito grandes, eu e meu esposo o encontramos no bairro José Augusto e ele nos deu uma carona, ele estava sozinho no seu famoso jipe. Ele disse ao Guilherme; hoje minha vida não vale um tostão furado!... Nas missas de Natal ele sempre pedia a encenação do nascimento de Jesus. E a Base sempre fazia. Em dezembro de 1977, ano que conheci o meu marido, eles encenavam o nascimento de Jesus e a moça que faria Maria desistiu; aí me convidaram e

---

[259] Depoimento de Élcio Inácio da Silva.

IV – Serviço pastoral em Rio Branco (1973 a 1998)

eu fui ser a Maria e o Guilherme, Herodes. Dom perguntou que história é essa Maria, namorando rei Herodes... kkkk. Transcorridos quarenta e cinco anos, aproximadamente, viúva há quase dois de um matrimônio quase testemunhado por ele e abençoado, pois ele conhecia as nossas histórias e sem meu amado filho Rodolfo que partiu há três anos e no dia 22 de março data que completou três anos o pai dele partiu, ficaram preciosas lembranças, que o tempo não vai conseguir apagar dos nossos que corações. Nós fizemos parte de sua história e ele da nossa. As Comunidades Eclesiais de Base e tudo que vivemos nos deu a base para tudo que sou hoje, uma humilde discípula que continua servindo e aprendendo a cada dia![260]

Quem conviveu mais intimamente com ele destaca também o apoio que recebeu de grandes lideranças eclesiais brasileiras:

Quem estava muito atento e procurava Dom Moacyr era Dom Antônio Possamai, este inclinou o ouvido para as angústias do bispo durante todos aqueles terríveis momentos. Um tornou-se confessor do outro. Em nível nacional, falava com alegria do apoio de Dom Lucano Mendes de Almeida e comentava que sempre o procurava para conversar. Com menos frequências se comunicava também com Dom Aloisio Lorscheider, Dom Paulo Evaristo e Dom Ivo Lorscheider.[261]

---

[260] Depoimento de Maria Auxiliadora N. Souza (Dora da Catedral).
[261] Depoimento de Ir. Fátima Gonçalves.

Dom Antônio Possamai e Dom Moacyr Grechi.

Vera e Elpídio tiveram uma trajetória de vida que os levou de Minas Gerais ao Paraná e do Paraná ao Acre. E foram muitas as experiências, alegrias e preocupações:

> Dom Moacyr foi um pai, um enviado de Deus na minha vida. Somos família mineira, mas ainda adolescentes fomos para o Paraná. Mas, depois nos mudamos para Xapuri, Acre. Eu estava doente. Fomos pra igreja porque o bispo ia rezar a missa, e o meu marido foi conversar com Dom Moacyr. Falou pra ele do meu estado de saúde. Ele me chamou e disse: "Menina, agora vou ser seu pai, a partir de hoje você tem um pai aqui no Acre". Nessas palavras senti uma força tão grande que saí da igreja bem melhor. Cheguei em casa e parecia outra pessoa. Assim conheci o bispo de Rio Branco.
>
> Tínhamos uma colônia em Plácido de Castro e, também a igreja ficava muito longe para participar. O meu marido disse: "sabe, Nega, vou abrir uma igreja aqui, vou lá em Plácido de Castro para ver como deve fazer". Quando chegou em

— IV – Serviço pastoral em Rio Branco (1973 a 1998) —

Plácido estava acontecendo uma formação para monitores e Dom Moacyr estava lá. Voltou numa alegria só, pois tinha participado da formação e já era monitor, e organizamos a comunidade. Passaram-se mais de 7 anos quando sofreu um acidente. Faltavam 4 km para chegar em Plácido, quando o carro capotou, meu Nego estava na carroceria.[262]

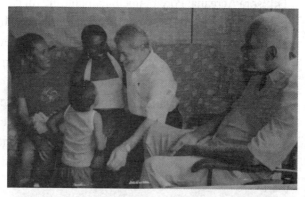

Luiz Inácio Lula da Silva visitando a família de Vera e Elpídio.

Pe. Luís Ceppi, irmã Teresinha (com camiseta da festa dos 25 anos de episcopado do Dom Moacyr, 21 out. 1998), Dom Moacyr, Elpídio e Vera, sua esposa. Dom havia machucado o tornozelo e passou um mês na cadeira de rodas.

---

[262] Depoimento de dona Vera Lúcia Guimarães de Souza.

211

Fomos para Rio Branco para ver se conseguia um tratamento melhor pra ele. No domingo seguinte fui à missa. Quando terminou, saí ao encontro de Dom Moacyr para avisar aos amigos de Xapuri sobre o acidente. Ele ficou triste e lamentou por não ter sido informado antes da missa, para rezar e avisar durante a missa transmitida pela Difusora Acreana. Porém, imediatamente ele foi na Rádio e deu o aviso. A partir daquele momento, Dom Moacyr assumiu o meu Nego como se fosse filho dele. Levou o Doutor Tião Viana lá e disse: "Cuida dele pra mim, cuida dessa família como estivesse cuidando de mim". E o doutor Tião, quando não ia, telefonava para saber do meu Nego. Isso era todos os dias. Um dia, meu Nego estava ruim, fui pra missa sentei lá triste. Quando o Dom me viu, veio perguntar como estava meu Nego. Devido ao acidente ele passou 14 anos na cadeira de rodas.[263]

Hoje, a Unidade de Saúde, localizada no bairro Defesa Civil, recebe o nome de Elpídio Moreira Souza.

Outra pessoa que recorda a fraternidade e a solidariedade que moviam o bispo é a senhora Maria das Graças, mais conhecida como Maria da Casa do Bispo. Ela trabalhou mais de dois anos na casa episcopal, com Dom Giocondo, e continuou ali, até o dia da mudança de Dom Moacyr para Porto Velho-RO. Ela relata:

> Conheci frei Moacyr ainda como superior dos Servos de Maria, uma pessoa que sempre tratou a gente muito bem. Andava de batina, depois aos poucos foi tirando a batina. Comecei a trabalhar no "palácio do bispo" com o Dom

---

[263] Depoimento de dona Vera Lúcia Guimarães de Souza.

— IV – Serviço pastoral em Rio Branco (1973 a 1998) —

Giocondo e continuei até 1998, quando frei Moacyr foi transferido para Rondônia.

A casa dele era aberta para todo mundo, muito acolhedora, principalmente com os mais pobres. Tratava as pessoas com respeito, mas alegre, brincalhão, podia ser rico, pobre sempre olhava com dignidade. Frei Moacyr mandou muita gente para fora do estado para tratamento de saúde e para estudar, não se tem ideia de quantas pessoas. Inclusive, a Marina (Silva) foi uma que ele cuidou. Mandou para São Paulo para descobrir o problema de saúde dela.

O Dom Moacyr conseguiu casa para muitos pobres em Rio Branco. Todos os dias tinha plantão na casa dele para atender os pobres da cidade e principalmente os do interior. Eram muitos os doentes e também pessoas que vinham pedir ajuda para se livrar da opressão social, política e econômica. Frei Moacyr foi um pai para os mais pobres no Acre.

Momento muito tenso que passamos [foi] quando começaram as ameaças de morte. A casa dia e noite com seguranças.[264]

---

[264] Depoimento de Maria das Graças.

Maria das Graças

Uma marca que distinguiu o pastoreio de Dom Moacyr foi a sua compaixão. O fato a seguir ilustra bem. Certa feita, ficou comovido com uma senhora muito enferma, com tétano, por ter pisado num prego. Proferiu sobre ela a bênção de Arão[265] e traçou o sinal da cruz sobre a perna da mulher enquanto Ir. Fátima entoava o canto *Basta que me toques, Senhor*. A mulher sorria e chorava ao mesmo tempo. Passado um ano, fortuitamente, Ir. Fátima se encontra com a mesma senhora que lhe diz:

> Sou Terezinha Gomes Martins. Desde o momento da oração de Dom Moacyr e irmã Fátima, comecei a melhorar tão rapidamente que chamou a atenção de todos os doentes lá da enfermaria, como também do médico, e com três dias recebi alta. Graças a Deus! Quando Dom Moacyr colocou

---

[265] Livro dos Números 6, 24-26: O Senhor te abençoe e te guarde. O Senhor faça brilhar sobre ti a sua face e te seja propício. O Senhor volte para ti o seu rosto e te dê a paz.

as mãos na minha cabeça senti uma força que parecia se movimentar dentro de mim, da cabeça aos pés. Senti calma e neste momento tive a certeza de que estava sendo curada. Graças a Deus! Lá tinha um enfermeiro muito bom que me dava apoio.[266]

Esse fato e outros faziam Dom Moacyr repetir seguidamente: "Fatinha do meu coração, os pobres nos superam em tudo, até mesmo na fé!".

20. Visitas Pastorais

Moacyr visitava as poucas, mas extensas, paróquias da prelazia para escutar as pessoas, seus problemas e suas preocupações, sobretudo quando iniciaram os violentos conflitos dos latifundiários e compradores de terra contra os desprotegidos seringueiros, que havia anos viviam e trabalhavam nessas regiões, relata o Pe. Mássimo Lombardi.

Visitar o seu rebanho é uma das mais importantes atividades de um pastor. No Acre e Purus, adquiriam profundas vivências, tanto por parte do bispo como por parte das comunidades eclesiais. Boa parte dessa itinerância evangélica se fazia por canoa, pelos rios, e outras no lombo de cavalgaduras. Algumas de carro, por estradas precárias e outras por transporte aéreo. Já no tempo em que Dom Moacyr iniciou o seu trabalho, começam a surgir povoados e cidades sem serem configurados por um rio navegável. Essa era uma característica do interior amazônico, estarem as vilas e cidades situadas ao longo de um rio navegável. Por isso as prelazias eram identificadas por uma bacia hidrográfica. A vida das pessoas era marcada pelo ritmo das águas. A partir dos anos 1960, quando

---

[266] Testemunho recolhido pela Ir. Fátima Gonçalves.

começaram a surgir estradas, os aglomerados urbanos já não eram configurados só por um rio.

Devido à carência de sacerdotes e as condições precárias de mobilidade, essas visitas eram raras. Algumas localidades recebiam poucas visitas durante o ano. Eram chamadas desobrigas, pois toda a comunidade se preparava para batizar as crianças, crismar, realizar casamentos, participar dos sacramentos da reconciliação e da eucaristia, receber as bênçãos e instruções. Quando surgiram as Comunidades de Base e os grupos de evangelização, o atendimento melhorou bastante, assim como a vivência cristã das famílias e das comunidades.

Dom Moacyr realizava com ânimo evangélico essas visitas pastorais. Era o momento para conhecer as famílias, as comunidades e as suas necessidades. Ao final de uma dessas visitas, à Paróquia Cristo Libertador, em maio de 1998 dizia:

Termino a visita pastoral com muita esperança porque percebo um fermento novo. Que estas comunidades possam ser luz para as outras. Percebo que a Paróquia caminha de forma integrada. A integração é um nó vital para a vida e desenvolvimento das comunidades e pastorais.[267]

Os relatos dessas visitas comentam o quotidiano e a cultura das pessoas e famílias. As sucintas informações no relato que segue demonstram o dia a dia das pessoas, costumes, relacionamentos, problemas etc.:

Ela morava no Cumaru. Foi operada do períneo. Nesta casa estavam duas crianças de colo e uma moça só de toalha na sala e ali permaneceu durante toda a visita, sem nenhum

---

[267] Arquidiocese de Porto Velho. Arquivo/Cúria. Papéis avulsos.

tipo de constrangimento, apesar das visitas. A sala era pequena, apertada e uma das crianças estava dormindo numa rede, atada no meio da sala. [...] Depois que dona Yolanda comentou os três abortos que sofreu, Marluce começou a contar um dos partos que fez, considerado um milagre por um médico da cidade de Iñapari (Peru). Aí descobriu-se que ela, Marluce, foi aprendiz de dona Inês, enfermeira italiana que viveu no Acre durante muito tempo. Uma de suas frases na hora dos partos difíceis era: "Temos que falar sério com Deus nessas horas". [...] Maria Vidal de Araújo, uma velhinha, apesar de doente, estava chegando da vertente, onde foi tomar banho. [...] Em todas as casas Dom Moacyr rezou, abençoou, pediu, agradeceu.[268]

Na visita à Comunidade de Manuel Urbano, ele celebrou num seringal e relata: "Eu começava, chegava um e dizia: Bênção vó; outro: Paaaaassa cachorro; outro: Bênção padre...". Na cidade, em reunião com a comunidade, afirmou:

> Eu só queria manifestar a minha aprovação e alegria pela participação de vocês no Conselho. Que o trabalho continue sendo preparado em conjunto, dividindo as tarefas. O papa, quando estivemos em Roma, disse que dada a nossa situação, os leigos sempre têm o seu lugar, mas no nosso caso, na Amazônia, sem os leigos a Igreja para. Nem sempre vocês são valorizados, e padres e freiras não podem levar tudo. Tenho sempre o exemplo da Coreia. Um rapaz que foi estudar na China se converteu, voltou para a Coreia e passaram 300 anos sem padre, nem freira; uma igreja viva, com catequese, celebração, oração. [...] A Igreja de Manuel

---

[268] Visita à Paróquia Nossa Senhora do Perpétuo Socorro. Arquivo/Cúria. Papéis avulsos.

Urbano tem de ser profética, animar a comunidade, mas também denunciar o que não está certo, afirmou.[269]

A viagem à paróquia de Boca do Acre era quase sempre uma epopeia. A cidade podia ser alcançada pelo rio ou estrada, e com qualquer alternativa, era uma aventura. E o bispo dialoga com o povo:

Venho para animar a todos na união. A nossa marca de cristão é o amor e a união. Venho fazer essa visita em nome de Cristo. [...] Só ele pode nos ensinar a perdoar e a servir. [...] Eu vejo os jovens e as jovens de Boca do Acre, eu tenho muitos amigos aqui, vejo a luta de tantos jovens que querem estudar, fazer universidade, mas a maioria não tem chance, com ou sem emprego. Muitos jovens tomam o rumo das drogas, da violência, do desespero. Será que nós devemos deixar correr tudo como está? Estamos num momento privilegiado, o de eleições. Nossa Diocese lançou uma cartilha que fala do pensamento do Giorgio La Pira[270] [que dizia]: "Na minha cidade, uma igreja para rezar; uma casa para amar; o trabalho para ganhar o pão; uma escola para pensar; um hospital para se tratar. Esta é a verdadeira cidade". Como Igreja, manifestem seu amor de cristãos com um voto bem pensado.[271]

Outra visita pastoral de Dom Moacyr foi à comunidade de Xapuri. Sala cheia, com a presença, inclusive, do vereador

---

[269] Visita Pastoral em Manuel Urbano. Porto Velho, RO. Arquivo/Cúria. Papéis avulsos.
[270] Giorgio La Pira (1904-1977). Foi um cidadão italiano de notável saber e de prestígio internacional. Formado em Direito, foi jornalista, escritor, membro ativo da Ação Católica, político e pacifista.
[271] Visita Pastoral à paróquia de Boca do Acre. Porto Velho, RO, Arquivo/ Cúria, Papéis avulsos.

— IV – Serviço pastoral em Rio Branco (1973 a 1998) —

Raimundo Barros e do prefeito Júlio Barbosa e representante do judiciário e da polícia militar. Depois de instantes de cantos e motivações feitas pelo Pe. Luiz Ceppi, Dom Moacyr falou:

Nossa missão é continuar o sonho de Jesus, que é o Reino, que ele cita 90 vezes. [...] O Reino para Jesus é a vitória sobre o mal. O Reino que vence o mal, a dor, a morte. [...] Quem deve continuar a missão de Jesus somos nós. Ele teve a coragem de nos confiar essa missão. [...] Igreja não é coisa de padre, é de comunidade. Xapuri é um exemplo porque, num certo momento, as comunidades se organizaram para que os seringueiros não perdessem seus direitos, não deixar a floresta, fonte de vida, ser derrubada. [...] Eu construo o Reino com a minha esperança, meu trabalho fraterno, não como bispo, não com palestras, nem com artigos, mas com o testemunho. Uma velhinha, no fundo de uma rede, pode ser mais importante para a construção do Reino do que eu.

Ao final, Dom Moacyr agradeceu e disse que se sentia identificado com o povo porque aprendeu com ele a tomar as posições como pastor.

Na visita a Porto Acre, parece que o pessoal estava bem à vontade:

Quando chegamos em Porto Acre, o sr. Manoel tinha matado uma galinha para nós almoçarmos. Na hora do almoço, Dom Moacyr pediu para não o chamarem de mal-educado, mas ele ia procurar a moela da galinha. No final, nos foi oferecido um copo de açaí e uma criança comentou em voz alta: "O bispo e o padre agora vão cagar preto". Depois do almoço, voltamos para Rio Branco.[272]

---

[272] Lombardi, M. Dom Moacyr Grechi, pastor e profeta.

219

Apesar de ser algo prazeroso, essas visitas pastorais tinham também o seu aspecto de aventura. Isso porque, normalmente, eram viagens longas por caminhos precários. Eram também viagens perigosas, pelo fato de Dom Moacyr ser pessoa apontada para morrer. Vejamos alguns desses episódios contados por seu motorista e segurança, Clóvis Gomes Malveira, que trabalhou com Dom Moacyr por 32 anos.

Naquela época era muito perigoso viajar. As estradas só de barro; muita poeira no verão e lama no inverno. Nunca o Dom Moacyr deixou de fazer uma viagem por causa de situação precária das estradas. Às vezes o carro atolava na lama grossa e era puxado, por cabo de aço, por trator, nunca deixamos de chegar ao destino. Uma vez fomos para Assis Brasil, a estrada complicada, muita ladeira em direção ao Peru. O carro atolou e nós desatolamos, como era bem na passagem de um igarapé, certamente ia atolar de novo. Então eu disse para o Dom Moacyr: o senhor quer passar ou eu passo? Disse: "Deixe que eu passo, se não vão dizer que eu deixei o motorista se acabar. Vou tentar, vou passar". Falei: "Vou ficar do outro lado lhe aguardando". Entrou no Toyota, acelerou, ligou o reforço e correu por cima da lama escorregadia e perigosa. O Toyota subiu de tromba pro ar, bateu nas duas peças da ponte e pulou lá fora. Então ele disse: "Viu como um bom motorista faz? É assim meu amigo, nem nos cinemas se faz isso aqui".

Outro detalhe nas visitas aos seringais era a simplicidade das casas dos seringueiros: feita de paxiúba, a privada ficava lá na beira do mato e para tomar banho só na vertente. Eu dizia: "O senhor aguarde que vou verificar toda a situação de nosso pouso, se precisa providenciar algumas necessidades básicas". Eu tinha que pensar em tudo. Assim, foram anos acompanhando nos rios, BRs, varadouros, ramais.

Naquela época era muito sério andar com Dom Moacyr e nós viajávamos muito para Brasileia, Assis Brasil. É como se costuma dizer: "Um olho no padre e o outro na missa". Até para dar carona era duvidoso. Atuei muitas vezes como vigilante. Um dia estávamos na Vila Epitaciolândia e acontecia uma reunião dirigida pelo Osmarino, também liderança sindical. Teve um "bofofo" (confusão) danado, depois ouvimos uns tiros na frente da casa onde estávamos reunidos. Logo, levamos Dom Moacyr para detrás do sofá e corri para detrás da porta e os outros seguranças correram para a rua. Localizaram os que tinham atirado e disseram que tinham atirado num gambá. Muita coincidência. A atenção sempre redobrada.

Saímos da Vila e atravessamos para Brasileia. Ficamos hospedados na comunidade das irmãs. Na casa também se encontrava um italiano, irmão da irmã Rosália, Serva de Maria de Galeazza, que veio para visitá-la. Ele era alto, parecia um pouco com Dom Moacyr. Os banheiros eram fora da casa e ele foi lá. Um cara de cima do muro atirou na porta do banheiro, mas o italiano estava em pé dentro do banheiro, se estivesse sentado teria pegado nele. O homem voltou para a Itália no mesmo dia. Tudo indica que o atirador se confundiu e que o alvo era Dom Moacyr. Realmente, vivíamos um inferno.[273]

---

[273] Depoimento de Clóvis Gomes Malveira.

Clóvis Gomes Malveira e a esposa Maria de Fátima Lins Malveira.

Sua secretária em Porto Velho destaca que em suas visitas pastorais priorizava o encontro com as pessoas e comunidades.

Ouvia o pároco e as lideranças pastorais, dando a todos a possibilidade de falarem e exprimirem suas angústias e preocupações, lutas, alegrias e expectativas, e ao final, dirigia com sabedoria, palavras de apoio e de esperança, sempre apostando na força da organização. Todos recordam, com ternura e saudade, o quanto Dom Moacyr, nas visitas pastorais, era um sinal da presença de Cristo, visitando, animando e acompanhando o seu povo. Fato marcante dessas visitas pastorais quando ministrava o Sacramento da reconciliação: atendia as confissões e aconselhava, como um pai e pastor, junto aos seus filhos; lideranças pastorais e da sociedade, povo das comunidades rurais e urbanas, aguardavam com muita fé e devoção esse momento da misericórdia divina.

21. Meios de Comunicação Social

Na Amazônia, sempre foi difícil uma comunicação rápida entre as comunidades, as paróquias, com o pessoal do interior. Era comum o radiotransmissor (fonia), com o tal "câmbio". Outros meios eram as rádios. Por meio delas as pessoas enviavam seus recados e as Igrejas divulgavam os avisos paroquiais e diocesanos. Havia também os jornaizinhos, folhas avulsas, boletins etc. Em muitos lugares, as rádios destinavam uma hora à "Ave-Maria" e à "Voz do Pastor" e outros programas com outros nomes. O Estado e a polícia vigiavam o conteúdo desses programas. E isso ocorreu no Acre.

No dia 17 de dezembro de 1976 o governador Geraldo Mesquita cancelou, por dois meses, o programa da Rádio Difusora Acreana *Somos todos Irmãos* que era levado ao ar aos sábados às 6h da manhã. A Igreja perdeu, assim, um importante meio de comunicação para divulgar suas notícias e seus ensinamentos bíblicos e pastorais de opção preferencial pelos pobres, pois no programa as questões sociais e, especialmente, os problemas da terra, sempre ocupavam bom tempo do noticiário. Além disso, a Igreja perdeu a transmissão radiofônica da missa dominical e o programa da *Ave-Maria*, pois Dom Moacyr não aceitou as exigências feitas pelo governo que pedia um texto escrito. A resposta do bispo foi de que Palavra de Deus não poderia ficar sob qualquer espécie de controle por parte do poder civil.[274]

---

[274] Lombardi, M. Dom Moacyr Grechi, pastor e profeta.

Durante muitos anos, a prelazia e a diocese mantiveram o boletim *Nós Irmãos*. Era um meio de comunicação, formação e informação que veiculava a palavra do bispo, notícias das comunidades, orientações e avisos. Todos os números traziam sempre muitas ilustrações, desenhos simples que ajudavam na compreensão e motivavam os leitores. Era também um meio de denunciar as arbitrariedades. Depois surgiu o jornal *Varadouro*, que circulou entre 1977 e 1981.[275] Monitores e comunidades ficavam bem aparelhados com esses informativos e mais motivados para as lutas das comunidades. Havia também alguns "dedos-duros" dentro da própria comunidade eclesial que faziam chegar a Roma certas discordâncias com as linhas pastorais e matérias veiculadas por *Nós Irmãos*.

O jornal o *Varadouro*, gestado, praticamente, dentro da Catedral, foi um sonho de Dom Moacyr. Dom Moacyr ajudou a publicar o periódico alternativo *O varadouro, um jornal das selvas* (1977-1982). Esses jornais "nanicos", como outros pelo Brasil nos anos de chumbo, incomodavam o sistema. Eles veiculavam matérias que não apareciam na grande imprensa e faziam o contraponto às notícias muito manipuladas pelo governo. O povo, então, se mantinha informado e tinha visão mais crítica. Diz Dom Moacyr que não teve problemas com o jornal publicado em Rio Branco, *A Gazeta*.

Desde o ano de 1975, o projeto de fazer circular um periódico quinzenal, pois o boletim *Nós Irmãos* não tinha mais possibilidade de atender à demanda por espaço dos movimentos sociais, enquanto as pastorais e as comunidades exigiam também mais espaço para relatar suas atividades de evangelização, mesmo levando-se em conta

---

[275] Cadiolli Basílio, S. T. A luta pela terra e a Igreja Católica nos vales do Acre-Purus (1970-1980), p. 142.

que as novas práticas pastorais não dissociavam a religião da vida cotidiana.[276]

Por ocasião do assassinato de Chico Mendes, Dom Moacyr destacou a importância e a força dos meios de comunicação social:

Pudemos experimentar nesses dias, o que é a comunicação e sentir algo da força dos Meios de Comunicação Social. Por meio deles: em pouco tempo o mundo todo não só tomou conhecimento amplo, minucioso de seu assassinato, mas também por meio destes mesmos meios, reagiu de maneira massiva, forte, positiva; os seringueiros, cuja voz há decênios vinha sendo sistematicamente abafada, sufocada, puderam exprimir para milhões de irmãos seus, do Brasil e do mundo, sua dor, sua revolta, seus sonhos, seus projetos; nossa Igreja teve à sua disposição um púlpito privilegiado para, à luz da fé, denunciar as causas de morte de Chico e de milhares de irmãos seus da mata e do campo, eliminados por esse imenso latifúndio que é o Brasil; pôde, mais uma vez, anunciar uma Amazônia diferente, amada, índios e seringueiros; floresceu ou explodiu, de toda parte, a solidariedade: religiosas, inclusive diversos mosteiros de contemplativas, padre, bispos, leigos católicos e não católicos tornam-se próximos fraternos, encorajadores. Nesses acontecimentos e nestas manifestações, a fraternidade e a comunicação andaram realmente juntas, aproximaram as pessoas, eliminaram barreiras...[277]

Dom Moacyr também destacou a Campanha da Fraternidade de 1989, que tinha como tema os meios de comunicação social.

---

[276] Lombardi, M. Dom Moacyr Grechi, pastor e profeta.
[277] Nós Irmãos ano 18, mar. 1989.

Nessa época, havia grande ebulição social na região. A mensagem cristã tornou-se mais forte com as novas práticas pastorais e eclesiais. Para melhor alcançar o povo, eram necessários um meio e uma linguagem atrelados à cultura popular. Um dos meios foi a elaboração de *Catecismos*. As edições adotavam linguagem acessível e conteúdos referentes a documentos e aos direitos da pessoa como, por exemplo o *Catecismo da Terra,* para garantir a permanência das pessoas nos seringais onde viviam. A publicação dos *Catecismos* constituiu grande avanço e desagradou muitos dos que se consideravam "donos" do poder e dos meios de produção, geralmente proprietários da terra, prefeitos, gerentes de banco etc.[278] Outro Catecismo, o *Catecismo de Ação Política do Cristão,* explicava a política de maneira direta e clara. Ajudava o povo e as comunidades a assumirem os valores da cidadania e a adotarem postura consciente e proativa nos tempos de pleito político.

A irmã Rosália Saccardo, que muito conheceu e conviveu com Dom Moacyr, ressalta as qualidades de bom comunicador que ele tinha:

> Na paróquia de Brasileia como no Centro de Formação em Rio Branco, onde trabalhei diversos anos, não faltava de vir nos cumprimentar e de interessar-se por cada uma, e, comigo, exigia que aprendesse bem a língua, de bom professor de português que ele era, me corrigia os erros sempre que necessário. Ficava admirada com o cuidado e zelo que tinha para com a evangelização, no preparo dos monitores, catequistas, agentes de pastoral. [...] Não podiam faltar as cartilhas, o *Somos todos irmãos,* os programas radiofônicos diários da Ave-Maria. Dom Moacyr tinha o dom da palavra e

---

[278] Cadiolli Basílio, S. T. A luta pela terra e a Igreja Católica nos vales do Acre-Purus (1970-1980), p. 149.

— IV - Serviço pastoral em Rio Branco (1973 a 1998) —

as suas palavras alicerçadas na Bíblia deixavam transparecer todo o amor que tinha para com o seu rebanho. Era breve nas suas homilias e sempre deixava nos ouvintes um desejo de ouvir mais. Não faltavam os exemplos da vida contados com uma sabedoria, maestria e simplicidade que penetravam no coração de pessoas cultas e analfabetas.[279]

Fontinele faz ver o alcance que tinha a sua mensagem, atingindo as mais distantes comunidades e famílias:

Dom Moacyr Grechi, bispo familiarizado com as Sagradas Escrituras, diariamente partilhava com os colonos, seringueiros, monitores e lideranças de CEBs, barrageiros, posseiros, trabalhadores migrantes e moradores ribeirinhos e de invasões, das mais longínquas linhas, travessões, seringais, ocupações, empates, bairros e distritos, o Evangelho de cada dia, através das ondas do rádio e de diversos meios de comunicação, orientando e iluminando nos momentos de dureza e conflito, fortalecendo a espiritualidade e a esperança de todos.[280]

As comunidades do interior amazônico (como muitas no interior do Brasil), por vários motivos, não tinham acesso à grande imprensa. As prelazias e dioceses criaram boletins para se comunicar com as comunidades. No caso da Prelazia do Acre e Purus, foi o *Nós Irmãos*. Ele veiculava notícias das comunidades, correspondências, falas do bispo; continha orientações pastorais, litúrgicas, calendário religioso; publicava artigos para reflexão, incluindo temas como a econômica e a política. Era bastante artesanal e por isso mesmo de fácil acolhida por parte do povo. As

---
[279] Depoimento da irmã Rosália Saccardo.
[280] Depoimento de Dom Antônio Fontinele.

inúmeras ilustrações, bem populares, muitas vezes substituíam a escrita: eram de fácil compreensão. O mandonismo local e nacional vigiava esses jornaizinhos e os seus primeiros responsáveis, os bispos. *Nós Irmãos* e Dom Moacyr eram acompanhados diuturnamente pelo SNI.[281]

22. De prelazia a diocese

Diante da solicitação para que a prelazia fosse transformada em diocese, o núncio apostólico, em 24 de dezembro de 1980, solicitou informações mais amplas a Dom Moacyr. Em fevereiro de 1981, ele enviou um relatório circunstanciado sobre a situação da Circunscrição, incluindo aspectos pastorais, patrimoniais, econômicos, situação do clero etc.

Mas havia também o pedido para que a prelazia fosse transformada não em diocese, mas em arquidiocese. Era, inclusive, a proposta dos bispos do Regional Norte I ao núncio apostólico, sugerindo a criação de duas arquidioceses, uma em Porto Velho e outra em Rio Branco. Não se sabe por quais motivos, nas atas, foi omitida a solicitação de criação da Arquidiocese de Rio Branco. No ano de 1985, Dom Moacyr se dirigiu diretamente ao Papa João Paulo II, fazendo a solicitação da criação da diocese.

Esse processo finalizou-se em 1986, quando João Paulo II, pela *Cum Praelaturae Acrensis et Puruensis*, elevou a prelazia à diocese com o nome de Diocese de Rio Branco.[282] Como primeiro bispo, foi nomeado Dom Moacyr Grechi. O núncio apostólico

---

[281] Para se compreender mais profundamente esse tema ver: Lima, Reginâmio, B. da. Ao Sol Carta é Farol. A luta pela posse das terras acreanas durante a ditadura militar.
[282] CNBB CM, n. 399, p. 618; CNBB CM Tomo I (397-402), (Resenha do mês) p. 618.

— IV — Serviço pastoral em Rio Branco (1973 a 1998) —

delegou ao bispo de Roraima, Dom Aldo Mongiano, a realização das mudanças e a posse do novo bispo que ocorreu em 29 de junho de 1986.[283]

Em 1986, o bispo escreveu uma carta ao Papa João Paulo II justificando a necessidade de a prelazia se tornar diocese:

> Há mais de 10 anos os Servos de Maria vêm preparando generosamente o caminho para que a Prelazia possa alcançar sua autonomia. As Arquidioceses de Fortaleza (CE) e de Lucca (Itália), nossas Igrejas "irmãs", têm demonstrado, em várias circunstâncias, seu apoio irrestrito, assegurando a continuação de sua colaboração em pessoal e meios. No momento, como consta do nosso relatório, a Prelazia conta com 19 Presbíteros: 5 diocesanos, 4 da Sociedade Saint Jacques, e 10 Servos de Maria. No próximo ano, 10º aniversário do início das Comunidades de Base (CEBs), teremos a ordenação sacerdotal de um jovem acreano.
>
> Além dos jovens que a Prelazia tem enviado para Seminários fora da Prelazia, há pouco tempo começamos um trabalho mais sistemático de acolhida, acompanhamento e seleção de candidatos ao Presbiterato. Há esperança fundada de frutos promissores no próximo futuro. Os Servos de Maria já têm seu Noviciado aqui. Há também numerosas vocações para a Vida Religiosa por parte das Congregações religiosas femininas que aqui trabalham. Numerosos Agentes da Pastoral Leigos, catequistas e cristãos engajados pastoralmente têm assumido seriamente o compromisso de anunciar o Evangelho.[284]

---

[283] Pertíñez Fernández, J. História da Diocese, p. 633 et seq.
[284] Lombardi, M., Dom Moacyr Grechi, pastor e profeta.

Quando foi nomeado primeiro bispo de Rio Branco, Dom Moacyr fez um breve retrospecto da Circunscrição Eclesiástica. Falou que é bom relembrar os longos passos que nossa Igreja fez durante 66 anos de sua existência. É bom recordar as figuras principais, que marcaram a caminhada e deixaram uma lembrança que não deve ser esquecida. Citou os fatos principais e as pessoas que inauguraram a prelazia e as primeiras paróquias. O primeiro período da existência da prelazia (1920-1950) é caracterizado por duas atividades principais: a organização das paróquias e as "desobrigas" (visita às comunidades distantes).[285]

Durante a missa, concelebrada por quatro bispos e pelos 13 padres da nova diocese, Dom Moacir recebeu o cajado pastoral, como sinal do seu compromisso para orientar o rebanho.

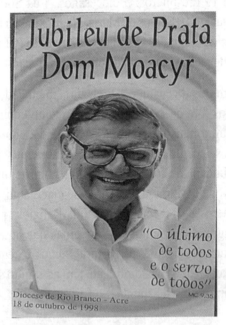

---

[285] CNBB. Caminhada da Igreja no Acre. CMl, n. 400, p. 769-770.

— IV – Serviço pastoral em Rio Branco (1973 a 1998) —

O Jornal do Vaticano, *L'Osservatore Romano*, noticiava em 1º de abril de 1986 a decisão do Papa João Paulo II de transformar a prelazia em diocese com o nome de Rio Branco. A Igreja do Acre e Purus ia adquirindo mais autonomia e iniciaria uma caminhada "sozinha", com menor dependência de fora.[286]

A instalação da nova Diocese ocorreu no dia 29 de junho, festa dos Apóstolos São Pedro e São Paulo. Coincidia com o aniversário de ordenação sacerdotal de Dom Moacyr, que celebra 25 anos de sacerdócio, Jubileu de Prata. Teve grande participação do povo das Comunidades. A celebração contou com a participação de Dom Aldo Mongiano, Bispo de Boa Vista/RR, executor delegado da ereção da nova Diocese; Dom Florentino Z. Iturri, Bispo de Lábrea/AM, D. Jorge Marskell, Bispo de Itacoatiara, Dom Geraldo Verdier, Bispo de Guajará-Mirim. Concelebraram também os sacerdotes da nova Diocese, um sacerdote de Cobija/Bolívia, e dois sacerdotes franceses. A festa contou com os ritos da celebração litúrgica e em seguida com uma festa com muita arte popular.[287]

Esses eventos constituíram um momento especial de manifestação popular e de carinho para com Dom Moacyr, amigo e pastor. Depois da missa, começou uma confraternização popular com dramatizações, quadrilhas, cantos, poesias e balé. Era o povo celebrando a vida eclesial da nova diocese.

Por ocasião do Jubileu de Prata de sua ordenação episcopal, foi realizada uma grande festa na diocese com grandes

---

[286] Nós Irmãos, ano 15, mar. 1986.
[287] Pertíñez Fernández, J. História da Diocese, p. 637.

manifestações populares. O poeta Assis Pereira assim manifestou os sentimentos:

> De Turvo/SC, saíste/ e as nossas águas turvas bebeste/ e por aqui ficaste/ pregando e vivendo o NOVO, com o POVO, de quem te tornaste pastor/ por escolha e por amor/ de um Deus Pai, Mãe, Espírito e Irmão. E, neste chão/ semeaste o viver em abundância/ do Evangelho: teu e nosso farol/ e de sol a sol/ vieste semeando primaveras/ que nem sempre deram flores/ mas que no entardecer/ deste século de violência/ nos ensinam o radicalismo do amor... Por isso, nosso pastor/ recebe deste povo/ que sempre te quer ver sorrir/ nosso obrigado, nossos parabéns/ cidadão Grechi e pastor Moacyr.[288]

---

[288] Boletim Nós Irmãos, out./nov. 1997 (*apud* Pertíñez Fernández, J. História da Diocese, p. 793).

V
Serviço pastoral em Porto Velho
(1998 a 2011)

1. Província Eclesiástica do Noroeste

No ano de 1982 (04/10), foi criada a Província Eclesiástica de Porto Velho[1] tendo como dioceses sufragâneas[2] Cruzeiro do Sul, Rio Branco, Lábrea, Humaitá, Ji-Paraná e Guajará-Mirim. Para lá foi transferido Dom Moacyr como o segundo arcebispo, tendo permanecido no cargo de 1998 a 2011.

Assim, o seu tempo de vida em terras acreanas findou em 1998. Daí para frente, o novo cenário será Rondônia. "Durante

---

[1] Província Eclesiástica é uma unidade pastoral da Igreja Católica coordenada por um bispo que recebe o título de arcebispo e congrega várias dioceses sufragâneas. A arquidiocese de Porto Velho é composta pelas dioceses de Porto Velho (sede), Ji-Paraná/RO, Guajará-Mirim/RO, Humaitá/AM, Lábrea/AM, Rio Branco/AC e Cruzeiro do Sul/AC.

[2] Uma arquidiocese é composta por uma diocese-mãe e outras dioceses que com ela formam uma Província Eclesiástica. A diocese-mãe é a sede do arcebispo metropolitano que é um mediador entre a Santa Sé e as dioceses que compõem a arquidiocese (dioceses sufragâneas). Ele também convoca os bispos dessas dioceses para planos conjuntos. As dioceses mantêm sua autonomia.

todo o tempo em que esteve no Acre, o bispo Dom Moacyr Grechi integrou-se à história recente do estado. Foi um pacificador e um porto seguro para todos aqueles que buscam guarida contra as mais diversas injustiças".[3]

Dom Moacyr foi nomeado arcebispo de Porto Velho no dia 29 de julho de 1998 e ali permaneceu até novembro de 2011. A entrada solene foi no dia 8 de novembro 1998.

Com a transferência de Dom Moacyr para a Arquidiocese de Porto Velho, a Santa Sé nomeou o frei Joaquín Pertíñez Fernández, novo pastor para a Diocese de Rio Branco. O Pe. Joaquín trabalhara por dez anos na prelazia de Lábrea. Professou na Ordem dos Agostinianos Recoletos e quando foi nomeado para a Sé de Rio Branco exercia a missão de superior de sua Ordem na Costa Rica. Em carta à Igreja de Rio Branco expressou:

> Após ter recebido a notícia da minha nomeação como novo Bispo de Rio Branco, pelo Santo Padre João Paulo II, ponho-me a escrever estas letras, cheio de emoção e tremor, para comunicar-lhes minha total entrega e disponibilidade no serviço dessa Diocese. Desde já, eu sou mais um que caminha convosco, ao vosso lado, fazendo Igreja, nessa caminhada de fé, junto aos mais pobres, necessitados e sofridos, rumo a uma sociedade mais cristã, justa, solidária e fraterna.[4]

Os arcebispos que antecederam a Dom Moacyr na Arquidiocese de Porto Velho foram: *Dom José Martins da Silva* (1935-2015), era bispo-prelado de Ji-Paraná (1978-1982) quando fora nomeado arcebispo de Porto Velho em 4 de outubro de 1982. Pastoreou a

---

[3] O Estado do Acre, Ano I, n. 25, 2001, p. 2.
[4] Pertíñez Fernández, J. História da Diocese, p. 615.

— V – Serviço pastoral em Porto Velho (1998 a 2011) —

arquidiocese de 1983 a 1997. *Dom Esmeraldo Barreto de Farias*, nomeado bispo de Paulo Afonso/BA (2000-2007) e depois transferido para Santarém/PA (2007-2011) e, em 2012, nomeado arcebispo de Porto Velho, ali permanecendo até 2015.[5]

A Arquidiocese de Porto Velho aguardava com atenção a chegada do novo arcebispo. E o fato aconteceu em 1998, assim relatado:

O Administrador Arquidiocesano reuniu os Sacerdotes e Religiosos na Capela do Seminário Maior João XXIII e anunciou a nomeação do novo Arcebispo de Porto Velho: Dom Moacyr Grechi, transferido da sede de Rio Branco, AC. Todos acolheram com alegria a notícia, ressaltando a presença do novo pastor por 26 anos na Amazônia sendo assim inculturado na nossa realidade.[6]

O papa enviou a Dom Moacyr, em Rio Branco, comunicado de sua transferência para a Arquidiocese de Porto Velho:

João Paulo, Bispo, Servo dos Servos de Deus.

Ao venerável irmão Moacyr Grechi, até agora Bispo de Rio Branco, transferido para a Igreja Metropolitana de Porto Velho, saudação e Bênção Apostólica.

O gravíssimo ofício do sumo pontificado, que a vontade de Deus nos conferiu, exige, entre muitas outras tarefas, que designemos com especial zelo Bispos idôneos para as Dioceses vacantes.

Sendo, pois, necessário prover um Pastor do culto para a sede Metropolitana de Porto Velho, vacante pela renúncia

---

[5] Arquidiocese de Porto Velho. Livro de Tombo n. 7, p. 166.
[6] Diocese de Porto Velho. Livro de Tombo n. 7, 1981, p. 65.

de seu Bispo José Martins da Silva, nos pareceu muito bom te nomear, ó venerável irmão, pastor da mesma igreja, por teus dotes de mente e de coração. Por isso, com o parecer da Congregação dos Bispos, com a nossa autoridade apostólica, dispensando-te da Diocese de Rio Branco, te constituímos Arcebispo Metropolita de Porto Velho com todos os devidos direitos e as consequentes obrigações.

Ordenamos que comuniques este documento ao teu clero e ao teu povo e os exortamos a receber com alegria e ficar em união contigo.

Por fim, ó venerável irmão, pela intercessão da Virgem Maria, pedimos em teu favor a riqueza dos dons do Espírito Santo; fortalecido por esses dons, possas apascentar os fiéis a ti confiados com a maior caridade possível, conforme diz o Bispo Santo Agostinho "onde maior é o amor, menor é a fadiga" (Sermão 340, 1: Patrologia Latina, V. 38, p. 1483).

A paz de Cristo esteja sempre contigo e com a Igreja de Porto Velho, por nós muito querida.

Da Santa Sé, em Roma, 29 de julho de 1998, vigésimo ano do nosso pontificado.

João Paulo II – Carmelo Nocolosi – Protonotário Apostólico.[7]

---

[7] Arquidiocese de Porto Velho. Arquivo/Cúria. Papéis avulsos.

V – Serviço pastoral em Porto Velho (1998 a 2011)

A CNBB também noticiou a elevação de Dom Moacyr a arcebispo de Porto Velho,[8] bem como a entrega do pálio, que ocorreu no dia 29 de junho de 1999, em Roma.[9] Quando Dom Moacyr foi convidado a assumir a Arquidiocese de Porto Velho, ele relutou em aceitar. Escreveu mesmo um volumoso dossiê expondo os motivos para a relutância. Talvez, em decorrência disso, o Papa João Paulo II lhe escreveu uma carta intitulada:

> Ao Venerável Irmão Moacyr Grechi, da Ordem dos Servos de Maria, Arcebispo de Porto Velho.
>
> Na verdade, Venerável Irmão, te escrevemos e enviamos hoje esta carta, com a mesma alegria do nosso espírito e com a confiança, com a qual há pouco tempo te designamos à sede Metropolitana de Porto Velho como Pastor dos fiéis e Administrador dos bens. Portanto, te saudamos com ardente desejo e te convidamos a levar em frente de modo louvável a nova tarefa e nos felicitamos contigo e com os teus familiares pelo próximo dignificante evento de tua vida.
>
> De fato, no dia 21 do próximo mês de outubro se completa 25 anos quando tu, com decisão plenamente consciente, recebeste a ordenação episcopal como Bispo Prelado com o título de Acre e Purus, e aceitaste de apascentar e governar com amor diante de Cristo Pastor Divino a mesma Prelazia, transformada, posteriormente, em Diocese de Rio Branco. Durante este tempo favorável achamos totalmente

---

[8] CNBB. CM, n. 523, 1998, p. 1554.
[9] CNBB. CM, n. 532, 1999, p. 1508.

fiel aquele clero e povo ao qual na verdade tu dedicaste toda a tua atividade pastoral.

Ficamos sumamente contentes ao conhecer os dotes pastorais com os quais desenvolveste naquela imensa região tarefas ainda mais difíceis e os méritos de trabalhos com os quais tu mesmo te destacaste, fiel ao magistério eclesiástico e unido ao Romano Pontífice. Sem dúvida, conhecemos a tua incansável preocupação em fundar naquelas terras, novas comunidades da igreja católica, em formar sacerdotes e leigos e recomendando a catequese. Mas nos comove com especial conforto a tua defesa dos direitos humanos e do progresso social no meio dos teus fiéis.

Portanto nos alegramos muito contigo, venerável irmão, e nos congratulamos de coração contigo, com teu precedente rebanho de Rio Branco e com o atual de Porto Velho, por esta data aniversária do teu episcopado, que aportou tanta honra também à tua Ordem dos Servos de Maria, enquanto ali produziu tantos benefícios de graça divina aos fiéis. Nos regozijamos com toda a Conferência dos Bispos do Brasil, onde igualmente ofereces tantas atividades com a tua destacada capacidade.

Suplicando, agora, desejamos ardentemente que a recordação da tua ordenação e do teu nascimento te fortaleça e proteja por muitos anos futuros e te ajude a acumular méritos ainda maiores diante de Cristo e da Igreja. Assim, felicitando-te e augurando-te todo bem no teu memorável dia 21 de outubro nos juntamos contigo, a quem desde já com esta carta mandamos a nossa Bênção Apostólica, testemunha dos nossos sentimentos e mediadora certíssima,

V – Serviço pastoral em Porto Velho (1998 a 2011)

daqui em diante, dos dons celestes para ti e para a Igreja de Porto Velho.

Do Vaticano, primeiro de outubro de 1998, vigésimo do nosso Pontificado. João Paulo II.[10]

Moacyr iniciou seu múnus pastoral em Porto Velho no dia 8 de novembro de 1998. Esse início foi marcado por uma celebração à qual acorreram muitas pessoas de Porto Velho e de Rio Branco. A primeira missa foi celebrada na Catedral no dia 14 de novembro.[11] No dia 21 de junho de 1999, Dom Moacyr viajou a Roma para receber o pálio das mãos do Papa João Paulo II.[12]

A posse de Dom Moacyr, como arcebispo em Porto Velho, aconteceu em solene liturgia realizada em frente à Catedral do Sagrado Coração de Jesus,

numa cerimônia que foi marcada pela alegria dos jovens e o fervor dos adultos. Dom Moacyr pediu união e empenho para que os povos carentes da Amazônia sejam supridos, para que tenham dignidade e a fome saciada. Dom Moacyr ficou surpreso com a receptividade dos fiéis quando exclamou espantado: "Meu Deus! Como me receberam bem aqui!".[13]

Dom Moacyr inicia o serviço pastoral em nossa igreja. Acolhido por todos as comunidades, padres, autoridades e sacerdotes vindos de Rio Branco e das dioceses vizinhas. [...] Presentes os bispos Dom Antônio Possamai

---

[10] Arquidiocese de Porto Velho. Arquivo/Cúria. Papéis avulsos.
[11] Arquidiocese de Porto Velho. Arquivo/Cúria. Papéis avulsos, p. 68.
[12] Arquidiocese de Porto Velho. Livro de Tombo n. 7, 1981-2023, p. 74v.
[13] Centro Educacional Mojuca. A vida de Dom Moacyr. Quem é Dom Moacyr, Arquivo/Cúria. Papéis avulsos.

(Ji-Paraná) Presidente da CNBB Norte I, Dom Geraldo Verdier (Guajará-Mirim), Dom Jesus Morazza (Lábrea), Dom José Maria Pinheiro (Auxiliar de Guajará-Mirim) [...] Dom Moacyr pronunciou um discurso programático, destacando a ação de Dom João Costa nesta Igreja e agradecendo a ação de Dom José. Diz que continuará servindo a esta Igreja com o mesmo ardor de antes.[14]

Em seu momento de fala, Dom Moacyr pontuou:

A cidade e o campo têm que ser fonte de vida e lar para todos. Os índios, os seringueiros, os colonos, os ribeirinhos e o povo da cidade merecem ser tratados com dignidade. Não é possível conviver com a fome, a miséria e a injustiça. Se todo o nosso trabalho não serve para acabar com isso, então significa que estamos falhando com nossa missão.

O bispo também lembrou a luta dos povos pela terra, ressaltando o assassinato do líder seringueiro Chico Mendes, que completava 10 anos, e de tantos outros que se dedicaram à causa da justiça e ao direito à vida plena.

O Informativo da Diocese de Rio Branco estampava na primeira página: "Bispo Dom Moacyr faz discurso contundente para 4 mil pessoas".[15] Nessa fala ele disse que o campo e a cidade têm de ser fonte e vida e lar para todos. Abordou o tema da fome, das injustiças, da miséria. Recordou a luta pela posse da terra e os dez anos do assassinato de Chico Mendes. Recordou também o tempo de pastoreio de Dom João Costa, que o fez com grande devotamento. Disse que seguiria as linhas pastorais de Medellín, Puebla, Santo Domingo e as diretrizes do Vaticano II.

---

[14] Arquidiocese de Porto Velho. Livro de Tombo n. 7, 1981-2023, p. 68.
[15] Nós Irmãos, ano 27, nov./dez. 1998.

V – Serviço pastoral em Porto Velho (1998 a 2011)

O seu trabalho pastoral continuou com muito empenho, como já vinha fazendo na diocese anterior. Foi uma pessoa de referência, seja no âmbito da CNBB e da Igreja do Brasil, seja como cidadão responsável, ético, perante o cenário político, econômico e social do Brasil.

Procurou estar sempre presente no momento e no local em que se fazia necessário o seu apoio, exercendo assim seu ministério pastoral. Pastor amigo, está sempre ao lado dos seus paroquianos e dos mais humildes, viajando por toda a sua jurisdição, visitando as paróquias, levando Jesus Cristo, a Palavra de Deus a todas as pessoas de boa vontade. Cumprindo o que diz o apóstolo Paulo: pastoreando o rebanho de Deus que lhe é confiado, não como dominador, mas como o modelo do rebanho.[16]

Dada a sua postura firme perante as injustiças, as suas reflexões precisas e oportunas frente a um leque variado de temas, Dom Moacyr foi muitas vezes procurado para entrevistas. Personalidade de grande destaque na Igreja e no Brasil, teve o reconhecimento público de muitas entidades, como estampados neste trabalho.

Deu especial atenção à formação das distintas vocações: laicais, religiosas e do clero diocesano. E, frente a um crescente clima de desconhecimento de Medellín, Puebla, Vaticano II, Documento de Santarém e outros na linha da renovação, da volta às fontes, de defesa do bioma amazônico, de convocação para um audaz profetismo e profunda mística e espiritualidade, permaneceu firme no estilo de seguimento de Jesus. Eram novos desafios que enfrentava: uma sociedade e uma Igreja mais *light*, o fascínio pela aparência, pelo poder; os meios de comunicação empurrando todo mundo para um consumo desenfreado e a permanência de multidões de prescindidos. Era necessário envidar todos os esforços para manter

---

[16] Arquidiocese de Porto Velho. Livro de Tombo n. 9 (2007 a 2012), p. 17v.

uma Igreja fiel ao Evangelho, próxima dos marginalizados, distante do poder-dominação. Ele foi mantendo a coerência de vida e de um pastor que não abandonou o seu rebanho.

No Relatório Quinquenal sobre o estado das Circunscrições Eclesiásticas no quinquênio 2003-2007, escrevia:

Que o Espírito Santo infunda os seus dons, favorecendo o crescimento no bem através do exercício das virtudes morais que concretizam também a nível humano a vida espiritual. Que sejamos dóceis às suas sugestões conservando uma particular e filial devoção à Virgem Maria, que é a mestra perfeita da vida espiritual. Que possamos nutrir a nossa vida espiritual com a palavra viva e eficaz do Evangelho e com o pão vivo da Sagrada Eucaristia, alimento da vida eterna. E que a exemplo de Jesus, estejamos sempre prontos a mostrar que a esperança cristã está intimamente unida ao zelo pela promoção integral do homem e da sociedade, como ensina a Doutrina Social da Igreja.[17]

Ao completar setenta anos, Dom Moacyr recebeu significativa homenagem. Houve na Catedral uma solene eucaristia com a presença de mais de 20 sacerdotes. A cronista assinalou: "Apesar das profundas sequelas dos acidentes que afetam seu corpo e o fazem sofrer, está sempre alegre, otimista, dinâmico, visitando continuamente as comunidades, sinal do Bom Pastor que está sempre à frente do rebanho, indicando o caminho da salvação".[18]

Moacyr estava sempre em comunhão com os demais bispos do Brasil e da América Latina. Tinha uma especial reverência por

---

[17] Arquidiocese de Porto Velho. Relatório Quinquenal 2003-2007, p. 43, Arquivo/Cúria. Papéis avulsos.
[18] Arquidiocese de Porto Velho, Livro de Tombo n. 8, 2003/2007, p. 127.

V – Serviço pastoral em Porto Velho (1998 a 2011)

Dom Luciano Mendes de Almeida, que faleceu no dia 27 de agosto de 2006. No dia 28, Dom Moacyr celebrou a eucaristia na Catedral com vários sacerdotes e grande participação dos fiéis. Enalteceu o carisma de Dom Luciano, "um santo profeta de nossos tempos".[19]

Um evento peculiar aconteceu no dia 19 de fevereiro de 2008: foi celebrada uma eucaristia no rito maronita com a presença do arcebispo de Beirute (Líbano), Dom Joseph Bichara, e outros pastores dessa Igreja. Foi a primeira vez que se celebrava nesse rito em Porto Velho. A Catedral esteve lotada e contou com a presença de muitos membros da comunidade libanesa em Porto Velho. Dom Moacyr concelebrou e, no final, agradeceu pela presença do clero maronita, pela celebração e pela partilha da fé.[20]

Dom Moacyr cultivava uma luta permanente para manter-se fiel à Igreja e às suas orientações. Por isso, em 2007, fazendo eco do Documento de Aparecida, dizia, em sua Carta Pastoral, exortando o povo a participar na coleta da Campanha de Evangelização:

> A Campanha deste ano recorda que somos todos "discípulos e missionários de Jesus Cristo"; ser cristão e membro da Igreja é uma graça e nos deve encher de gratidão a Deus. Da alegria de crer deve brotar disposição generosa de apoiar o trabalho evangelizador e pastoral da Igreja. A Boa-Nova do amor misericordioso de Deus, que veio ao mundo através de Jesus Cristo, "rosto humano de Deus e rosto divino do homem", precisa ser anunciada ao mundo, a fim de que todas as pessoas possam aproximar-se de Deus através de Jesus Cristo, caminho, verdade e vida.[21]

---

[19] Arquidiocese de Porto Velho. Livro de Tombo n. 8, 2003/2007, p. 145.
[20] Arquidiocese de Porto Velho. Livro de Tombo n. 9, 2007, p. 19v.
[21] Arquidiocese de Porto Velho. Arquivo/Cúria. Papéis avulsos.

A Igreja de Porto Velho celebrou com grande alegria a magna data do Jubileu Sacerdotal de Dom Moacyr.[22] Houve uma missa na Catedral de Porto Velho celebrada pelo próprio aniversariante e concelebrada por muitos bispos do Regional Noroeste e do Brasil, numeroso grupo de presbíteros e grande concurso de fiéis de Porto Velho, Rondônia e Acre. Na eucaristia, Dom Moacyr ressaltou: a presença de Maria em sua trajetória vocacional; a mão de Deus conduzindo-o, por vezes, por caminhos desafiadores, como a sua missão episcopal; o seu trabalho pela causa da Amazônia, dos povos da floresta, ribeirinhos, povos originários, agricultores, marginalizados urbanos, migrantes etc. "Fui educado pelo povo e, nos momentos mais difíceis de nosso país, Deus me conduziu para permanecer junto aos mais desfavorecidos, das pequeninas Comunidades de Base".

2. Tempos de abertura política e marcha eclesial lenta

Uma nova fase de vida para Dom Moacyr: arcebispo em Porto Velho. Tempos de menos fervor por democracia, por Medellín, Puebla, Vaticano II. Parece arrefecer a força da profecia e da espiritualidade. A geração com raízes no Vaticano II, em Medellín, em Santarém, nas lutas pela redemocratização e defesa dos direitos fundamentais humanos e da natureza vai desaparecendo. A superestrutura política, econômica e eclesial vai inspirando nova cultura baseada no poder, na aparência, no consumo, na tecnologia. E emergem os grupos oprimidos: os prescindidos desse novo sistema, os povos originários, os quilombolas, os pequenos agricultores, os atingidos por barragens, as periferias urbanas e, claro, todo o meio ambiente. Mas, Dom Moacyr ainda era uma voz firme nesse

---

[22] CNBB. Jubileu Sacerdotal de Dom Moacyr Grechi. CM, n. 638, p. 115-117.

V – Serviço pastoral em Porto Velho (1998 a 2011)

novo contexto. Foi uma voz profética não se intimidando diante dos megaprojetos que continuaram a marcar a paisagem amazônica e o agronegócio predador destruindo o meio ambiente, contaminando os rios, envenenando o solo, secando rios e igarapés, expulsando os pequenos proprietários, eliminando os povos nativos, e a nefasta atividade das mineradoras. Assim, em 8 de novembro de 1998, Moacyr iniciou o serviço pastoral na Arquidiocese de Porto Velho.

O novo cenário geopolítico é Rondônia e o rio condutor da vida é o Madeira. Essa bacia hidrográfica fora navegada e explorada por europeus e brasileiros muito antes do Purus e do Acre. Aqui também existiram missionários aguerridos que, apesar dos contextos sociopolíticos de então, realizaram um grande trabalho.[23]

É também região de forte presença de povos originários, inclusive os bravos Muras que se opuseram tenazmente ao jugo dos colonos. Foi também região ocupada por levas de nordestinos tangidos para este espaço para o extrativismo da borracha. No início do século XX, a região foi marcada pelo empreendimento da estrada de ferro Madeira-Mamoré.[24] As empresas construtoras trouxeram muitos trabalhadores, sobretudo das Américas Central e do Norte, caracterizados por novas denominações religiosas, como os batistas, e culturais: negros, indianos e outros.

A região pertencera, outrora, uma parte ao Grão-Pará (Amazonas) e outra a São Paulo (Capitania), depois Província de Mato Grosso. Em 1943, foi criado o território do Guaporé e, depois, em 1956, denominado Rondônia. Tornou-se estado de Rondônia em 1982.

---

[23] Ferrarini, S. Arquidiocese de Porto Velho. Uma trajetória de missão neste chão da Amazônia, p. 27.
[24] Rodrigues Ferreira, M. A ferrovia do diabo.

O interior do território/estado era povoado por inúmeras nações nativas. Com a abertura dos seringais e mais tarde da Rodovia BR 364 e a chegada de colonos vindos do Sudeste e do Sul,[25] instaurou-se um período terrível para esses povos originários.[26] O vale do Guaporé recebeu significativo contingente de escravos africanos pois ali se descobriram minas de ouro. Surgiram muitos quilombos.[27] A Festa do Divino do Guaporé é uma das mais significativas do Brasil.

As missões nessa região e nessa bacia hidrográfica foram realizadas pelos jesuítas, pois, na era colonial, a eles fora confiada essa parte da Amazônia.[28] A partir do século XX, os salesianos realizaram um imenso trabalho sociomissionário neste grande cenário amazônico.[29]

3. Continuidade da animação das CEBs

Durante o seu ministério pastoral em Porto Velho, Dom Moacyr continuou apoiando as Comunidades Eclesiais de Base. O ponto alto dessa pastoral foi a realização, na Arquidiocese de Porto Velho, do 12º Intereclesial. Para esse grande acontecimento da Igreja do Brasil, foi realizado um longo processo de preparação e que envolveu muitas pessoas. Foi lançado um texto-base e, em Porto Velho, apresentado por Dom Moacyr em 2009. No seu lançamento, afirmou:

> O Intereclesial é um caminho de comunhão e fraternidade e coloca a Igreja em "estado permanente de missão" e é

---

[25] Lynk, Rogério S. Luteranos em Rondônia.
[26] Ribeiro, Darcy. Os índios e a civilização; Roquette-Pinto, Edgar. Rondônia.
[27] Meireles, Denise Maldi. Guardiãs da Fronteira. Rio Guaporé, século XVIII.
[28] Ferreira Reis, A. C. A conquista espiritual da Amazônia.
[29] Hugo, Vitor. Desbravadores.

a expressão de que os esforços de renovação pastoral nas paróquias favorecem o encontro com Cristo vivo mediante diversos métodos de nova evangelização que se transformam em comunidades evangelizadoras e missionárias. É a renovação da vitalidade do Evangelho arraigada em nossa história a partir de um encontro pessoal e comunitário com Jesus Cristo, que desperte discípulos missionários. [...] As CEBs, apesar das dificuldades internas e externas, como discípulas missionárias, a serviço do Reino, estão vivas e lutando por uma vida mais digna para nossos povos. Sua espiritualidade decorre de Jesus Cristo, em dimensão Trinitária. [...] Nossas comunidades na Amazônia nasceram, na sua maioria, nas matas, perto dos rios ou lagos.[30]

Depois de dizer que CEBs não se identificam com sindicato ou partido político, destacou:

Seus membros eram incentivados e preparados para que, fortalecidos na fé, no amor, no serviço à comunidade, pudessem participar com outros irmãos e irmãs, de outras igrejas e até mesmo sem definição religiosa clara, de sindicatos, nas associações e mesmo nos partidos, sem confundir as coisas, até com mais vigor, nas lutas justas e pacíficas por seus direitos.

Recordava que essas comunidades tinham acesso por linhas, ramais, travessões com seus problemas de desmatamento, grilagem, narcotráfico, reservas indígenas etc. em estado permanente de missão. Lembrou que essas comunidades são caminho de comunhão e fraternidade.[31]

---

[30] CNBB. Comunicado Mensal Tomo I (621-622), 2009, p. 289.
[31] CNBB. CM, n. 629, 2009, p. 706.

O 12º Intereclesial foi um grande evento eclesial, um motivo de grande júbilo para o arcebispo. O Pe. Paulo Barausse[32] destaca:

> Lembro-me de sua felicidade na abertura do 12º Intereclesial que se realizou em Porto Velho, de 21 a 25 de julho de 2009, à luz do tema: CEBs, Ecologia e Missão; e do lema: Do ventre da terra o grito que vem da Amazônia. Fez questão de partilhar sua alegria de ter participado de todos os Intereclesiais.

Por ocasião desse Intereclesial, escreveu Dom Moacyr:

> Do 1º Encontro Intereclesial das CEBs de Vitória (janeiro de 1975) ao 12º Intereclesial de Porto Velho (julho de 2009), juntos perfizemos um longo caminho, cuja árvore da vida, a Igreja – Povo de Deus –, foi alargando sua tenda até finalmente, abraçar os povos da Amazônia, podendo demonstrar por 12 edições a fecundidade das CEBs no Brasil e na América Latina.[33]

Dom Moacyr se diz feliz em receber, com o coração grande da Amazônia, todos os participantes, não só do Brasil como do exterior, ao 12º Intereclesial. Incluía nesse grande coração "todos os gritos da nossa Mãe Terra, a Pachamama dos Indígenas". E diz que as CEBs se enraízam "na prática histórica de Jesus de Nazaré e bebem do testemunho das primeiras comunidades cristãs. Como Jesus assumem a opção pelos pobres e, a partir deles, anunciam o Evangelho do Reino". Lembra que as CEBs são sementeiras de novas lideranças e de ministérios. Têm forças para enfrentar

---

[32] Unisinos IHU, 20 de junho de 2019. Moacyr Grechi: o bispo que aprendeu a ser cristão entre os menores da Amazônia.
[33] Arquidiocese de Porto Velho. Arquivo/Cúria, Papéis Avulsos; Relatório do 12º Intereclesial das CEBs de Porto Velho: 21-25 de julho de 2009, p. 17.

os conflitos. São células de vitalidade da Igreja, de irradiação missionária, reconhecidas em todas as Conferências Episcopais, desde Medellín até Aparecida. São o modo mais antigo e novo de ser Igreja ganhando força com o Vaticano II. Ilumina-se em Maria a discípula do Senhor.[34]

No ano de 2013, a Arquidiocese de Porto Velho promoveu um Encontro das Comunidades de Base, do qual Dom Moacyr participou.[35]

4. Ética política, direitos humanos e vida cristã sólida

Dentre os vários temas que estiveram presentes – na atividade cidadã e pastoral de Dom Moacyr, emerge a questão da cidadania, da ética na política, dos direitos humanos. Ele imergiu nesse mundo de valores sociais durante o seu pastoreio no Acre e continuou depois em Rondônia. Não é à toa que muitas entidades o homenagearam por esta postura audaciosa e profética. Retomemos então esse tema a partir dos anos 1980.

No seu múnus pastoral, Dom Moacyr envidou todos os esforços para formar bons cidadãos e cidadãs. Em época de eleições era momento propício para dar orientações aos eleitores. Sempre se fundava nas instruções dos documentos eclesiais, mormente da CNBB.

Depois de tantos anos sufocada por um governo autoritário, a sociedade brasileira conseguiu despertar do forçado torpor e se

---

[34] CNBB. Carta de Dom Moacyr Grechi por ocasião do Encontro dos Assessores da Articulação Continental das CEBs em Porto Velho. CM, n. 625, 2009, p. 1297-1299.
[35] CNBB. CM, n. 649, 2013, p. 179.

manifestar com a proposta de uma nova constituição para o país. Era necessário sacudir uma sociedade que fora encurralada para que saísse e se manifestasse. Foi o que fez Dom Moacyr. Ele recomendava o documento da CNBB *Por uma nova ordem constitucional*, documento que poderia ajudar os constituintes na elaboração da nova Carta Magna e "a todos os homens e mulheres de boa vontade que, entre nós, lutam por uma nova sociedade justa e fraterna". E alertava:

> Quem não se preocupa, por exemplo, com as próximas eleições, especialmente dos constituintes que são os senadores e deputados, não está querendo, na verdade, uma sociedade brasileira justa e fraterna. É amor só de palavra, é casa sobre a areia, sem futuro. [...] Os bispos dão importância à vocação política dos membros de nossas comunidades evitando o risco de transformar os movimentos e as comunidades eclesiais de base político-partidários, devem os cristãos apoiar eficazmente os irmãos e irmãs que por coerência com sua vocação, se dispuserem a entrar na ação político-partidária. O apoio eficaz implica um acompanhamento fraterno que os mantenha integrados à comunidade eclesial e a abertura de espaços adequados para que possam avaliar e aprofundar sua fé diante dos desafios e dificuldades especiais em sua nova missão. [...] O momento atual é extremamente importante e decisivo. Não é mais tolerável que a busca de um mínimo de justiça tenha que ser conseguida a preço de sangue inocente. Lembremos a morte, no mês passado do Pe. Josimo, de Tocantinópolis,[36] por sua luta em favor dos posseiros de

---

[36] Foi aquele que preferiu não se calar para defender os oprimidos. Assassinado a mando de fazendeiros em Imperatriz, Josimo (1953-1986) era coordenador da CPT de Araguaia/Tocantins.

Goiás. E ele, por ora, é o último dos mais de mil irmãos e irmãs assassinados por razões de terra nestes últimos anos. E todos os assassinos e mandantes continuam impunes.[37]

Diante da opressão em que vivia a sociedade acreana – lembrando que a capital do Acre se situava em sua diocese – Moacyr, presbíteros e lideranças exigem apuração da corrupção no estado:

> Não podemos mais continuar vivendo nessa situação de dúvidas, suspeitas, ameaças e interesses espúrios. Não é mais possível admitir que a lei do mais forte esteja acima da dignidade da pessoa humana e da defesa dos direitos do fraco. Hoje, mais do que nunca, está claro que a prática da ética na vida pessoal e na sociedade deve ser preocupação constante tanto do povo quanto das autoridades. A importância e a amplitude da ética devem questionar não somente os cristãos, mas também as pessoas de boa vontade, as Instituições e as Organizações da sociedade civil.[38]

Em 1986, frente ao panorama político que se vislumbrava, orientava o povo de sua diocese, explicando:

> Muita gente esquece ou mesmo não sabe que quem é eleito é representante do povo e não seu dono. É obrigação grave, não favor, que os que foram eleitos se preocupem (foram eleitos e ganham bem demais para isso) com a saúde, com a educação, a segurança do povo, a carestia, estradas, participação do povo nas decisões que lhes interessam etc. Política verdadeira deve ser um modo de amar o próximo, de buscar o bem do conjunto da população. Política verdadeira é participar (os políticos têm um medo danado de

---

[37] Nós Irmãos, ano 15, jun. 1986.
[38] CNBB. CM, n. 496, 1995 n. 496, p. 2490-2492.

consultar o povo) na indicação dos melhores candidatos, na sua eleição e na cobrança exigente, persistente, inteligente, organizada daquilo que eles têm obrigação grave de fazer.[39] A cada nova eleição se renovavam as esperanças de eleger homens devotados à causa do povo. Mas nem sempre isso ocorria. Ele apoiava seus irmãos bispos que lutavam pela mesma causa. Dom Moacyr dizia que apoia Dom Antônio por sua coragem e gesto profético na forma como estava orientando o povo de Deus presente na Diocese de Ji-Paraná, quanto às eleições de 2006. Ele acenava para o Documento da *CNBB Eleições 2006*, *Carta Pastoral de Porto Velho*, de sua autoria e a *Cartilha de Ji-Paraná de Dom Antônio*. Dizia que esses textos estavam em consonância com as orientações da CNBB. Dom Antônio se posicionara frente à candidatura do Governo do Estado de Rondônia. Afirma Moacyr: "Não devemos ser tolerantes com políticos, que, ao invés de cuidar do bem comum, dilapidam e se apropriam dos bens públicos". E denunciava a impunidade e a corrupção no Estado. "Reafirmamos nossa mais profunda solidariedade ao irmão no episcopado, defensor dos direitos humanos, pela incansável dedicação ao povo de Rondônia, aos agricultores e famílias migrantes".[40]

Indo em direção contrária ao regime reinante, motivava a participação do povo em eventos importantes para o país como a constituição da Assembleia Constituinte e a participação nas *Diretas já*.[41] E, recordando sempre as orientações emanadas da CNBB, convidava as comunidades para gestos concretos, um grande jejum

---

[39] Nós Irmãos, ano 15, jan./fev. 1986.
[40] CNBB, CM, n. 600, 2006, p. 1325/1326.
[41] *Diretas já* foi um movimento de reivindicação da sociedade civil exigindo eleições livres e diretas para presidente da República. O movimento ocorreu nas grandes cidades em março de 1983.

nacional e um dia de oração pela Pátria a ser celebrado no dia 11 de outubro, véspera da Festa de Nossa Senhora Aparecida.

Em momentos importantes não só da Igreja, mas também da sociedade, ele não se eximia em orientar as pessoas, como ocorreu em 2006, na eleição presidencial:

A Igreja não pode colocar-se e nem deve omitir-se no campo político. Ela não pode colocar-se no lugar do Estado. Mas também não pode, nem deve ficar fora na luta pela justiça e pela ética. Seria renegar sua fé em Jesus Cristo. É nosso dever incentivar os católicos leigos a se engajarem com responsabilidade na ação política, dando a eles orientações para que exerçam o seu voto com inteligência e com ética. A partir desse ensinamento é que a sociedade deve compreender o engajamento dos líderes da Igreja Católica no combate à Corrupção.[42]

Em Carta Pastoral, esclarece: "a corrupção eleitoral ainda é um problema enraizado na mentalidade de nosso povo ... É preciso instalar uma nova consciência política, iluminada pelo lema que mobilizou os movimentos sociais nos últimos anos: voto não tem preço, tem consequência [...]".[43]

As CEBs e outras associações da Igreja e, mesmo da sociedade civil, constituíam presas interessantes para os políticos. Era importante o pastor alertar esses grupos para o risco que colocava em jogo o objetivo, a independência dessas associações.

---

[42] Arquidiocese de Porto Velho. Porta Aberta, Ano XVIII, n. 89 julho/agosto 2006.
[43] Arquidiocese de Porto Velho. Orientações da Arquidiocese de Porto Velho para a participação do Povo de Deus nas Eleições de 2006, p. 2.

A cada instante e em todos os cantos, surgem associações e, em muitos casos, só com a finalidade de conseguir votos, mesmo com sérios riscos de dividir as comunidades e prejudicar as autênticas associações. Políticos tentam usar as comunidades para fazer seus interesses, tentam até corromper as lideranças mais autênticas e assim por diante. [...]. É, pois, hora de vigilância e de formação. É importante, é mesmo necessário participar da política, mas devemos fazê-lo de maneira livre, com olhos bem abertos, visando sempre ao bem comum, isto é, o bem de nosso bairro, de nossa colônia, de nossa cidade, estado e nunca visando só a interesses de família, privilégios injustos, interesses puramente egoístas. É importante, também aprender a conviver com pessoas que pensam de maneira diferente da nossa, que são de partidos diferentes. [...] Fanatismo não é coisa de cristão. Devemos saber falar, discutir, discordar sem romper com os irmãos, sem abandonar a comunidade. Tudo isso é sinal de amadurecimento no caminho do Evangelho.[44]

É curiosa e criativa a narrativa de como Dom Moacyr motivou as pessoas para as eleições do ano de 1989:

> Como as eleições para presidente estão às portas, resolvi pedir uma orientação segura ao próprio Jesus, que prontamente me atendeu. Olha, Moacyr, disse-me Ele, o futuro pastor de vocês (é assim que a Bíblia chama os reis, os juízes, os governadores) deve ter algumas qualidades fundamentais, que você pode encontrar em toda a Bíblia, mas, especialmente no capítulo 34 de Ezequiel e no capítulo

---

[44] Nós Irmãos, ano 14, jul. 1985.

10 de São João. Em resumo, eu poderia dizer o seguinte: o futuro presidente de vocês deve ser um homem (ou mulher, é claro) que sabe o que quer, isto é, que tenha um claro e objetivo plano de governo. Isto porque a principal função do pastor é guiar o rebanho no rumo certo, pois cego que guia outro cego, como vocês já sabem (Mt 15,14) não termina bem. Este plano de governo deve estar totalmente voltado para o bem de todo o rebanho, isto é, de todo o povo. Do contrário, quando, na prática, só se visa a carne, a lã e o leite do rebanho, não se deve falar de projeto de governo, mas de trama de mercenário (é a pessoa que só trabalha por dinheiro), de assaltante e ladrão. Você já viu lobo ter projeto de governo em benefício das ovelhas? A principal preocupação do governante será o alimento, a água e a segurança do rebanho, de todo o rebanho. Além disso, não poderá ser covarde: arrisca, se necessário, sua tranquilidade, sua segurança e até sua própria vida pelo rebanho. O conflito, o perigo, mostra quem é quem. O mercenário só pensa no seu interesse. Na hora do perigo corre, se esconde, acha desculpas. O pastor autêntico fica do lado do rebanho perseguido, ameaçado, oprimido. O mercenário, "se tem algo para mastigar entre os dentes", isto é, quando prevê algum interesse particular (Mq 3,5), muda de ideia, se alia aos que só querem explorar o rebanho. O verdadeiro pastor quer libertar o povo de qualquer escravidão. Julga com justiça entre "a ovelha magra e a ovelha gorda" (Ez 34,20), isto é, não admite que os mais fracos sejam esmagados pelos mais fortes. Está sempre do lado do mais fraco. É a sua opção preferencial.

Ele conhece pela convivência solidária, pela experiência das alegrias e sofrimentos, suas ovelhas e elas, por sua vez, o conhecem e nele confiam. Cria, com todo o rebanho, laços profundos de amizade e colaboração. Faz um verdadeiro pacto, uma aliança sagrada. Não admite, de maneira alguma, chegar sozinho à terra prometida (Ex 32,32), isto é, a meta da caminhada. Ou todos juntos, ou nada! O objetivo alcançado deve ser, ao mesmo tempo, obra do governante e de todo o povo. Deve ser, numa palavra, obra comum.

Gostaria de citar uma frase do documento dos meus bispos do Brasil: Participa com Esperança, que é um excelente resumo de todo o resto: O candidato deve ter provado pela sua vida passada, ser prudente, corajoso e comprometido com as justas causas populares.

E Dom Moacyr termina convidando: "Rezemos, é o que devemos fazer antes de tudo e, depois ... VOTEMOS BEM".[45]

No ano de 1996, também se referiu ao tema cidadão do voto. Selecionou um dos cinco luminares da CNBB que deveriam orientar a missão evangelizadora: superação da exclusão, e o título do artigo era: Voto: expressão de amor.[46]

A Igreja, não pode pretender evangelizar seriamente o mundo de hoje, sem sua presença pública, com o objetivo de colaborar na construção de uma sociedade mais justa e solidária. A solidariedade com os excluídos tornou-se cada vez mais exigente devido ao sistema capitalista neoliberal que hoje é único no mundo e que se torna uma espécie de religião ou, como diz um famoso escritor "o monoteísmo do mercado". [...]. Aqui entra a política, entram as

---

[45] Nós Irmãos. O bispo fala. Ano 18, nov. 1989.
[46] Nós Irmãos, ano 25, set./out. 1996.

eleições. É a ética na política. A recuperação da política passa pela formação e moralização dos políticos. [...]. Não tenhamos, na hora de votar, memória curta. [...] A superação da exclusão social, na palavra do papa, é um dos objetivos da celebração jubilar do ano 2000. Comecemos a viver desde já este grande objetivo, votando bem, votando com responsabilidade cristã.

No ano de 2017, houve no Brasil uma mobilização para uma greve geral. Era coordenada pelas frentes Brasil Popular e Povo Sem Medo. Estava no poder Michel Temer e o Congresso ameaçava leis que ofendiam os direitos básicos dos cidadãos. A propósito, afirmou Dom Moacyr: "Todos os que participam da Igreja Católica têm a obrigação moral de não aceitar a destruição dos direitos dos pobres".[47]

Motivava os cidadãos a participarem com ética nas eleições: "O verdadeiro cristão tem de ser comprometido com a política".[48]

A luta pela justiça social foi um de seus carros-chefes durante todo o seu múnus episcopal.[49]

As Romarias da Terra sempre tiveram um forte viés social. E contavam com o apoio de Dom Moacyr.[50] A sexta jornada, ocorrida em Ji-Paraná, incentivava a agricultura familiar. Ele acreditava no trabalho solidário no campo.

Assim como no Acre, também em Rondônia, Dom Moacyr procurou estar próximo ao povo e solidário com seus irmãos de episcopado. Uma visita pastoral era sempre um momento de ouvir e sentir mais de perto as pessoas:

---

[47] Arquidiocese de Porto Velho. Arquivo/Cúria. Papéis avulsos.
[48] O Estado de Rondônia (Estadão) 25-26 jan. 2004.
[49] Estadão, 2-3 out. 2005.
[50] Estadão, 10 abr. 2001.

Foi um momento de encontro com nosso Pastor, mesmo se ele convive sempre em nosso meio e participa habitualmente das celebrações e acontecimentos. Mas, agora ele tem a possibilidade de olhar por dentro as pessoas, de aconselhar e dar as diretrizes necessárias. [...] Dom Moacyr apontou uma meta: os Grupos de Reflexão permanentes. Queremos trabalhar neste campo.[51]

Sendo arcebispo metropolitano, participava e apoiava as dioceses sufragâneas:

> Nessa hora em que está tão evidente a impunidade e a corrupção de nosso estado, envolvendo os poderes executivo, legislativo e judiciário, reafirmamos nossa mais profunda solidariedade ao irmão no episcopado, Dom Antônio Possamai, defensor dos direitos humanos, pela incansável dedicação ao povo de Rondônia, de modo notável, aos agricultores e famílias migrantes e insistimos que todos os cristãos e cristãs participem intensamente da luta pela ética na sociedade rondoniense, denunciando tudo o que agride diretamente a pessoa humana em seus direitos.[52]

O movimento pela ética na política encontrou em Moacyr um paladino. Esse trabalho acompanhava a luta pela justiça social e a solidariedade humana, visando resgatar a dignidade dos excluídos. Ele defendia esses ideais tanto em Rondônia como para todo o país. A educação para a cidadania era uma estratégia central nessa luta.[53]

---

[51] Arquidiocese de Porto Velho. Livro de Tombo n. 8 (2003-2007), p. 96v.
[52] Arquidiocese de Porto Velho. Estação Igreja. Dom Moacyr apoia D. Antônio Possamai, ago./out. 2003, p. 3.
[53] Estadão. Igreja lidera movimento pela ética. Porto Velho, 11 maio 2006.

Numa época de expansão do capitalismo ianque, ele acompanhou um movimento popular no Brasil que se opunha à entrada do Brasil na ALCA.[54] A entrada do Brasil nesse mercado era vista como nefasta por Dom Moacyr. Ele se posicionou contra, pois considerava que não traria benefícios para o povo brasileiro, mas lhe causaria mais exploração. Seria um braço dilatado do capitalismo norte-americano em toda a América Latina. Um plebiscito também rejeitou a entrada do Brasil na ALCA.

5. Animação da Vida Religiosa Consagrada

Tanto em Rio Branco como em Porto Velho, Dom Moacyr sempre esteve muito grato à Vida Religiosa Consagrada. O início da evangelização da Amazônia é obra da Vida Religiosa Consagrada. Nos anos 1600-1900 destacaram-se os franciscanos, capuchinhos, carmelitas, mercedários e jesuítas. A partir de meados do século XIX, apareceu também a vida religiosa consagrada feminina.[55] Depois do Vaticano II, as dioceses da Amazônia foram enriquecidas com a presença de muitos carismas. Tanto a CNBB como a CRB incentivaram muito o deslocamento das congregações para a Amazônia.[56] Moacyr destaca que

> toda a Igreja da Amazônia é fruto do trabalho e do heroísmo de religiosos e religiosas que construíram, principalmente nestes últimos cem anos, nossas Prelazias e Dioceses. Aqui em Porto Velho, caso único, creio, as Irmãs

---

[54] Estadão, 29 jan. 2004.
[55] Pertíñez Fernández, J. Presença da Vida Consagrada Feminina na Diocese de Rio Branco.
[56] A Conferência dos Religiosos do Brasil é uma entidade que reúne as religiosas e os religiosos do Brasil (CRB). Foi fundada em 1954. No ano de 2024 celebrou 70 anos de existência. A Vida Religiosa Consagrada na Amazônia deve muito ao trabalho da CRB, sobretudo a partir dos anos 1970.

Salesianas chegaram antes dos Padres Salesianos. Hoje é esplêndido o testemunho e o trabalho que religiosos e principalmente religiosas dão, aqui em nossa Diocese, no campo da educação, da saúde e no campo direto da pastoral paroquial. [...] O espírito destas religiosas é realmente missionário, pois, ao se apresentarem, perguntam pelas regiões mais necessitadas da Diocese... Quando uma paróquia tem a graça e o privilégio de padres, irmãs e irmãos que trabalham em sintonia, a qualidade do serviço pastoral é evidente. Esta tem sido a minha experiência no meu longo ministério episcopal.[57]

Dom Moacyr acolhia com carinho e entusiasmo as congregações religiosas que se estabeleciam em sua diocese. Ao que refere irmã Rosália Saccardo é um exemplo:

> Dom Moacyr era uma pessoa especial e despertava em mim uma grande admiração pela simplicidade e capacidade de adaptação em qualquer ambiente e com qualquer pessoa, tendo uma atenção única, privilegiada para com os mais humildes, inclusive conosco, Servas de Maria de Galeazza, que como dizia o nosso fundador, Beato Ferdinando M. Baccilieri: "[...] não conhecemos o que é a aristocracia e vivemos sem formalidade e com simplicidade [...]".
> Me lembro do carinho que usava conosco, especialmente com as primeiras irmãs que chegaram da Itália em 1972: M. Stefanina Calzolari, M. Maddalena Marchesini, Anna Maria Gretter, M. Patrizia Baravelli, M. Francesca Frigieri. Partilhava o cansaço das longas desobrigas visitando colônias e seringais, animando as comunidades nascidas das

---

[57] Ferrarini, S. História da Igreja na Amazônia. Vida Religiosa Consagrada, p. 41.

— V – Serviço pastoral em Porto Velho (1998 a 2011) —

visitas das irmãs de colocação em colocação, de Brasileia a Assis Brasil, estendendo-se ao Seringal São Francisco, Iracema e outros.[58]

Por sua vez, a irmã Maria de Fátima Gonçalves relata como foi o acolhimento que Dom Moacyr deu ao Instituto Josefino.

No dia 11 de fevereiro de 1983, chegavam em Rio Branco, vindas de Fortaleza, Ceará, quatro irmãs, acompanhadas da fundadora e superiora-geral, Dona Rosita Paiva e irmã Zeneida Fontenelle. Fomos recepcionadas pelo Pe. André Ficarelli, vigário-geral, representando Dom Moacyr e três irmãs Josefinas. Do aeroporto para o bairro, Estação Experimental, atravessamos a cidade de "ponta a ponta". Vi três semáforos apenas; a cidade ainda era bem pacata.

Chegamos na comunidade Santa Terezinha, uma casinha de madeira, assoalho também de madeira, com uma arquitetura idêntica à dos seringueiros. Ao lado, um centro comunitário para celebrações litúrgicas, catequese, grupo de jovens, sacramentos e todas as atividades das CEBs. Nesse local, em 1971, três voluntários fizeram uma experiência inédita de inserção entre as CEBs.

Em 1981, o Dom Moacyr pediu uma comunidade Josefina, com o objetivo de ser apoio aos grupos de evangelização, às desobrigas e como Congregação uma comunidade formadora. Em 1982, foi aberta a comunidade Nossa Senhora de Nazaré, com três irmãs Josefinas e três jovens acreanas, estas para iniciarem o noviciado e em 1984, professaram os primeiros votos. A celebração aconteceu

---

[58] Depoimento da irmã Rosália Saccardo.

no centro comunitário Santa Terezinha, ao lado. Morei na comunidade durante oito anos, entre 1983-1991.

No dia seguinte da nossa chegada em Rio Branco, Dom Moacyr foi nos visitar. Na entrada da salinha da casa tinha uma tábua se despregando das outras. Dom chegou, parou bem no batente, sabedor de que aquela tábua estava nestas condições, bateu o sapato em cima da tábua que a outra ponta subiu lá no batente da porta que dava para cozinha. Ele pisou bem forte para vê-la levantar. Disse: "Casa de pobre é desse jeito, a gente pisa e se quebra toda". A irmã Aldenora respondeu: "É o senhor que manda arrumar mesmo, então, está tudo certo". Foi uma gargalhada só de todas nós. Achei muito estranho. Mas, ele gostava de fazer esse tipo de coisa só para interagir com as pessoas de forma descontraída.

Éramos quatro irmãs recém-chegadas: eu com 23 anos, Teresinha Pires, 25, Nieta Oliveira, 22 e Geralda Silveira com 32 anos. Então, cumprimentou Dona Rosita e disse: "Eu pedi para a senhora freiras e me traz meninas". E Dona Rosita respondeu de imediato: "Pois cuide delas como um pai, senhor Bispo". Novamente me assustei. Porém esse jeito de ser e iniciar um diálogo com o povo era cativante.[59]

As congregações religiosas chegadas à Prelazia/Diocese de Rio Branco eram acolhidas dentro do espírito que então animava a vida da Igreja local: atenção ao espírito do Concílio Vaticano II, das Conferências Latino-americanas, de Santarém e de toda a reflexão emanada da CRB. Isso significava apoio à pastoral das CEBs, catequese, liturgia e estudo bíblico segundo as orientações

---

[59] Depoimento da Ir. Fátima Gonçalves.

conciliares e da CNBB; uma teologia, como se dizia, "pé-no-chão" e espírito crítico frente à conjuntura social, política e econômica de então; uma espiritualidade geradora de vida naquele contexto de marginalização social. Todos esses elementos caracterizaram uma Vida Religiosa Consagrada profética.

A Diocese de Rio Branco também teve a graça de contar com a presença da vida contemplativa, com a vinda das Irmãs Beneditinas, oriundas do Mosteiro de Santa Cruz, de Juiz de Fora, no ano de 1993. Para aquele momento foram enviadas quatro monjas. Permaneceram na diocese até o ano de 2022.

A CRB caminhou *pari passu* com a CNBB,[60] havendo sempre mútuo apoio e bastante sintonia no trabalho pastoral na Amazônia. Dom Moacyr sempre tinha uma palavra de ânimo e de agradecimento à VRC tanto em Rio Branco como em Porto Velho.

6. Acidentes e mensagens de solidariedade

Ao descrever alguns acidentes que teve Dom Moacyr, nos lembramos o que também ocorreu com o Apóstolo Paulo (2Cor 11,26). Faz um retrospecto relatando quantas viagens realizara passando por perigos em rios, perigos de ladrões, perigo por parte de compatriotas seus, perigo por parte das nações, perigo nas cidades, perigo nas matas, perigo por estar entre falsos irmãos. Realmente, tanto Paulo como Moacyr sofreram e enfrentaram muitos obstáculos.

Durante o seu ministério pastoral em Rio Branco, várias vezes Dom Moacyr se deslocava para regiões remotas, com o auxílio do avião pilotado por frei Heitor Turrini.[61] Num desses voos, houve

---

[60] CNBB/CDI. Dossiê 30411, 1977.
[61] Heitor Maria Turrini, da Ordem dos Servos de Maria. Conseguiu na Alemanha um bimotor Dornier para o serviço social e pastoral na prelazia. Era

uma pane e o piloto comunicou que deviam se preparar para o pior. Entretanto, graças à sua destreza, conseguiu aterrissar ileso. Uma vez também foi atropelado na rua. Vejamos alguns outros acidentes mais graves ocorridos em Rondônia.

O primeiro acidente aconteceu no dia 28 de julho de 2001. Ele viajava com Dom Geraldo Verdier, da Diocese de Guajará-Mirim, para participarem, em Ji-Paraná, da sexta Romaria da Terra.

> No dia 28 de julho de 2001, Dom Moacyr foi vítima de um grave acidente de automóvel na BR 364, nas proximidades de Ouro Preto d'Oeste, RO. Foi atendido no Hospital São Lucas daquela cidade e, em seguida, transferido para a UTI no ar e para uma clínica em São Paulo. A comunidade diocesana acompanhou-o com corrente de oração, solidariedade, muito carinho e vigília de orações, pela recuperação do nosso Pastor. Deus atendeu nosso pedido. Agora, Dom Moacyr é como ressuscitado e, em breve, o teremos em nosso meio.[62]

> Após 75 dias de ausência [...] graças a Deus o milagre da vida foi realizado. Dom Moacyr retornou à Arquidiocese, sendo recebido no aeroporto por sacerdotes, religiosos e religiosas, seminaristas e a comunidade para desejar boas--vindas ao Pastor querido. [...]. Às 19h30 foi celebrada missa festiva campal em frente à Catedral. [...] Pe. Franco fez a saudação de boas-vindas. Na homilia, Dom Moacyr agradeceu as orações.[63]

---

piloto. Grande defensor da selva amazônica, dos pobres, dos enfermos, dos ribeirinhos. Doutor Honoris Causa pela UFAC.
[62] Arquidiocese de Porto Velho. Livro de Tombo n. 7 (1981-2003), p. 87.
[63] Arquidiocese de Porto Velho. Livro de Tombo n. 7 (1981-2003), p. 87v.

V – Serviço pastoral em Porto Velho (1998 a 2011)

Recuperado desse grave acidente, ocorreu-lhe um segundo, gravíssimo também, no dia 29 de novembro de 2004.

Hoje pela manhã, o arcebispo Dom Moacyr, sofreu um acidente automobilístico quando se dirigia à cidade de Montenegro, no regional de Ariquemes. Foi internado no Hospital Nove de Julho, constatando-se lesões na coluna vertebral. [...] Permaneceu na UTI do hospital com colete que o obrigou à imobilidade. [...] Os médicos que o assistem aconselham que seja removido a um centro hospitalar em São Paulo, onde haja mais condições e recursos para a recuperação. [...] Foi levado para o Hospital Santa Catarina, mesmo local onde se tratou do acidente anterior. Foi acompanhado pelo médico e por frei Claudio, com as orações de todos.[64]

Dom Moacyr retornou a Porto Velho no dia 19 de março de 2005, depois de mais de três meses de tratamento da coluna vertebral, em São Paulo. Muitas pessoas foram acolhê-lo no aeroporto com euforia, cantos, carinho e comoção. Dom Moacyr frisou, na coletiva, que sempre esteve em sintonia com todos, no sofrimento, na oração e no programa da Rádio Caiari.[65]

Estando neste estado tão delicado de saúde, Dom Moacyr recebeu inúmeras mensagens de apoio, dentre as quais destacamos:[66]

---

[64] Arquidiocese de Porto Velho. Livro de Tombo n. 8 (2003-2007), p. 110v.
[65] Arquidiocese de Porto Velho. Livro de Tombo n. 7 (1981-2003), p. 115. Em Porto Velho, Dom Moacyr tinha diariamente o programa da Ave-Maria, na Rádio Caiari.
[66] Todos esses testemunhos se encontram no Arquivo da Cúria Metropolitana de Porto Velho. Papéis avulsos.

- "Eu, a Marlúcia, a Marihá e a Catarina, estamos pedindo a Deus sua recuperação plena. Sabemos que essa ocorrerá, pois ainda precisamos muito das suas profecias para o bom povo do Norte", escrevia Tião Viana em sete de agosto de 2001.
- "Apresento-lhe meus melhores votos de pronto restabelecimento. Cordialmente, Marco Maciel", vice-presidente da República.
- "Prezado Bispo Moacyr. Lamento profundamente o ocorrido. Externo votos de pleno restabelecimento de sua saúde. Um abraço." Era o desejo do Deputado José Dirceu.
- Membros de sua família, de Turvo/SC, escreveram: "Dom Moacyr. Sei que estais passando por momento difícil e sofredor. Não penses que estais sozinho. Eu e minha família, como também nossa comunidade, sofremos. Botamos nas mãos de Maria, Mãe das Dores que sofreu por nós e a ela rezamos e confiamos na sua recuperação. Ela que está sempre pronta a levar nossos pedidos a seu filho Jesus [...]". Marlene Monteiro Ribeiro e família.
- "Querido Dom Moacyr. Estamos rezando pelo seu pronto restabelecimento. Que Deus o abençoe com saúde de corpo e saúde de espírito. Shalom." Mensagem de Henry I. Sobel, rabino, presidente do Rabinato.
- Os Seminaristas do Seminário Maior João XXIII, de Porto Velho: Cordeiro, Zezé, Irineu, Evandro, Reinaldo, Edivan, Luciano, Felinto expressaram: "Dom Moacyr. Saudações em Cristo. [...]. Sabemos que é muito difícil passar pelo que o senhor está passando. Mas a cada dia agradecemos a Deus pelas boas notícias de sua recuperação. [...] 'O Senhor é meu pastor e nada me há de faltar'. Que Deus o acompanhe sempre."

- "Toda a minha solidariedade à família de Dom Moacyr, nesta hora tão difícil na qual um dos homens de bem desse país, tão necessitado de pessoas lúcidas e éticas como ele, luta pela vida", foram as palavras de Ana Maria Araújo Freire.

- "Expresso a Dom Moacyr todo o meu carinho, dor, força e esperança pela sua saúde e pela sua vida", Aparecida / Cidinha.

- A Direção Nacional do MST, na pessoa de João Pedro Stédile, deseja sua recuperação: "Todos nós, militantes do MST, estamos torcendo e ansiamos pela sua pronta recuperação. Não desanime. Os sem-terra, os pobres de Rondônia e do Brasil precisam do senhor. Um grande abraço em nome de todos os que gostariam de estar contigo..."

- A maçonaria do Estado de Rondônia, através do Grão--Mestrado do Grande Oriente do Brasil – GOB/GOER, "solidariza-se neste momento de tristeza pelo grave acidente ocorrido no dia 28 do mês de julho passado, ao mesmo tempo em que rogamos ao GADU que ouça as nossas orações, pelo breve restabelecimento de vossa saúde, para voltar ao nosso convívio. Fraternamente, Euclides Sampaio Fróes, Grão-Mestre Estadual".

Enquanto Moacyr se recuperava, a comunidade orava por ele e aguardava ansiosa o seu retorno: "Uma multidão recepcionou Dom Moacyr de volta a Porto Velho após tratamento do acidente ocorrido. Dom Moacyr expressou sua profunda gratidão pelas orações e manifestações de apoio".[67]

Já às vésperas de seu pedido de renúncia, foi celebrada no dia 19 de janeiro de 2010 uma grandiosa eucaristia na Catedral

---

[67] O Estado de Rondônia, Porto Velho, 22 mar. 2005.

para marcar os 74 anos de Dom Moacyr. Era um sinal evidente do afeto de seu povo:

> Hoje com a Igreja lotada e com a participação de 25 sacerdotes celebramos setenta e quatro anos de vida de nosso arcebispo Dom Moacyr. É um momento em que agradecemos a Deus por tudo aquilo que realiza com este bispo para o bem de nossa igreja amazônica. Com o lema "Autoridade é serviço", ele se inspira na figura do bispo Santo Agostinho.[68]

E, no dia 19 de janeiro de 2011, com a mesma alegria e solenidade, a comunidade celebrou seus 75 anos. Concelebraram os bispos de Humaitá, Dom Francisco; de Guajará-Mirim, Dom Geraldo, e de Ji-Paraná, Dom Bruno. Foi apresentada uma síntese de sua vida e missão.[69]

Outra grande celebração foi a de 50 anos de Ordenação Sacerdotal, o Jubileu de Ouro de Dom Moacyr. Concelebração eucarística na Catedral Sagrado Coração de Jesus, no dia 29 de junho de 2011. Concelebraram cinco bispos e 48 sacerdotes. "Era patente o clima de festa e gratidão denotando a estima pelo arcebispo, especialmente sua corajosa opção pelos pobres injustiçados e a maneira simples de acolher os que o procuram. Foi feito um retrospecto de sua longa jornada como padre e bispo".[70]

---

[68] Arquidiocese de Porto Velho. Livro de Tombo n. 9, p. 65v.
[69] Arquidiocese de Porto Velho. Livro de Tombo n. 9, p. 106v.
[70] Arquidiocese de Porto Velho. Livro de Tombo n. 9, p. 120 e 127.

VI
Emérito – Tempos de sínteses (2011 a 2019)
O último de todos e o servo de todos[1]

1. Pedido de renúncia

Em carta ao Santo Padre, Dom Moacyr lhe entrega o ofício de Arcebispo de Porto Velho:[2]

Santo Padre.

Louvado seja Nosso Senhor Jesus Cristo.

No último dia 19 do corrente mês, completei, por bondade de Deus, 75 anos de idade.

Em anuência à solicitação do Cânon 401 # 1, entrego em suas mãos o ofício de Arcebispo de Porto Velho, Rondônia, Brasil, para que ponderadas todas as circunstâncias, possa tomar as providências necessárias.

---

[1] Seu lema episcopal inspirado em Mc 9,35.
[2] CNBB. CM, n. 641, 2011, p. 185, 187.

Procurei servir a Igreja, primeiro na Prelazia do Acre e Purus (depois Diocese de Rio Branco), no Estado do Acre, de 1972 a 1998 e, desta data até hoje, na Arquidiocese de Porto Velho. Dentro de minhas muitas limitações, procurei servir este povo com muito amor e graças a Deus, com a ajuda dos padres, das religiosas e de muitos leigos e leigas, pude levar à frente todas as tarefas episcopais, com especial relevo as visitas pastorais a todas as paróquias, realizadas a cada dois anos (nos primeiros 10 anos a cada ano) e por diversos dias.

Por esta graça de Deus, não obstante dois graves acidentes automobilísticos, continuo com boa saúde física e mental. É claro que a idade, queiramos ou não, acarreta certas limitações.

Enquanto fico esperando o encaminhamento que Vossa Santidade julgar melhor, aqui continuarei servindo este povo.

Peço que me abençoe com todo o povo desta Arquidiocese. Com minhas orações estarei sempre unido a Vossa Santidade.

Do irmão menor em Cristo / Porto Velho, 26 de janeiro de 2011 – Dom Moacyr Grechi O.S.M. Arcebispo de Porto Velho.[3]

Dom Moacyr renunciou, por limite de idade,[4] no dia 30 de novembro de 2011. Ao completar 75 anos, celebrou-se na Catedral de Porto Velho uma significativa eucaristia. Ficou assinalado:

---

[3] Arquidiocese de Porto Velho. Arquivo/Cúria. Papéis avulsos.
[4] Todos os bispos e arcebispos da Igreja Católica apresentam ao papa a renúncia ao governo de sua Circunscrição Eclesiástica ao atingir a idade de 75 anos, segundo os ditames do CDC n. 401 # 1.

Nota-se o carinho e o respeito de todos pelo Pastor, especialmente nessa ocasião em que ele, ao chegar na meta de 75 anos, apresenta ao papa a disponibilidade de cumprir as normas do Direito Canônico que convida os bispos a apresentar a renúncia. Mas, nós esperamos que isso aconteça quanto mais longe para caminhar mais ainda com este nosso Pastor. Obrigado, Dom Moacyr pela coragem e o testemunho de sua vida, que, para nós, é motivo de profundo agradecimento a Deus.[5]

Arguido sobre o que faria, ao entrar nessa nova fase da vida, disse gostar de voltar a ser frei e que se adaptaria a qualquer situação que lhe fosse oferecida.[6]

O Papa Bento XVI lhe enviou uma mensagem destacando que, no campo a ele confiado, teve de enfrentar graves dificuldades, o que não o impediu de fazer boas semeaduras. E recordou alguns dos seus trabalhos pastorais:

> Exercendo o ministério Episcopal enfrentaste muitas e graves dificuldades, sobretudo pela natureza da região, mas sempre confiando em Deus, como vigilante e paciente agricultor semeaste a boa semente no amplo campo a ti confiado a ponto de suscitar copiosos frutos.
>
> Gostaríamos de recordar alguns dos teus trabalhos pastorais; a tua particular preocupação com os autóctones e com os agricultores que vivem na Amazônia, aos quais olhastes com zelo; uma preocupação intensa a fim de instituir novas Comunidades católicas (CEBs); uma preocupação em relação aos sacerdotes e aos leigos e, sobretudo, o impulso

---

[5] Arquidiocese de Porto Velho. Livro de Tombo, n. 8, 2007, p. 106v.
[6] Diário da Amazônia, 14 de fevereiro de 2011.

que tu deste para o anúncio do Evangelho de Cristo. […] Celebrando, portanto, o Solene Jubileu de seu Sacerdócio, grato ao Altíssimo pelos dons celestes dos quais foste enriquecido, dá a Ele a glória com estas palavras do Salmo 86,12: "Eu te agradeço de todo coração, Senhor meu Deus, e glorifico o teu nome para sempre". A Benção Apostólica a ti e à comunidade eclesial de Porto Velho […][7]

Uma vez emérito, Dom Moacyr continuou atuante em Porto Velho, ajudando onde fosse possível nas celebrações litúrgicas, nos sacramentos, no atendimento às pessoas que o procuravam, em assíduas e prolongadas leituras. Quase todos os dias passava longas horas numa saleta nos fundos da Catedral atendendo as pessoas para orientação espiritual e para as confissões.

Sobre esse período da vida de Moacyr, Dom Erwin assinala:

> Muitas vezes, quando já se havia tornado arcebispo emérito de Porto Velho, telefonou-me para trocar ideias sobre as mais diversas questões da nossa Igreja e do Brasil. Queria partilhar suas posições e, às vezes também, críticas quando detectou desvios dos documentos do Vaticano II. Geralmente foram conversas bastante longas. Quase sempre tomei a iniciativa de encerrá-las pois pensei na sua conta telefônica. Não havia ainda WhatsApp.[8]

2. Residência do bispo resignatário

Quando um bispo se aposenta, logo lhe é perguntado aonde irá ou onde deseja residir. Uma das opções dadas por Dom Moacyr

---

[7] Arquidiocese de Porto Velho. Livro de Tombo n. 9, 2011, p. 132.
[8] Depoimento de Dom Erwin Kräutler.

era reintegrar alguma comunidade de sua Ordem, espalhada pelo Brasil. Mas houve também quem lhe sugerisse e oferecesse alguma alternativa. Foi o que fizeram as Irmãs Josefinas. Dirigem-se a ele como "nosso muito querido Dom Moacyr e em nome de nossa velha amizade". Recordaram a história delas no Acre:

> Foi na década de 1970, quando tudo se articulou. O senhor conversava com seu amigo Dom Aloísio Lorscheider, então arcebispo de Fortaleza, pedindo uma ajudazinha para a sua Igreja, a Prelazia do Acre e Purus. Dom Aloísio, na sua sabedoria, logo pensou na Congregação da "Rosita" por ser de fundação cearense e assim poder ajudar a Igreja do Acre. […]. Desde a chegada das primeiras Josefinas aqui, em 1977, o senhor foi um pai, um pastor zeloso. […] Sempre tinha um tempinho para cada uma de nós. […] Mesmo depois que o senhor se transferiu para Porto Velho, nunca lhe "deixamos em paz". […]. Tudo isso está registrado em nosso coração e em nossa mente. […]. Para onde vai o (Arce) Bispo dos pobres? Vais deixá-los, e a nós também, órfãos e órfãs?
>
> Pensando em nossa mãe e amiga D. Rosita, naquilo que ela faria nesse momento, oferecendo uma boa acolhida. […] vimos propor uma de nossas casas. […] para morar depois de deixar o Episcopado. Poderíamos fazer aí um lugar de encontros, de escuta, onde o senhor pudesse continuar tendo contato e servindo o povo que o senhor tanto ama e que não dá para ficar longe dele – os pobres de Javé.
>
> Quantas vezes o senhor nos ensinou que os pobres são a razão e os destinatários da nossa missão e que a nossa Vida Religiosa e Missionária não tem sentido se não for doada em favor deles. Quantas vezes ouvimos de sua boca:

"Eu aprendi muito com o povo do Acre". Pois é em nome deles, dos nossos pobres, que pedimos: fique conosco, Dom Moacyr, não nos abandone..."[9]

O texto, envidado de Rio Branco/AC, na data de 18 de maio de 2011, finaliza com a assinatura de 17 irmãs. Entretanto, apesar desta "tentadora" e generosa oferta das Irmãs Josefinas, ele permaneceu residindo em Porto Velho até a sua morte.

A Ir. Fátima Gonçalves complementa o desejo da comunidade Josefina:

Para nós, Josefinas, Dom Moacyr manifestou diversas vezes o desejo de voltar e morar no Acre depois de emérito. Falou para o Clóvis, motorista e segurança dele; para Nazaré Pinto e para Irmã Fátima. São pessoas testemunhas deste desejo: morar no Convento em Rio Branco ou em outra comunidade, conquanto fosse no Acre.[10]

3. Encontro com o Papa Francisco

Em 2013, pouco tempo depois de se tornar emérito, Dom Moacyr teve a oportunidade de fazer mais uma viagem a Roma. Foi um convite insistente, pois ele, pessoalmente, não tinha mais intenção de fazer essas longas viagens, mesmo porque, como dizia, já tinha se despedido da Itália, com a viagem que fizera há pouco tempo para encontrar-se com Bento XVI. Quem insistiu para realizar essa viagem foi o Pe. Luiz Ceppi, argumentando, entre outras coisas, que o fato marcaria os 25 anos da morte do líder seringueiro acreano Francisco Mendes. Era ocasião e motivo para um bom encontro com o Papa Francisco.

---

[9] Arquidiocese de Porto Velho. Arquivo/Cúria. Papéis avulsos.
[10] Irmã Fátima Gonçalves, depoimento.

O senador Jorge Viana também estava pensando num encontro com o papa. Assim, a comitiva foi constituída pelo Pe. Luís Ceppi, Jorge Viana, Moacyr Grechi e um sindicalista italiano voluntário no Acre.

Dom Moacyr recorda que Jorge Viana era prefeito, por volta de 1993, e eles tinham uma certa aproximação política por conta das mobilizações populares na época, do trabalho da Igreja com as comunidades de base e que ansiavam por melhorias em Rio Branco. "E porque confiávamos na administração do PT, um partido novo que emergia com força comunitária...".

E ele narra o que ocorreu na visita ao Papa Francisco:

> Foi uma visita muito bonita! Nós – o senador, eu, o Pe. Luiz Ceppi e um sindicalista – fomos surpreendidos positivamente muitas vezes, dado a extraordinária figura humana que é o Papa Francisco. Quando estávamos caminhando para a sala de audiências, lembramos de identificar um banheiro próximo, por precaução. Quando fazíamos essa busca, nos deparamos com o papa descendo uma escada. Ele nos viu e logo se aproximou, com um sorriso e leveza que nos fizeram sentir em ambiente familiar.
>
> O Jorge Viana, durante a conversa, parecia seduzido pela figura do papa. Falamos sobre a Amazônia, sobre Chico Mendes, e o papa se mostrava muito interessado, estimulando a conversa. Eu, pessoalmente, me sentia bem, leve, num ambiente que nem de longe lembrava outros encontros com diversos papas. Eu tinha levado um "capote" para me proteger do frio. À saída da audiência, eu estava meio atrapalhado em vesti-lo. Nessa hora, o Papa Francisco

me surpreendeu, uma vez mais: apanhou o "capote" e fez questão de me ajudar colocando a peça em meu ombro...[11]

Já como arcebispo emérito de Porto Velho, Dom Moacyr participou do 10º Encontro da Igreja na Amazônia,[12] realizado em Santarém, PA, em 2012. O Encontro reuniu 65 pessoas dos três Regionais da Amazônia Ocidental. O Regional Noroeste estava presente com 14 representantes, entre eles, Dom Moacyr. Eles celebraram os 40 anos do Encontro de Santarém. Ao concluírem o evento, expressaram:

> Somos uma Igreja encarnada, que peregrina na história humana. A partir do nosso chão amazônico, renovamos o compromisso de partilhar as alegrias e as esperanças, as tristezas e as angústias dos homens e mulheres de hoje, sobretudo dos pobres e de todos aqueles que sofrem.

Em uma entrevista,[13] foi-lhe perguntado como avaliava esse encontro e que temas foram abordados. Assim se expressou:

> Avalio como um encontro muito bom. [...] O encontro confirmou o documento de Santarém, elaborado em 1972, e tirou toda a ambiguidade que existia nos documentos da Conferência Nacional dos Bispos do Brasil – CNBB, no sentido de confundir Comunidades Eclesiais de Base – CEBs com as novas comunidades, redes de comunidades, que podem dizer tudo ou não dizer nada.

---

[11] Arquidiocese de Porto Velho. Arquivo/Cúria. Papéis avulsos.
[12] CNBB. Igreja na Amazônia: Memória e Compromisso. Conclusões do Encontro de Santarém, 2012, p. 25.
[13] Grecchi, M. Dom Moacyr Grecchi: "Santarém definiu o rosto da Igreja na Amazônia". Entrevista.

Diria ainda que o documento de Santarém é a carteira de identidade da Igreja da Amazônia, porque é a partir dele que a Igreja começa a ter traços próprios. O documento de 1972, resultado do encontro em Santarém, de 24 a 30 de maio de 1972, já demonstrou as características que a Igreja deveria ter na Amazônia: assumir a causa do povo e dos pobres como se fosse nossa; considerar a evangelização libertadora no sentido pleno de libertação não só do pecado, mas de todas as consequências. Essas duas estrelas iluminaram as prioridades do documento que, naquela época, tinha como objetivo formar agentes pastorais, porque, na prática, 80% dos ministros, padres, bispos e irmãs vinham de outros países. Muitos não só evangelizaram, mas deram a vida pelo povo da Amazônia, auxiliaram em diversas áreas, como saúde, cultura e educação.

Hoje a Igreja tem que admitir que a problemática da terra mudou um pouco de feição, mas o atual modelo do agronegócio e a criação de bois estão recriando o conflito e a destruição da Amazônia. Só em Rondônia têm 13 milhões de cabeças de gado, quer dizer, onde tem gado criado extensivamente, a floresta cai. Então, estamos alertando para que as pessoas tenham cuidado com o agronegócio, para que ele não destrua áreas de florestas virgens, porque a floresta é fundamental para manter a sustentabilidade. Nesse sentido, os quilombolas, os ribeirinhos também devem ter a oportunidade de viver uma vida decente.

No seu longo trabalho episcopal, Moacyr deixou marcas indeléveis em vários setores da vida da Igreja, da Amazônia e do Brasil. Lembramos a sua participação ativa no CIMI, na CPT, nas CEBs, na constituição do CDDH, no estabelecimento do Ensino

Superior, participação nas CPIs, participação nas Conferências do Episcopado Latino-Americano e Caribenho de Puebla, Santo Domingo e Aparecida; membro da Comissão da Amazônia, Comissão Episcopal de Pastoral, membro do Conselho Permanente da CNBB, membro da Comissão de Doutrina.

Várias instituições o agraciaram com honra ao mérito ou o inscreveram em suas instituições. A Câmara Municipal de Porto Velho o distinguiu com o título de *Cidadão Honorário* "pela coragem, pioneirismo e compromisso com os valores fundamentais da sociedade cristã e do estado democrático de direito",[14] homenagem que ocorreu no dia 11 de outubro de 2011.

4. Pela preservação do bioma amazônico. "Somos a Amazônia da esperança"

À medida que Moacyr foi tomando mais aprofundado conhecimento da questão ambiental, sua fala foi se tornando mais eloquente. Assim, um tema que perpassa seu viver, sentir, padecer e defender foi a questão da ecologia, da floresta amazônica, dos biomas.

Uma vez morando na Amazônia, sentindo as potencialidades e as belezas desse bioma, não poupou oportunidade para expressar o seu amor por este cenário e denunciar as agressões que vinha sofrendo. Em se falando de Amazônia, inclui-se o cenário natural e os povos que o habitam, em primeiro lugar os povos originários, que desde milênios convivem com o meio ambiente. Também as pessoas que foram trazidas e que passaram a constituir os grupos dos seringueiros, dos ribeirinhos, dos quilombolas. Todos com profunda conexão com o bioma.

---

[14] Arquidiocese de Porto Velho. Livro de Tombo, n. 9, p. 144.

Esse tema ambiental era exposto de maneira relacionada aos mais pobres de um lado e aos grandes empreendimentos de outro. A Amazônia sempre foi vista pelos colonizadores e exploradores como cenário a ser explorado. E sempre foram empreendimentos voltados para fora. Assim, o processo de exaurimento do bioma passou a ser galopante no último século. Então, o alerta de Moacyr é urgente:

> Nós, Igreja, temos de falar com humildade e questionar o que há de ruim na sociedade. Muitas coisas que não são boas também acontecem entre nós. Hoje, o pobre é novamente excluído. Hoje, a Igreja tem que admitir que a problemática da terra mudou um pouco de feição, mas o atual modelo do agronegócio e a criação de bois estão recriando o conflito e a destruição da Amazônia. Só em Rondônia têm 13 milhões de cabeças de gado, quer dizer, onde tem gado criado extensivamente, a floresta cai. Então, estamos alertando para que as pessoas tenham cuidado com o agronegócio, para que ele não destrua áreas de florestas virgens, porque a floresta é fundamental para manter a sustentabilidade. Nesse sentido, os quilombolas, os ribeirinhos também devem ter a oportunidade de viver uma vida decente. Se a Igreja não intervier nesses casos (novas hidrelétricas na região amazônica e dos vários atentados sofridos por militantes das questões ambientais) ela negará a sua natureza. Ela tem de estar ao lado do pobre, do sofredor, do explorado. Ela não deve tomar o lugar de ninguém, mas tem de ser solidária ao povo, porque essas pessoas mais pobres são ameaçadas de morte a todo instante. A Igreja não pode ficar alheia, ela tem de correr riscos, inclusive de morte. Se não houver muito rigor das autoridades, nada vai mudar. Precisamos acabar com a

corrupção. Se acabarmos com a corrupção, a Amazônia será defendida.[15]

Assinalava algumas medidas urgentes para a Igreja na Amazônia:

> A criação de CEBs tanto para a vivência da fé como para se posicionar frente à exploração da natureza e dos povos; defesa dos povos nativos, suas terras e suas culturas; reforma agrária para poder atender os sem-terra, pequenos produtores; a inculturação e a atenção às áreas de colonização, o êxodo rural; formação teológica, pastoral atenta aos pequenos e humildes; atitude crítica frente aos grandes projetos na Amazônia que geram marginalização da população e interfere na sua cultura e alimentação; unidade em torno de um projeto de sociedade participativa, democrática onde haja justiça e defesa da vida.[16]

E analisando o cenário em que vivia, relata o que ali existe; o que ofende o bioma; o papel da Igreja:

> Vivemos na Amazônia. Amazônia do índio e do seringueiro, do ribeirinho e do colono migrante. Amazônia das longínquas e isoladas colocações de seringa e das grandes, e às vezes, inumanas cidades. Amazônia das imensas florestas e rios. Amazônia da devastação e depredação irracional de sua riqueza e do massacre bárbaro de povos indígenas.
>
> Aqui, onde Deus nos colocou, queremos ser uma Igreja fraterna, uma Igreja comunhão, sempre aberta à novidade

---

[15] Palavras recolhidas por Dom Fontinele em depoimento. Humaitá, em 24 de junho de 2024.
[16] Nós Irmãos, ano 13, nov. 1984.

do Evangelho e à conversão. Igreja que retoma, cada dia, ao sopro do Espírito, com renovado ardor missionário, os caminhos da evangelização.

Devemos ser fermento, inspiração e estímulo eficaz para uma Amazônia respeitada em sua natureza, desenvolvida sem depredação e em benefício de todos. Amazônia, onde o índio possa viver, criar uma família linda, educar os filhos nas leis do seu povo. Amazônia, onde as cidades sejam humanas e acolhedoras.

Amazônia, onde seringueiros e ribeirinhos possam viver das riquezas da mata e dos rios e ter condições de uma vida digna, moderna para si e para suas famílias. Amazônia, onde colonos daqui ou migrantes, possam viver do trabalho da terra sem necessidade de depredá-la, transformando-a em verdadeiro paraíso terrestre de beleza e fartura de vida para todos.[17]

Em Dom Moacyr encontra-se muito da riqueza de uma Igreja na Amazônia com rosto indígena, ribeirinho, de seringueiros, dos que sofrem, vivem e amam a floresta e dela sabem retirar o seu sustento, sem vê-la como objeto de lucro e devastação, mas de convivência e amizade, afirma Carlos Moura.[18] Segundo Márcia Oliveira,[19] foi Dom Moacyr o primeiro a usar a expressão "amazonizar", em uma Carta Pastoral em 1986. Era uma convocação ao povo para assumir a causa da Amazônia e a defesa de seus povos. O Sínodo da Amazônia insistia na criação ou manutenção de uma

---

[17] Lombardi, M. Dom Moacyr Grechi, pastor e profeta.
[18] Secretário Executivo da Comissão Brasileira de Justiça e Paz. Arquidiocese de Porto Velho, Arquivo/Cúria. Papéis avulsos.
[19] Oliveira, M. Eucaristia e Casa Comum, p. 95.

Igreja com rosto amazônico.[20] Ideia e prática presente na pastoral de Dom Moacyr.

Quando o Pe. Moacyr chegou ao Acre, deparou-se com um cenário sociopolítico-econômico bastante desolador. Os megaprojetos criados pelo governo federal induziam muita gente a avançar sobre a Amazônia, de maneira bastante descontrolada. Esse avanço desenfreado do mercado sobre o bioma amazônico resultou em violências, mortes e a destruição ambiental. O mesmo cenário irá encontrar no estado de Rondônia. Dizia que, em suas viagens pastorais pelo interior de Rondônia, ficava chocado em ver caminhões e mais caminhões carregados de toras, o que significava a dizimação do pouco de floresta que restava àquele estado amazônico. Teve também postura crítica diante dos novos grandes projetos em sua arquidiocese, como é o caso das hidrelétricas.

Desde a década de 1980, discutiam-se os graves impactos dos grandes projetos na Amazônia. Foi assim que em setembro de 1984 ocorreu, em Manaus, um estudo sobre os grandes projetos econômicos da Amazônia Ocidental e seus efeitos sociais, econômicos e ambientais e seus resultados negativos para a região.

Refletia e, ao mesmo tempo, denunciava os grandes projetos pelos seus vieses predatórios e violências que geravam na Amazônia, espaço que há centenas de anos tornara-se cenário de exploração para facilitar uma economia de fora da região, tais como: projetos de colonização, barragens, projetos agropecuários, estradas, mineração etc.

As consequências mais visíveis das políticas aplicadas na região amazônica foram: entrega de enormes extensões de terra a empresas transnacionais, facilitada pelos subsídios

---

[20] Brighenti, Agenor. Sínodo da Amazônia, p. 591.

e incentivos fiscais concedidos pela Sudam e pela venda de terras públicas a empresas privadas pelo Incra; utilização de tecnologias caras e predatórias; à existência de uma situação de dominação que leva à reprodução de práticas ilegais (grilagem, gatos, aviamento) e a violência contra os trabalhadores, pequenos posseiros e povos indígenas; a apropriação da Amazônia enquanto reserva de matéria-prima para as empresas transnacionais, as quais exigem o controle político e o poder de estabelecer como seria feita a exploração.[21]

Na 40ª Assembleia Geral da CNBB (2002), foi abordado o tema da Amazônia, com a intervenção dos bispos Luiz Soares Vieira, José Maria Pinheiro, Gutemberg Freire Regis, Erwin Kräutler, Affonso Felippe Gregory e Dom Moacyr Grechi. O tema enfocado por eles foi: *A Amazônia: realidade, desafios pastorais e missão da Igreja*. O assunto teve grande ressonância na Assembleia. Dom Moacyr destacou: "A Amazônia é responsabilidade de toda a Igreja do Brasil". Sugeriu à CNBB a criação de uma Comissão Nacional que se preocupasse com a Amazônia. Solicitou também ser estudada a viabilidade da instalação de uma instituição universitária católica forte que ajudasse na escolha de alternativas para resolver os problemas. Solicitou também que os bispos da região se reunissem para buscar alternativas comuns.[22]

Em 1981 ocorreu um encontro da Presidência da CEP e a Coordenação da CPT. Os participantes constataram quatro grandes fatos envolvendo a problemática da terra e que criam situações de conflito extremado: grilagem, colonização, barragens e áreas do Nordeste. Nesse evento Dom Moacyr ponderou: "é necessário

---

[21] Nós Irmãos, ano 13, nov. 1984.
[22] CNBB. CM, Tomo I (558-560), 2002, p. 827-828.

alimentar o diálogo que se realiza hoje, repetindo-se em nível da CNBB e em outros níveis; seria muito bom a presidência da CNBB visitar a região de maior conflito no momento, o Bico do Papagaio".[23]

A Comissão sugerida por Moacyr para pensar a Amazônia acabou sendo criada no ano de 2003, denominada Comissão Episcopal para a Amazônia, com o objetivo de animar o espírito missionário e a solidariedade da Igreja de todo o Brasil em relação ao povo da Amazônia, especialmente em relação à Igreja na Amazônia.[24] Dom Moacyr foi um dos nove membros eleitos para essa Comissão.[25] A Comissão elencou os principais projetos para a Amazônia: mutirão pela Amazônia; banco de dados sobre a Amazônia; divulgação da realidade amazônica; criação de uma instituição de Ensino Superior Católica na Amazônia; Igrejas-Irmãs; apoio à formação de seminaristas e leigos na Amazônia; Igreja e desenvolvimento sustentável da Amazônia; parceria com a CRB; mês missionário sobre a Amazônia.

No ano de 2007, Dom Moacyr foi até Manaus para o IX Encontro dos Bispos da Amazônia. O documento final leva por título: *Discípulos Missionários na Amazônia*, realizado à luz do Documento de Aparecida. Como pessoas imersas no bioma amazônico, os 35 participantes analisaram a região e propuseram:

> A Amazônia sofre por causa de um modelo econômico que privilegia o lucro acima da vida do povo e do respeito à natureza: desmatamento, queimadas, agronegócio, a incursão das madeireiras e mineradoras. [...] O ser humano é um

---

[23] CNBB. CM, n. 343, 1981, p. 416/417.
[24] CNBB. CM Tomo I, 2007, p. 180/181.
[25] CNBB. CM 2003 Tomo I (568-570) p. 715-731; Tomo II (571-573), 2003, p. 1161.

ser social, econômico e político inserido na comunidade da criação. Nosso modelo de sociedade, de convivência social, de sistema econômico e de políticas, tem efeito sobre a criação. Na Amazônia precisamos de uma visão de comunidade em sintonia com a criação. Uma economia que supere as desigualdades sociais tanto no contexto local como no nacional, as quais geram depredação da vida natural e humana.[26]

No ano de 2012, Dom Moacyr, como bispo emérito do Regional Noroeste, participou do 10º Encontro da Igreja na Amazônia realizado em Santarém, Pará. Celebravam-se, então, os 40 anos do Encontro de Santarém. Na conclusão, diziam os participantes:

> Somos uma Igreja encarnada, que peregrina na história humana. A partir do nosso chão amazônico, renovamos o compromisso de partilhar "as alegrias e as esperanças, as tristezas e as angústias dos homens e mulheres de hoje, sobretudo dos pobres e de todos aqueles que sofrem" (GS, n. 1). Cada vez mais percebemos a urgência de sermos sinais da novidade evangélica, muitas vezes impelidos a andar na contramão do que convencionalmente é aceito; na rejeição das alianças com qualquer tipo de poder que oprima e comprometa a liberdade dos filhos e filhas de Deus. O importante, para nós, é manter a fidelidade no seguimento a Jesus Cristo e ao seu projeto de vida nova.[27]

As dioceses de Rio Branco, como outras do Noroeste, apoiaram projetos como o do RECA (Reflorestamento Econômico Consorciado e Adensado). Trata-se de uma numerosa comunidade

---

[26] CNBB. Discípulos Missionários na Amazônia. Documento do IX Encontro de bispos da Amazônia, n. 22, 31, 32, 33.
[27] CNBB Norte I. Igreja na Amazônia. Memória e compromisso, p. 25.

de agricultores que convive em harmonia com a natureza e, com o mínimo de interferência, produz e extrai o necessário para viver e comercializar. Está situada nos confins de Rondônia, divisa com o Acre (Nova Califórnia).[28]

Engajar-se num projeto ou numa cultura que defenda a vida e que viva em comunhão com o bioma pode levar até o martírio, como foi o caso do casal José Cláudio e Maria do Espírito Santo, no Pará, e da irmã Dorothy Stang:

> Já retiraram da região a borracha, o ouro, a madeira. Quando viajo pelo interior, encontro tanto caminhão com madeira clandestina. Nos locais onde as autoridades são sérias houve alguma melhora, porque ao menos as pessoas têm liberdade para falar e denunciar sem serem presas ou torturadas. O povo está ficando mais consciente, resiste até a morte.[29]

---

[28] Ferrarini, S. Utopias, p. 134.
[29] Grecchi, M. Dom Moacyr Grecchi: "Santarém definiu o rosto da Igreja na Amazônia". Entrevista.

Dom Erwin recorda um encontro dos bispos da Amazônia e o documento elaborado por eles intitulado: *Em defesa da vida na Amazônia*, e o engajamento de Dom Moacyr na sua divulgação:[30]

> Nos dias 13 a 15 de fevereiro de 1990, em Belém-Icoaraci, os bispos dos Regionais Norte I e II queriam partilhar "uma preocupação que nos atinge a todos: a destruição do meio ambiente na Amazônia". Foi a primeira reunião de bispos brasileiros com a finalidade de demonstrar sua sensibilidade ecológica e para denunciar os "semeadores de morte" que "agridem de forma violenta e irracional a natureza, destruindo as florestas, envenenando os rios, poluindo a atmosfera e matando povos inteiros". "A sangria da Amazônia já chega ao extremo e a criação de Deus geme no estertor da morte" deploram os bispos no documento *Em defesa da Vida na Amazônia*.

Foi Dom Moacyr quem levou e fez repercutir o apelo dos bispos da Amazônia nos dias 23 e 24 de maio de 1990, em Assis (Itália) como proposta de um Manifesto Ecológico chamado de *Grito da Igreja em defesa da vida na Amazônia*.

Fenômenos como o êxodo rural e a demanda de mão de obra no parque industrial de Manaus provocaram o inchamento das cidades, sobretudo as capitais. Era um tema relevante para a Igreja:

> Bom, hoje fala-se muito em urbanização na Amazônia. É muito estranho falar em urbanização quando nas cidades vemos pessoas vivendo em condições precárias, às vezes até sem latrina. O nome é outro: devia-se chamar de marginalização de povos que tinham vida mais sadia na mata,

---
[30] Depoimento de Dom Erwin Kräutler.

mas que em busca de uma vida melhor acabam indo para cidades como Manaus, que não tem condições de oferecer vida digna. Agora, temos o desafio das drogas.[31]

A Amazônia foi ganhando destaque não somente no Brasil, mas no mundo, como um bioma essencial para a vida do planeta. Dentro desse enorme bioma, várias dimensões da vida aguardavam atenção como os povos originários, os ribeirinhos, os migrantes, os quilombolas. No afã de uma pretensa ameaça aos territórios amazônicos brasileiros, implementaram-se na região: uma malha rodoviária extensa e sem planejamento; incentivo à ocupação do solo; implantação de um agronegócio agressivo e abrasivo ao meio ambiente; exploração da mineração de maneira intempestiva sem considerar o meio ambiente e os povos que nesses espaços viviam; Amazônia como espaço de circulação de drogas e contrabandos; o êxodo rural; a urbanização desequilibrada; enfim, uma série de questões que desafiavam a pastoral eclesial.

5. Apoio à educação

Uma das molas mestras para o desenvolvimento de um povo é a educação, a liberdade, o diálogo, o discernimento, a conscientização.[32] Assumindo esse fundamento, Paulo R. N. Freire (1921-1997) desenvolveu um novo caminho para educar as crianças. Sob a sua inspiração, criaram-se muitas escolas desenvolvendo essa nova metodologia. Como isso confrontava com o absolutismo que reinava no país, ele acabou tendo de se exilar. A sua criativa e profunda reflexão educacional se consubstanciou em várias

---

[31] CNBB. Site: Dom Moacyr Grechi. 2 jul. 2012.
[32] Regimes totalitários não suportam essa via de libertação. Veja, por exemplo, *A obsolescência do homem*, de Günther Siegmund Stern (1902-1922).

publicações[33] que se tornaram célebres e alimentavam as novas práticas educativas. Escolas que adotassem livros didáticos dessa linha eram perseguidas.

A educação também foi um tema vivenciado por Dom Moacyr tanto em Rio Branco como depois em Porto Velho. Na capital acreana, a Igreja se esforçava por incentivar uma educação, tanto escolar, como eclesial e social, na linha dos novos ares que se respirava, insuflado, por exemplo, pela pedagogia refletida por Paulo Freire. Ele aceitava a abertura de colégios e escolas desde que mais abertos, mais democráticos, verdadeiros centros de irradiação cristã. Colégios que visassem atingir a família e fossem como que uma emanação da comunidade cristã e para ela formassem segundo a pastoral da prelazia (inspirada em Medellín, n. 4 Educação)".[34] Ele destacava que um colégio deveria ser mais aberto e mais popular. Aberto para movimentos pastorais juvenis; que recebesse pobres, especialmente à noite, e que tivesse uma disciplina mais consentida e adaptada ao tipo de aluno do Acre. Uma educação iluminada pelas novas linhas pedagógicas e inclusivas e que respondesse às necessidades da época.

Aos novos educadores que chegavam apontava um leque grande de possibilidades de trabalhar na educação. Constatava que era

> uma nova Igreja que estava nascendo. E a educação poderia contribuir para um futuro mais humano, mais justo e mais fraterno que é a meta do nosso povo ainda alienado e tão longe. [...] As luzes da pedagogia e do diálogo, o conforto do Vaticano II, o empenho da Igreja na Amazônia, [...]

---

[33] Como, por exemplo: Educação como prática da Liberdade (1967); Pedagogia do Oprimido (1968), Os cristãos e a libertação dos oprimidos (1978).
[34] Ferrarini, S. Maristas na Amazônia, p. 142.

são forças cada vez mais regeneradoras de novos rumos para o encontro de nossos jovens com o Pai [...] para que o Cristo Jesus ressuscite em sua plenitude no meio de nós, início de uma sociedade com novos céus e nova terra.[35]

Em Porto Velho, quando surgiu o bairro Jardim Eldorado, a comunidade se mobilizou para criar uma escola. Os Irmãos Maristas tinham uma comunidade nesse bairro e apoiaram essa iniciativa. Surgiu, assim, com trabalho feito em mutirão, uma obra educacional comunitária com o nome de Escola Maria de Nazaré.[36] O local, além de abrigar salas de aula, tinha espaço para reuniões da comunidade do bairro e para as celebrações litúrgicas. Assim aquelas instalações serviram para: educação infantil, festas, celebrações, cultos, pastoral catequética etc. O Centro Educacional cresceu muito e foi sendo adaptado para abrigar atividades fundamentais para um centro educativo. Também foi celebrado um convênio com o Estado. Por este convênio, a Arquidiocese (bispo diocesano) seria o responsável pela nomeação da direção. Dom Moacyr se esmerou em atender as demandas desse centro educacional como bem destaca a diretora Ida Cristina Oliveira da Silva Lucena:[37]

> Foi a partir do trabalho com a gestão do Centro Educacional Maria de Nazaré, juntamente com Ir. Luiz Gerhardt, marista, que constatamos que sua história de luta e resistência – uma vida doada pela Amazônia – renderam uma grande respeitabilidade junto às entidades internacionais,

---

[35] Ferrarini, S. Maristas na Amazônia, p. 147.
[36] Ferrarini, S. Maristas na Amazônia, p. 200.
[37] Depoimento da diretora do Centro Educacional Maria de Nazaré, Ida Cristina Lucena. O título que deu ao seu testemunho foi: Dom Moacyr: uma vida doada pela Amazônia.

o que favoreceu o financiamento de vários projetos para a Arquidiocese de Porto Velho, entre eles a reforma de nossa escola, através da Fundação Marcelo Cândia, de Milão.

Atualmente, a Escola Maria de Nazaré atende o populoso bairro Jardim Eldorado e outros, com uma ampla estrutura educacional, graças aos préstimos de Dom Moacyr.

À medida que a reflexão avançou sobre outros temas da sociedade amazônica, nacional e mundial, a Igreja foi encontrando caminhos para responder às urgentes necessidades emergentes. Vinha acompanhando os impulsos dados pelo Vaticano II, pelas conferências de Medellín, Puebla, pelas novas linhas pastorais da CNBB, pelo Documento de Santarém (1972) e as diretrizes posteriores dos bispos da Amazônia.

Alguns bispos da região, nomeadamente Dom Antônio Possamai[38] e Dom Moacyr Grechi, apoiados pela CNBB, iniciaram uma reflexão sobre a resposta da Igreja a essas questões. Muitas iniciativas foram tomadas desde os anos 1970. Uma área, entretanto, ficava descoberta: a do Ensino Superior. Em várias reuniões nas quais participávamos, víamos a preocupação desses pastores com a questão amazônica. Como a Igreja poderia acompanhar e responder a esses desafios? Por que não pensar num núcleo de pessoas e de academia, de alto nível, que pensasse e propusesse resposta a esses desafios? Talvez um Ensino Superior capaz de refletir os temas e propor linhas de ação com forte cunho ético, cidadão, muito comprometido com o meio ambiente, com os temas amazônicos?

Uma vez concluída a 40ª Assembleia da CNBB, a CEA realizou a sua primeira reunião tendo em mente o objetivo de

---

[38] Dom Antônio Possamai (1929-2018) foi o segundo bispo da Diocese de Ji-Paraná, RO, no período de 1983 a 2007.

promover a colaboração das Igrejas do Brasil para com a Igreja na Amazônia. Levantaram possibilidades concretas de apoio entre as quais: conhecer a Amazônia em 2004 e fazer uma "pororoca"; com as Universidades, criar um campus universitário, um campus avançado na Amazônia – pensar uma grande universidade na Amazônia; solidariedade com a missão das Igrejas Particulares da Amazônia; formação presbiteral e de outros agentes; a mística.[39] Reuniões posteriores voltaram ao tema da Universidade.[40]

Foi, então, sendo amadurecida a ideia de se criar um ensino superior católico, em comunhão com toda a reflexão acadêmica nessa área da Amazônia, mas com um forte diferencial: pensar os temas da Amazônia e formar pessoas capazes de atuar na região com uma nova mentalidade.

Assim surgiu, em 2007, a Faculdade Católica de Rondônia, sediada em Porto Velho e credenciada pelo Ministério da Educação. Inicialmente funcionou no histórico edifício da prelazia situado no centro da cidade de Porto Velho e, em 2023, transferida para o novo campus numa área mais abrangente e acessível.

A Faculdade Católica de Rondônia (FCR) nasceu do Projeto da Comissão Episcopal para a Amazônia (CEA) que contempla no seu escopo, na sua proposta n. 2 "Sobre Universidades", no documento "Subsídios – A Missão da Igreja na Amazônia", produzido durante a 41ª Assembleia Geral da CNBB, em maio de 2003: Criar – Campus Avançados – de Universidades em lugares variados da Amazônia (como ocorreu em Rondônia) e, a partir destas experiências criar a Faculdade Católica da Amazônia (p. 15). A partir deste intuito e sensibilizados pelos Bispos

---

[39] CNBB. CM, n. 570, 2003, p. 715-731.
[40] CNBB. CM Tomo I (604/606) 2007, p. 181.

da Amazônia, a Arquidiocese de Porto Velho, por meio de seu Arcebispo (Dom Moacyr Grechi), em setembro de 2004, acolhe a proposta de realizar uma primeira experiência piloto de uma Instituição de Ensino Superior Católico na Região Amazônica. Para tal, contou com a generosa ajuda de Dom Jayme Henrique Chemello, presidente da CNBB, da CEA, Bispo de Pelotas e Chanceler da Universidade Católica de Pelotas [...] A Arquidiocese de Porto Velho ofereceu as instalações do então prédio do Seminário Maior. Após dois anos de pesquisas e encaminhamento de documentação, em 2007, foi constituída a FCR, credenciada pela Portaria Ministerial 174 de 13 de fevereiro de 2007 (DOU 15.02.2007). O prédio onde se encontram as instalações da Faculdade Católica foi construído na década de 1930 pelos Padres Salesianos Antônio Carlos Peixoto e João Nicoletti com a finalidade educacional. Após algumas décadas de uso pelos salesianos, o prédio foi transferido para a Diocese de Porto Velho. Dessa forma, tanto o prédio quando a área da respectiva quadra, localizada no centro da cidade de Porto Velho, pertencem de fato e de direito à Arquidiocese de Porto Velho.[41]

Referindo-se ainda à FCR, em correspondência com um bispo da Região Amazônia, muito seu amigo, informa Moacyr:

> Um exemplo que gostaria de partilhar contigo é sobre um curso superior católico na Amazônia: a CNBB decidiu, a pedido de Bispos da Amazônia, criar três núcleos de estudos superiores: Belém, Manaus e Porto Velho. Belém não quis, Manaus não conseguiu. Então Jaime "impôs" a

---

[41] Arquidiocese de Porto Velho. Arquivo/Cúria. Papéis avulsos.

mim aceitar a criação de uma faculdade católica [...] A ideia da Faculdade foi de Dom Antônio Possamai, mas o peso ficou comigo, mesmo sendo emérito. Mas, o Dom Antônio ajuda muito. Peço humildemente que leias e releias o "documento" (não sei que nome dar) do Jean Hébett: Que Amazônia foi construída nos últimos 25 anos, principalmente o ponto 10.24 no livro: *A Igreja arma sua tenda na Amazônia*.

Em outra ocasião também afirmou Dom Moacyr sobre o projeto:

Pensou-se, então "numa faculdade católica que pudesse transmitir e defender valores e formar cristãos capazes, do ponto de vista científico (na mídia, na política, na defesa inteligente de nossa Amazônia) sempre apresentada, no mínimo, de maneira parcial, distorcida e tida, na prática, até hoje, como colônia do Brasil". Como nem Manaus nem Belém quiseram assumir aquilo que fora pedido por nós mesmos, aceitei ser o "plano piloto". Começamos bem, com os claretianos mas, naquele momento, o governo suspendeu os cursos e a nossa caminhada, nesta área, emperrou. Também houve fatores que interferiram e atrapalharam o projeto.[42]

No dia 15 de janeiro de 2008, foi criada a Associação de Assistência à Cultura na Amazônia (AASCAM), mantenedora da Faculdade Católica de Rondônia.

---

[42] Arquidiocese de Porto Velho. Arquivo/Cúria. Papéis Avulsos.

6. Homenagens e distinções

A relevância histórica, social e eclesial de Dom Moacyr também se manifesta em inúmeros logradouros públicos e entidades que se colocam sob o seu patrocínio. Lembramos alguns: em Rio Branco, capital do Acre, há um bairro denominado Dom Moacyr, bem como logradouros públicos, ruas; Centro de Formação Dom Moacyr Grechi; Instituto Estadual de Desenvolvimento de Educação Profissional e Tecnológica Dom Moacyr Grechi, no Bairro Bosque. Em Porto Velho, o Centro Pop Dom Moacyr Grechi que atende a população de rua; Rua Dom Moacyr Grechi no bairro Aponiã.

Dom Moacyr recebeu a comenda Mérito da Justiça do Trabalho, condecoração realizada no dia 25 de janeiro de 2013, em Porto Velho-RO.

No início de sua etapa da vida como bispo emérito, Dom Moacyr foi premiado pela Ordem dos Advogado do Brasil, Seccional Rondônia, por seu trabalho na defesa dos direitos humanos e na promoção da cidadania e seu trabalho pelo ecumenismo. Dom Moacyr asseverou que o prêmio é também uma homenagem a tantos voluntários e muitos colaboradores. Em sua fala, destacou o secretário-geral da OAB Nacional, Marcus Vinicius Furtado Coelho: defensor dos direitos humanos, pregador incansável da emancipação dos mais necessitados, opositor firme da ganância e da prepotência, bondoso e tolerante. Lembrou ainda o esforço feito para se conseguir a Lei da Ficha Limpa, a luta pela redemocratização do país nos anos 1970-80, a criação da Comissão Justiça e Paz, o fortalecimento dos Centros Sociais nas dioceses onde trabalhou, ampliação do alcance da Rádio Caiari.[43]

---

[43] CNBB. 21 mar. 12. Dom Moacyr Grechi recebe prêmio em Porto Velho. Disponível em: https://www.cnbb.org.br/dom-moacyr-grechi-recebe-premio-em-porto-velho/

Estrada de ferro Madeira-Mamoré

O município de Porto Velho o distinguiu com a honraria Estrada de Ferro Madeira-Mamoré:

> Prefeitura do Município de Porto Velho. DIPLOMA. O Prefeito do Município de Porto Velho concede a DOM MOACYR GRECHI a presente distinção honorífica Estrada de Ferro Madeira-Mamoré EFMM, por sua contribuição para o desenvolvimento deste Município, de conformidade com a Lei n. 1.438 de 4 de outubro de 2001. Porto Velho, 2 de outubro de 2003. Carlos Alberto de Azevedo Camurça / Prefeito.

Ordem do Mérito Judiciário

O Tribunal Regional do Trabalho conferiu-lhe o grau de Comendador:

> Ordem do Mérito Judiciário Trabalhista. Tribunal Regional de Trabalho da 14ª Região. DIPLOMA. O Tribunal Regional do Trabalho da 14ª Região, de acordo com a indicação do Conselho da Ordem do Mérito Judiciário Trabalhista Tribunal Regional do Trabalho da 14ª Região, confere a DOM MOACYR GRECHI o Grau "Comendador" da mesma Ordem. [...] Porto Velho – Rondônia – Vânia Maria da Rocha Abensur, Presidente do Tribunal e Chanceler da Ordem.

Academia Acreana de Letras

Foi alçado a Membro Efetivo da Academia Acreana de Letras:

> A Academia Acreana de Letras confere a DOM MOACYR GRECHI o título de Membro Efetivo na forma dos seus Estatutos. Cidade do Rio Branco, Capital do Estado do Acre. Em 17 de novembro de 1977.

Instituto Histórico e Geográfico do Acre

Dom Moacyr recebeu do Instituto Histórico e Geográfico do Acre o Diploma de sócio Honorário:

> O Presidente do Instituto Histórico e Geográfico do Acre, no uso das atribuições legais resolve conferir ao BISPO DOM MOACYR GRECHI, o Diploma de sócio HONORÁRIO da Entidade, na forma da decisão da Assembleia

Geral, em reunião de 03 de fevereiro de 1973. Rio Branco, 07 de agosto de 1973. Omar Sabino de Paula / Presidente – Raimundo Sales Vital / Secretário.

OAB – Rondônia

Recebeu também a homenagem da OAB/RO, que destaca os seus relevantes esforços pelo Direitos Humanos, cidadania, ecumenismo:

> A DOM MOACYR GRECHI, Reverendíssimo Arcebispo Emérito de Porto Velho. O Conselho Seccional da Ordem dos Advogados do Brasil – Seccional Rondônia e a Comissão de Direitos Humanos desta Seccional têm a honra de prestar esta homenagem pelos relevantes serviços prestados na promoção da Cidadania, na defesa dos Direitos Humanos e na difusão do Cristianismo, sendo também expressão do Ecumenismo como forma de unir a todos. "O último de todos e o servo de todos" (Mc 9,35). Porto Velho, 16 de março de 2012. Hélio Vieira da Costa. Presidente da OAB.

Cidadão Honorário

A Câmara de Vereadores de Porto Velho lhe confere o título de Cidadão Honorário:

> O povo do Município de Porto Velho, representado por sua Câmara de Vereadores, reconhecidos os méritos do agraciado e em obediência à Resolução n. 459 e o Regimento Interno confere ao Reverendíssimo Arcebispo de Porto Velho: DOM MOACYR GRECHI o título de CIDADÃO HONORÁRIO DO MUNICÍPIO DE PORTO VELHO,

por sua coragem, pioneirismo e compromisso com os valores fundamentais da sociedade cristã. Proponente: Vereador Cláudio Carvalho. Porto Velho, RO, 11 de outubro de 2001. Vereador Eduardo Carlos Rodrigues da Silva, Presidente.

Centro Educacional Maria de Nazaré

O Centro Educacional Maria de Nazaré, da cidade de Porto Velho, muito lhe agradece pela sua atenção na melhoria da Escola:

"A Educação é um lugar privilegiado de Evangelização e promoção humana" – 20º Capítulo Geral – FMS, 2001. Obrigado, Dom Moacyr, pela mediação do Processo de Reforma do Centro Educacional Maria de Nazaré. Dezembro de 2010 – A Direção.

7. Não deixem morrer a Profecia

Dom Moacyr combateu o bom combate. Mas foi um combate que exigiu muito amor, fé, confiança, audácia, profetismo. Percebe-se nele uma constante nessa luta em todos os anos em que serviu como pastor. Tinha claro que viver o Evangelho não é somente uma questão intimista, uma piedade reservada. Vê-se que queria uma Igreja em saída. Que não se furtava em permanecer com as suas ovelhas para impregnar-se de seu cheiro. Preferia uma Igreja enlameada, percorrendo as trilhas do povo a permanecer protegida em seus muros e estruturas.

Em mensagem pela passagem de sua morte, escreve Dom Joaquín Pertínez[44] destacando aquilo que mais caracterizou o seu

---

[44] Arquidiocese de Porto Velho. Arquivo/Cúria. Papéis avulsos.

tempo de governo da prelazia. Faz um apanhado muito rico e conciso de seu estilo de realizar a missão:

A Vida dos justos está nas mãos de Deus (Sb 3,1). A Diocese de Rio Branco, ao mesmo tempo em que lamenta a morte de Dom Moacyr Grechi, agradece a Deus pelo dom da vida deste grande homem e pelos anos em que ele esteve à frente desta Igreja Particular.

Com a trágica morte de Dom Giocondo Maria Grotti, no dia 28 de setembro de 1971, a Prelazia do Acre e Purus ficou sem bispo até a posse de Dom Moacyr Grechi, no dia 06 de agosto de 1972.

O episcopado de Dom Moacyr, à frente da Prelazia, foi marcado por uma clara opção preferencial pelos pobres, pelo surgimento de numerosas comunidades Eclesiais de Base, pela descentralização das paróquias e por uma nova vitalidade da Igreja que a fez ser considerada como uma das mais vivas do Brasil. Dom Moacyr também foi o responsável pela elevação da Prelazia do Acre e Purus à categoria de Diocese e foi o primeiro bispo diocesano da Diocese de Rio Branco.

Dom Moacyr Grechi foi um incansável defensor dos povos da floresta: indígenas, seringueiros e trabalhadores rurais. Na sua trajetória como bispo de Rio Branco, lutou pelo fim da violência e por uma sociedade mais justa e fraterna.

Dom Moacyr foi um bispo do povo. Um pastor que procurava escutar a voz das pessoas, seus problemas e preocupações. Um homem simples, alegre e de muita oração. Ele sempre procurou estar presente na realidade das pessoas e dar uma palavra de ânimo e incentivo.

"Neste chão semeaste o viver em abundância do Evangelho: teu e nosso farol, e de sol a sol, viveste semeando primaveras, que nem sempre deram flores, mas que no entardecer deste século de violência, teu testemunho e vivência nos ensinam o radicalismo do amor... Por isso, nosso pastor, recebe deste povo o nosso muito obrigado!"[45]

Assim, com o olhar fixo em Cristo Ressuscitado e na certeza de que a vida não é tirada, mas transformada e, desfeito nosso corpo mortal, nos é dado, nos céus, um corpo imperecível, a Diocese de Rio Branco se solidariza e se une à Arquidiocese de Porto Velho e a todos os fiéis em uma Missa, hoje às 19h00, na Catedral Nossa Senhora de Nazaré, em sufrágio da alma de Dom Moacyr Grechi.

Que o seu testemunho nos inspire obras de fé, esperança e caridade.

Rio Branco, 18 de junho de 2019 – Dom Joaquín Pertíñez – Bispo de Rio Branco.

Fontinele resgata uma apreciação feita por Frei Clodovis Boff: "o que mais caracterizava Dom Moacyr era a sua personalidade e amor à palavra de Deus, e a grande coragem de denúncia profética do ponto de vista social". E Fontinele arremata:

Sabia articular a fé com o compromisso social. Corajoso, denunciava os crimes do latifúndio e as torturas no Brasil. Como era profundamente espiritual, colocava tudo na

---

[45] Trecho do poema de Assis Pereira, em homenagem a Dom Moacyr, por ocasião do seu 25º ano de episcopado.

perspectiva da fé e da entrega confiante em Deus. Possuía uma irradiação pessoal que contaminava as pessoas.[46]

Moacyr faleceu no dia 17 de junho de 2019, em Porto Velho. Na celebração da missa de funeral, frei Charlie, provincial dos Servos de Maria disse:

> Como é bom poder contemplar a vida de um homem que conheceu o amor de Deus, que era amante da sua Palavra. A vida de D. Moacyr é expressão deste conhecimento, desta sabedoria que não vem dos homens, mas, que vem de uma profunda experiência do amor de Deus. Como é bom poder caracterizar na vida de Dom Moacyr esse desejo de transformação, essa inconformidade com a injustiça, com a prática do mal, com tudo aquilo que ofende a dignidade da pessoa humana. Como é bom poder ver na vida de D. Moacyr um autêntico Servo de Maria que aprendeu a estar aos pés das infinitas cruzes da humanidade, a ser solidário com cada homem e com cada mulher que sofre.[47]

Moacyr procurou estar sempre em sintonia com sua Igreja, com seu povo, religiosas/os. Procurou estar próximo dos sofredores.

Dedicava seu ministério ao atendimento pastoral, confissões, às orações do breviário, ao terço diário, com uma espiritualidade iluminada pela Palavra de Deus, alimentada pela Eucaristia, fortalecida pelo amor de Maria, levando a todos a vivência da palavra e da liturgia, através de seu programa diário na Rádio Caiari: "Amanhecer com a Ave--Maria".

---

[46] Dom Antônio Fontinele, depoimento.
[47] Pertíñez Fernández, J. 100 Personalidades, p. 460.

Sempre admiramos sua sabedoria evangélica e seu amor pela Bíblia, seu esmero em preparar as homilias dominicais e a forma como falava do Evangelho diariamente; admirado por todos pela sua erudição, cultura e comunicação, Dom Moacyr foi, sem dúvida, "um servidor do Evangelho para a esperança do mundo" e viver a sua espiritualidade com o povo e para o povo, deu fecundidade a sua obra pastoral.[48]

Na ocasião de sua morte, a CNBB emitiu uma nota:[49]

Seu lema episcopal era: "O último de todos e o servo de todos!".

Sempre sensível à causa dos que sofrem, assumiu a defesa dos indígenas, dos seringueiros e dos trabalhadores rurais. Foi um dos criadores do Conselho Indigenista Missionário (CIMI) e da Comissão Pastoral da Terra (CPT), entidade que presidiu por oito anos.

Além disso, participou da criação da Faculdade Católica de Rondônia, bem como da Comissão Justiça e Paz.

Atuou ainda como delegado da Conferência Nacional dos Bispos do Brasil (CNBB) na Conferência de Aparecida que aconteceu em maio de 2007. Dom Moacyr também era membro da Comissão da Amazônia, embora nos últimos tempos estivesse afastado por razões de saúde. Também fez parte da Comissão Episcopal Pastoral e do Conselho

---

[48] Neurimar Pereira, depoimento.
[49] CNBB. 18 jun. 2019. Morre Dom Moacyr Grechi, arcebispo Emérito de Porto Velho/RO aos 83 anos. Disponível em: https://www.cnbb.org.br/morre-dom-moacyr-grechi-bispo-emerito-de-porto-velho-ro/.

Permanente da CNBB, além de ter atuado como membro da Comissão Episcopal de Doutrina da CNBB, entre 1995 e 2003. Dom Moacyr presidiu a CPT e o Regional Norte 1 da CNBB.[50]

Em outra nota, a presidência da CNBB assim se expressou:

> A Conferência Nacional dos Bispos do Brasil (CNBB), com o olhar fixo em Cristo Ressuscitado e na certeza de que a vida é mais forte que a morte, se solidariza com o arcebispo de Porto Velho (RO) Dom Roque Paloschi, com os familiares de Dom Moacyr e com a comunidade de Porto Velho, que o teve como zeloso pastor por longos e fecundos anos.
>
> Que o seu testemunho de amor aos mais vulneráveis permaneça gravado, de modo indelével, em cada coração. Que o legado missionário deste nosso irmão no episcopado nos anime na construção do Reino de Deus.[51]

Também o Partido dos Trabalhadores de Rondônia manifestou o seu pesar pela morte de Dom Moacyr:

> Seguidor e propagador do Evangelho de Cristo, dedicou mais de meio século de sua vida a quem mais precisava, denunciou injustiças, defendeu a classe trabalhadora, lutou por equidade, pela Amazônia e o modo de viver do caboclo, de indígenas, ribeirinhos, dos agricultores camponeses e daqueles apartados da cidade.

---

[50] CNBB. CM, n. 715, 2019, p. 50, 123/124.
[51] CNBB. Nota de condolências pelo falecimento de Moacyr Grechi, Brasília, 18 de junho de 2019.

> Criou, junto com outros pares, a Comissão Pastoral da Terra – CPT, o Conselho Indigenista Missionário – CIMI, a Comissão Justiça e Paz. Sempre esteve junto com os movimentos sociais na defesa do território, dos direitos humanos e por políticas públicas includentes.
>
> A sociedade perde com sua partida! Um grande conselheiro, um guerreiro, um bondoso e esperançoso visionário! Deixa um legado inestimável, por meio de suas obras e ensinamentos.
>
> Que sigamos na luta pela equidade, pelo bem viver, por uma sociedade mais justa, inspirados/as em sua vida, em suas obras e de tantos outros que nos mostraram que é possível transformar este mundo por meio do amor, da fé e das obras socais.[52]

Dom Roque Paloschi, atual arcebispo de Porto Velho, pronunciou uma saudação por ocasião da celebração eucarística de despedida de Dom Moacyr, da qual destacamos:

> Amados Irmãos e Irmãs, com grande fé estamos aqui reunidos nesta celebração que memorifica a vida de Jesus na vida de Dom Moacyr Grechi, e atualiza que a última palavra não é a da morte, mas da vida para sempre. Na ressurreição de Jesus a Nossa Ressurreição. Dom Moacyr foi um homem da ressurreição, promotor da vida e da esperança.
>
> Usando a fonte bíblica inspiradora do Nortão das CEBs: "Por causa da tua palavra", fez de sua vida uma extensão do Evangelho; saindo do Sul do Brasil, estudou em Roma

---

[52] Arquidiocese de Porto Velho. Arquivo/Cúria. Papéis avulsos.

e como padre "armou sua tenda na Amazônia". A Igreja, vendo sua paixão por Jesus Cristo disse: "seja feito bispo". Assim sendo, como "o bom pastor, que dá a vida por suas ovelhas" (cf. Jo 10,11b), por longas datas teve a sua vida sob ameaça, pois o que lhe valia era muito mais a defesa dos menos favorecidos. Em síntese, sua fonte foi a Palavra, esta lhe era fonte e ápice, um profeta da palavra.

Como um verdadeiro pastor, soube ouvir o grito que saiu (e sai) do ventre da terra – ao mesmo tempo ele foi porta-voz deste grito, fazendo ecoar em instâncias inimagináveis. Por isso dizemos: "do ventre da terra, o grito que vem da Amazônia". Dom Moacyr soube, com sua sensibilidade de pastor, ser entregue e dedicado às comunidades eclesiais de base; para ele, elas são caminho de renovação, pelo qual, fortalecidas pela Palavra de Deus e pela Eucaristia, se tornam sinais concretos de mudança na sociedade, principalmente, diante das estruturas injustas que são excludentes e opressoras. As CEBs é o caminho da Igreja.

Neste sentido, o provérbio africano: "gente simples, fazendo coisas pequenas, em lugares não muito importantes, consegue mudanças extraordinárias", encarnou-se na vida de Dom Moacyr como princípio norteador de seu ministério episcopal. Uma das marcas visíveis era o seu amor por Maria. Como um bom servita, em Nossa Senhora das Dores encontrava força para também superar seus sofrimentos, e faziam deles fonte de resistência e de luta corajosa. Portanto, não podemos deixar cair a profecia de Dom Moacyr. Temos a missão de continuar ecoando o seu grito profético aqui deste chão amazônico na opção pelos pobres, no incentivo às Comunidades de Base, no aprofundamento da palavra de Deus, na luta pela justiça e de uma Igreja com um olhar cheio de misericórdia. Dom Moacyr passou fazendo o bem, servo do amor, profeta da esperança, agora vive na gloriosa alegria da vida plenificada, por isso queremos dizer juntos: "Dom Moacyr vive", não deixemos cair a profecia do profeta da Amazônia que ecoou seu grito e alcançou o mundo. Dom Moacyr, muito obrigado.[53]

Dom Fontinele reconhece a importância que Dom Moacyr teve em sua vida, que como outros pastores consumiram suas vidas em favor dos pobres:

> Destaco aqueles que, com sua vida profética, iluminaram e fortaleceram a minha vida de jovem cristão, seminarista, padre, formador, coordenador de pastoral, ecônomo, hoje, bispo servidor do povo da Amazônia presente na diocese de Humaitá/AM, dentre eles, Dom Pedro Casaldáliga, Dom Helder Camara, Dom Paulo Evaristo Arns, Dom Antônio Batista Fragoso, Dom Luciano Mendes de Almeida, Dom Jose Maria Pires, Dom Aloísio Lorscheider e, pela convivência e lições de vida consumida com a causa dos empobrecidos, Dom Antônio Possamai, Dom Geraldo Verdier e Dom Moacyr Grechi.[54]

Dom Roque Paloschi também recorda que ele sempre esteve preocupado com as causas sociais, com a vida dos pequenos, dos pobres, dos pequenos agricultores, dos indígenas, dos seringueiros e de muitos outros em situação de exclusão social. Diz também da importância que deu às CEBs (Comunidades Eclesiais de Base), movido sempre pela profecia vinda do Evangelho de Nosso Senhor

---

[53] Arquidiocese de Porto Velho. Arquivo/Cúria. Papéis avulsos.
[54] Dom Antônio Fontinele, depoimento.

Jesus Cristo (cuja leitura costumava carinhosamente cobrar do povo), bem como um profundo amor pela Santíssima Mãe de Jesus.[55]

Dom Joaquín cita o testemunho de Frei André Ficarelli, pessoa que conhecia muito bem D. Moacyr:

> É um homem humilde e de muita visão, aberto aos problemas dos pobres, de muita oração; um homem que realmente sofre ao ver as injustiças. E, como Bispo, ele sempre procura estar presente na realidade das pessoas e dar uma palavra de ânimo. [...] E nos dá a conhecer suas inquietudes e sonhos: "Vivemos na Amazônia. Amazônia do índio e do seringueiro, do ribeirinho e do colono migrante [...] Aqui onde Deus nos colocou, queremos ser uma Igreja fraterna, uma Igreja comunhão, sempre aberta à novidade do Evangelho e à conversão [...] Devemos ser fermento, inspiração e estímulo eficaz para uma Amazônia respeitada em sua natureza [...] Amazônia onde o índio possa viver, criar uma família linda, educar os filhos nas leis de seu povo. Amazônia onde as cidades sejam humanas e acolhedoras. Amazônia onde os seringueiros e ribeirinhos possam viver das riquezas da mata e dos rios e ter condições de uma vida digna".[56]

O bispo emérito de Altamira, Dom Erwin, sempre muito próximo de Dom Moacyr e, igualmente, um profeta como ele, manifesta os seus sentimentos:

> Senti muito quando soube que Dom Moacyr partiu para a eternidade. Ele sempre me considerou um irmão bem

---

[55] Dom Roque Paloschi. Nota de pesar, 17 de junho de 2019, Porto Velho/RO.
[56] Pertíñez Fernández, J. 100 personagens da nossa história, p. 456, 459.

mais novo que ele e me tratou com um afeto mais paterno que fraternal. Depois de uma reunião da Comissão para a Amazônia, da qual nós dois fazíamos parte, estivemos pela última vez juntos no aeroporto de Brasília, ele esperando o avião para voltar a Porto Velho, eu para Belém e Altamira. Ele tinha bastante dificuldade de se locomover a pé. Assim o levei ao portão de embarque de seu voo. Aí me disse mais uma vez: "Você ainda é jovem!". Revelei-lhe então que a diferença de nossa idade não era tão grande, apenas de três anos e meio. Ele não quis acreditar.[57]

Cristo apontou muito cedo, para Dom Moacyr, a Amazônia. Hoje, no coração do infinito, podemos afirmar que ele, o "amigo de Deus, pastor e guia do povo" foi "pai, irmão e amigo" de todos. Do coração da Amazônia, rumo ao coração de Deus, aquele que em toda a sua vida foi movido pela "esperança que o animou a discernir, no contexto onde desempenhou o seu ministério, os sinais da vida capazes de derrotar os germes nocivos e mortais, que o sustentou na transformação dos próprios conflitos em ocasiões de crescimento, que se debruçou sobre a dor de cada homem e mulher que sofre, para cuidar das suas chagas, mantendo sempre viva a confiança" de todos, tornou-se hoje "um sinal luminoso de Cristo Pastor".[58]

Por ocasião da Páscoa definitiva de Dom Moacyr, o Pe. José Erenildo Silva da Costa expressou numa poesia a mística e a missão de Dom Moacyr:

> Chora a grande Amazônia/ porque o seu servo partiu.
> Cumpriu a sua missão/ de glória se revestiu. Descansa nos braços daquele/ que um dia pra missão o ungiu. Descanse

---

[57] Depoimento de Dom Erwin Kräutler.
[58] João Paulo II. Exortação Apostólica Pós-Sinodal Pastores Gregis, 4, 2003.

Dom Moacyr/ na casa de Nosso Senhor. Descanse porque chegou a hora/ de mergulhar no amor. Amor Trindade Bendita/ que o Senhor tanto anunciou! – Do Evangelho foi luz/ espalhou sempre o amor. Levando Cristo aos pobres/ o Senhor testemunhou. Recebe agora a coroa/ Que Cristo lhe reservou. – Descansa Dom Moacyr/ porque cumpriu sua missão/ deixando um grande legado/ nesta terra de Missão. Os povos indígenas agradecem/ se unem agora em prece/ cantam a Deus louvação. – Nos resta seguir seu exemplo/ do servo Bom e Pastor. Descansa, homem de bravura/ pastor que pregava o amor. Fica para nós seu exemplo/ descansa servo do Amor.[59]

Como fiel Servo de Maria, Moacyr se iluminava muito na pessoa de Maria, a mãe de Jesus, que caracteriza a espiritualidade de sua Ordem. Era um bom conhecedor da teologia mariana e um assíduo ledor da produção acadêmica sobre Maria. Era para ele um modelo de vida, de mãe, de discípula, de servidora:

> Maria "é a discípula mais perfeita do Senhor; interlocutora do Pai em seu projeto de enviar seu Verbo ao mundo para a salvação humana. Com sua fé, Maria chega a ser o primeiro membro da comunidade dos crentes em Cristo, e se faz colaboradora no renascimento espiritual dos discípulos (Jo 19,25-30). Sua figura de mulher livre e forte, emerge do Evangelho conscientemente orientada para o verdadeiro seguimento de Cristo" (DA 266). Cita o teólogo H. Urs von Balthasar: "Maria é a autêntica teologia da libertação em pessoa". E encerra: "Como a mãe de tantos, fortalece os vínculos fraternos entre todos, estimula

---

[59] Arquidiocese de Porto Velho. Arquivo/Cúria. Papéis avulsos.

a reconciliação e o perdão e ajuda os discípulos de Jesus Cristo a experimentarem-se como família, família de Deus. Maria é a grande missionária, continuadora da missão de seu Filho e formadora de missionários. Maria é a marca da 'identidade católica', graças à identificação afetiva do povo com Ela, inclusive do povo das CEBs".[60]

Sua secretária também destaca esse aspecto da espiritualidade mariana de Dom Moacyr:

> Lembro com saudades as recitações da Coroa de Nossa Senhora das Dores pelas ondas da Rádio Caiari nas sextas-feiras santas, sempre nas primeiras horas da manhã, e na convicção de que "os sofrimentos de Cristo e de Maria se prolongam na vida dos que sofrem e lutam pela justiça e pela libertação e, em Maria, cada um de nós saberá carregar a sua cruz e colocar-se aos pés das infinitas cruzes da humanidade, onde Cristo continua sendo crucificado nos irmãos".[61]

8. Combateu o bom combate, guardou a fé

Dom Moacyr tinha uma personalidade bastante forte. Resistia bastante em ser acompanhado, medicado, orientado pelos médicos. No fundo, não desejava incomodar ninguém. Para ir ao médico sempre era um drama. Temia uma informação desagradável. Dizia estar bem e não queira que o médico comunicasse os resultados dos exames a outras pessoas. Relutava em ser ajudado nas idas e vindas. Devido aos vários acidentes graves que teve e ao tanto de remédios que tinha que ingerir, sofria de vertigens, o que causava quedas. Em

---

[60] Antônio Fontinele, resgatando falas de Dom Moacyr. Depoimento.
[61] Neurimar Pereira, depoimento.

fevereiro de 2018, os médicos constataram um nódulo no intestino, sobre o qual nada se comentou. A partir do final de 2018, ficou cada vez mais dependente em todos os sentidos. Mesmo assim reclamava que não necessitava de ajuda, que ninguém o segurasse.

No dia 9 de junho de 2019, aceitou ir a Ariquemes presidir a solenidade de Pentecostes. Passou mal e só retornou no dia 10. Necessitou de ajuda, pois não conseguia dar um passo. No dia 14, foi internado no Hospital Nove de Julho, pois sentia fortes dores. Homem de forte têmpera, não dava um gemido. Apesar das dores, ele sorria para as pessoas e as vezes fazia alguma brincadeira.

Passou seguidamente a transpirar frio. Falava pouco, mas mantinha a expressão serena. Sentindo dores abdominais, o médico fez um exame e constatou uma diverticulite. Com humor, comenta Dom Moacyr: "É disto que o Tancredo Neves morreu!".

No dia 15 de junho, passou o tempo conversando muito, fazendo grandes memórias de seu tempo de trabalho pastoral em Rio Branco. Lembrou de muitas histórias vividas com as famílias. Houve espaço para recordar músicas do Bacurau. Dom Moacyr gostava muito do Bacurau, sua luta em prol dos irmãos hansenianos e mais necessitados; admirava sua espiritualidade encarnada na vida do povo. Vieram à mente: "Um dia numa lapinha um grande caso se deu [...]; Com Jesus vou carregar a minha cruz pra poder ressuscitar [...]. Vamos amar que ainda é tempo/ainda há tempo da gente amar!". Foram tempos e situações que muito marcaram a sua vida e que agora, relembrava, como que ensaiando para o momento definitivo com o Senhor.

No dia 16, pensava-se até em dar alta. Entretanto, no dia 17, foi o desenlace. Absorto em fecundas memórias e em oração, afirma Ir. Fátima, que o acompanhou nos últimos momentos: "Creio que Dom Moacyr não percebeu a aproximação da morte, pelo que eu ouvia e via na própria convivência de anos com ele". O médico comunicou que ele tivera duas paradas cardiorrespiratórias. Na segunda parada, reverteram a situação, mas o estado de saúde dele era gravíssimo, questão de horas. Tudo estava cumprido. Dom Moacyr realiza sua Páscoa definitiva.

Creio que ficaria bem, no final deste trabalho, lembrar de uma parte da fala de Dom Frei Luiz Flávio Cappio quando tomou posse como oitavo bispo diocesano de Barra/BA em 1997.[62] Lá, sertão nordestino, como no Acre, sertão amazônico, as realidades do ser humano eram parecidas e retratam bem o mergulho de Moacyr na cultura amazônica:

> *Ganhei muito sentido para a vida* daqueles que, condenados à morte por uma dita civilização, cruel e excludente, agarram-se a uma centelha de vida que ainda lhes resta.
>
> *Ganhei espírito de luta* daqueles que, despojados de tudo, acreditam na vida e se atiram na peleja encarniçada da sobrevivência em que cada dia vencido é uma vitória heroica.
>
> *Fiz da terra deles o meu torrão*; da casa deles o meu lar; dos seus filhos os meus irmãos; de seu escasso pão o meu banquete; de sua água barrenta e suja o meu vinho saboroso; de suas humildes capelas a minha catedral; de suas alegrias a minha festa; de seus sofrimentos e angústias as minhas lágrimas.
>
> *Ganhei sabedoria* daqueles que jamais se sentaram num banco escolar, mas que a vida dura e sofrida lhes conferiu o grau de doutorado na difícil arte de viver, mas não apenas de viver, mas sim, viver com elegância.

---

[62] Pronunciamento de Dom Frei Luiz Cappio em sua posse como 8º Bispo Diocesano de Barra/BA em 3 de agosto de 1997. Diocese da Barra, 1997, p. 10-11.

Ganhei saúde daqueles que, carcomidos pelas doenças e enfermidades, possuem um coração íntegro, impoluto, cheio de fé, cheio de Deus.

O que Dom Moacyr deve provocar e interpelar é se existe um esforço para não deixar cair ou morrer a profecia. Essa expressão de Dom Helder Camara e do Papa Francisco pode incomodar muitos. Mas se a profecia for sustentada, ela continuará fortalecendo a dimensão do martírio, da mística e da fraternidade. É um ideal, um serviço, um paradigma que dá sentido ao convite evangélico: "Para que todos tenham vida em abundância" (Jo 10,10).

Siglas e abreviaturas

AC	Estado do Acre
AI 5	Ato Institucional n. 5
ALCA	Área de Livre Comércio das Américas
AM	Estado do Amazonas
AP	Estado do Amapá
Aparecida	Documento dos Bispos da América Latina na Assembleia de Aparecida, Brasil
BA	Estado da Bahia
BBC	*British Broadcasting Corporation*
BR	Brasil Rodovias
CDC	Código de Direito Canônico
CDDH	Comissão de Direitos Humanos
CDI	Centro de Documentação e Informação da CNBB
CEA	Comissão Episcopal para a Amazônia
CEBs	Comunidades Eclesiais de Base
CEHILA	Centro de Estudos de História da Igreja na América Latina
CELAM	Conferência Episcopal Latino-americana

CENFI	Centro de Formação Intercultural
CEP	Comissão Episcopal de Pastoral
CERIS	Centro de Estatísticas Religiosas e Investigações Sociais
CHESF	Companhia Hidroelétrica do São Francisco
CIMI	Conselho Indigenista Missionário
CM	Comunicado Mensal. Boletim da CNBB
CNBB	Conferência Nacional dos Bispos do Brasil
Codevasf	Companhia de Desenvolvimento do Vale do São Francisco
COE	Centro de Operações Especiais
Comina	Conselho Missionário Nacional
Contag	Confederação dos Trabalhadores na Agricultura
Cor	Carta de Paulo aos Coríntios
CPI	Comissão Parlamentar de Inquérito
CPPS	Missionários do Preciosíssimo Sangue
CPT	Comissão Pastoral da Terra
CRB	Conferência dos Religiosos/as do Brasil
DCNI	Diário do Congresso Nacional
ECC	Encontro de Casais com Cristo
Edufac	Editora da Universidade Federal do Acre
ES	Estado do Espírito Santo
Ex	Livro do Êxodo
Ez	Livro do Profeta Ezequiel
FCR	Faculdade Católica de Rondônia

Siglas e abreviaturas

FMS	*Fratres Maristes a Scholis*
FUNAI	Fundação Nacional do Índio
GADU	Grande Arquiteto do Universo
GESCA	Grupo de Elevação Social e Cultural do Acre (Grupo de Jovens – 1968)
GS	*Gaudium et Spes*
G1	Portal de Notícias da TV Globo (2006)
GOB	Grande Oriente do Brasil
IHU	Instituto *Humanitas* Unisinos
Incra	Instituto Nacional de Colonização e Reforma Agrária
Intereclesial	Reunião Nacional das Comunidades Eclesiais de Base
ITF	Instituto Teológico Franciscano
Jo	Livro do Evangelista João
LSN	Lei de Segurança Nacional
Mc	Livro do Evangelista Marcos
Medellín	Documento dos Bispos da América Latina na Assembleia de Medellín, Colômbia
Mojuca	Movimento Juvenil Católico
Mq	Livro do Profeta Miquéias.
MS	Estado do Mato Grosso do Sul
MST	Movimento dos Trabalhadores Sem-Terra.
MT	Estado do Mato Grosso
OAB	Ordem dos Advogados do Brasil

ONU	Organização das Nações Unidas
OSM	Ordem dos Servos de Maria
PA	Estado do Pará
PAD	Projeto de Assentamento Dirigido
PANIB	Pastoral Nipo-Brasileira
PAR	Projeto de Acesso Rápido
PDS	Partido Democrático Social
Pe.	Padre
PIN	Programa de Integração Nacional
PM	Polícia Militar
PMDB	Partido do Movimento Democrático Brasileiro
Polamazônia	Programa de Polos Agropecuários e Agrominerais da Amazônia
PP	*Populorum Progressio*
PR	Estado do Paraná
PRC	Projeto de Resolução da Câmara
Probor	Programa de Incentivo à Produção da Borracha Natural
PT	Partido dos Trabalhadores
PUC	Pontifícia Universidade Católica
Puebla	Documentos dos Bispos da América Latina realizado em Puebla, México
RADAM	Projeto Radar da Amazônia
RE	*Reggio Emilia* (Itália)
REB	Revista Eclesiástica Brasileira

Siglas e abreviaturas

RECA	Reflorestamento Econômico Condensado Adensado
RO	Estado de Rondônia
Santarém	Documento dos Bispos da Amazônia realizado em Santarém, PA
Santo Domingo	Documentos dos Bispos da América Latina realizado em Santo Domingo
SC	Estado de Santa Catarina
SCAI	Serviço de Cooperação Apostólica Internacional
SEDOC	Serviço de Documentação
SEMA	Secretaria do Meio Ambiente
SM	Servas de Maria
SNI	Serviço Nacional de Informação
SP	Estado de São Paulo
Spvea	Superintendência do Plano de Valorização da Amazônia
Sudam	Superintendência do Desenvolvimento da Amazônia
Suframa	Superintendência da Zona Franca de Manaus
TO	Estado do Tocantins
UDR	União Democrática Ruralista
UFAC	Universidade Federal do Acre
Unisinos	Universidade do Vale do Rio dos Sinos
UTI	Unidade de Terapia Intensiva
Vaticano II	Conjunto de Documentos da Igreja Católica, em reunião realizada no Vaticano

Agradecimentos

Ir. Maria de Fátima Gonçalves, Porto Velho, RO. Secretária de Dom Moacyr Grechi. Ir. Maria de Fátima, do Instituto Josefino, participou intensamente da vida e da missão de Dom Moacyr em Rio Branco e em Porto Velho. Foi enviada à Prelazia do Acre e Purus, depois Diocese de Rio Branco, por conta do programa Igrejas-Irmãs (Rio Branco/Fortaleza). Participou intensamente das Pastorais e das Comunidades de Base. Graças ao apoio de Dom Moacyr, realizou mestrado em Teologia dogmática; pós-graduação em Liturgia e Especialização em Grego Bíblico; Gestão de Entidades Religiosas. Foi também a guardiã da memória de Dom Moacyr e de uma série de documentos, hoje guardados no Arquivo da Cúria de Porto Velho. Ir. Fátima participou ativamente na realização desse projeto da publicação de um livro sobre Dom Moacyr. Desvelou-se na coleta de depoimentos em Rio Branco e em esclarecer vários aspectos do texto, dando mais precisão a nomes, localidades e datas. Foi sempre uma entusiasta dessa publicação, não medindo esforços em cooperar na sua realização.

Dom Joaquín Pertíñez Fernández. Bispo Diocesano de Rio Branco/AC.

Irmãs Servas de Maria Reparadoras. Comunidade da Casa Madre Elisa, Rio Branco/AC.

Maria Auxiliadora N. Souza (Dora da Catedral). Cúria da Diocese de Rio Branco/AC.

Museu da Borracha (Soraia). Rio Branco/AC.

Pe. Luiz Ceppi. Sacerdote do Clero Diocesano de Rio Branco/AC.

Pe. Mássimo Lombardi. Sacerdote do Clero Diocesano de Rio Branco/AC.

Jairo Salim Pinheiro de Lima. São Paulo. Engenheiro Civil / Universidade Estadual Paulista – Unesp, Campus de Ilha Solteira – SP.

Ronizia Gonçalves, Rio Branco/AC. Mestra em Ciências Sociais pela PUC-SP; graduada em Ciências Sociais pela UFAC; analista em Reforma e Desenvolvimento Agrário no Incra.

Dom Roque Paloschi. Arcebispo Metropolitano de Porto Velho/RO.

Comissão Pastoral da Terra, Secretaria Nacional, Goiânia.

CDI – CNBB – Brasília.

Biblioteca Irmão José Otão (PUC/RS). Porto Alegre/RS.

Depoimentos

Ir. Maria de Fátima Gonçalves, Porto Velho/RO. Secretária de Dom Moacyr Grechi. Em 29 de janeiro de 2024.

Neurimar Pereira da Silva, Porto Velho/RO. Depoimento a Sebastião A. Ferrarini, em 9 de julho de 2024. Neurimar foi Secretária de Dom Moacyr no período de 2001 a 2012.

Dom Erwin Kräutler, Altamira/PA. Depoimento a Sebastião A. Ferrarini em 24 de janeiro de 2024. Dom Erwin é bispo emérito do Xingu.

Dom Antônio Fontinele, Humaitá/AM. Depoimento a Sebastião A. Ferrarini em 16 de junho de 2024. Dom Antônio é bispo da Diocese de Humaitá.

Maria das Graças, Rio Branco/AC. Depoimento a Ir. Fátima Gonçalves em 17 de abril de 2024. Mais conhecida como Maria da Casa do Bispo. Trabalhou mais de 2 anos na casa episcopal, com Dom Giocondo, e continuou ajudando Dom Moacyr até o dia da mudança dele para Porto Velho.

Ir. Rosália Saccardo, Rio Branco/AC. Depoimento a Ir. Fátima Gonçalves em 17 de abril de 2024. Da comunidade das Irmãs Servas de Maria de Galeazza.

Élcio Inácio da Silva, Rio Branco/AC. Depoimento a Ir. Fátima Gonçalves em 17 de abril de 2024.

Maria Odete Lima da Cruz, Rio Branco/AC. Depoimento a Ir. Fátima Gonçalves em 17 de abril de 2024.

Jairo Salim Pinheiro de Lima. Depoimento à Ir. Fátima Gonçalves, Rio Branco/AC.

Pe. Geraldo Siqueira da Almeida, do Clero diocesano de Porto Velho/RO. Depoimento a Sebastião A. Ferrarini em 1º de fevereiro de 2024.

Ida Cristina Oliveira da Silva Lucena, Porto Velho/RO. Diretora da Escola Maria de Nazaré. Depoimento a Sebastião Ferrarini em 20 de fevereiro de 2024.

Clóvis Gomes Malveira Rio Branco/AC. Acompanhou Dom Moacyr por mais de trinta anos como segurança e motorista.

Vera Lúcia Guimarães de Souza, Rio Branco/AC. Esposa de Elpídio Moreira de Souza. Depoimento à Ir. Fátima Gonçalves em 17 de abril de 2024. Vera e esposo foram líderes da Comunidade Eclesial.

Bibliografia

A CAMINHO. *Jornal do 12º Intereclesial das CEBs*, n. 11, jul. 2009.

A GAZETA DO ACRE. *As revelações de Dom Moacyr à CPI do narcotráfico*: um passado sombrio de um Acre não tão distante. 8 de julho de 2019, n. 9866, p. 6.

ALMEIDA, Geraldo Siqueira de. *Martírio e testemunho na Diocese de Rio Branco na década de 80*. Acre, Porto Velho: (s.n.) 2004 (mimeo).

ALVES DE HOLANDA, José Pedro Augusto. *História, Memória e Teologia*: a tensão histórica e escatológica no Cancioneiro Popular das CEBs. Dissertação (Mestrado). PUC-Rio, 2019.

ARQUIDIOCESE DE PORTO VELHO. Arquivo/Cúria. Papéis avulsos.

ARQUIDIOCESE DE PORTO VELHO. *Estação Igreja*. Dom Moacyr apoia D. Antônio Possamai. ago./out. 2003.

ARQUIDIOCESE DE PORTO VELHO. *Livro de Tombo* 1981–2002 (n. 7); 2003-2007 (n. 8); 2007-2012 (n. 9).

ARQUIDIOCESE DE PORTO VELHO. *Porta Aberta*, Ano XVIII, n. 89 jul./ago. 2006.

ARQUIDIOCESE DE PORTO VELHO. *Relatório do 12º Intereclesial das CEBs de Porto Velho*: 21-25 de julho de 2009.

ASFURY, Leôncio. *A história através da música*. Rio Branco: Estrela, 2022.

BALDASSARI, Frei Paolino. *Escritos de uma vida missionária*. Rio Branco: Estrela, 2018.

BARBOSA, Ruy. *O direito do Amazonas ao Acre Setentrional*. v. II. Rio de Janeiro: Typ. Jornal do Commércio, 1910.

BATISTA, Djalma. *O complexo da Amazônia*. Rio de Janeiro: Conquista, 1976.

BENCHIMOL, Samuel. *Amazônia, um pouco antes e além depois*. Manaus: Amazoniana 1, 1977.

BERKENBROCK, V. et al. A Igreja Católica e as questões sociais e políticas no Brasil (1950-1960). *REB*, Petrópolis, v. 82, n. 322, maio/ago. 2022.

BETTO, Frei. *O que é comunidade eclesial de base*. São Paulo: Brasiliense, 1985.

BISPOS DO CENTRO-OESTE. *Marginalização de um povo*. Grito das Igrejas, 1973.

BISPOS DO NORDESTE. *Eu ouvi os clamores do meu povo*. 1973.

BOFF, Clodovis. *Comunidade Eclesial/Comunidade Política*. Petrópolis: Vozes, 1978.

BOFF, Clodovis. *Deus e o homem no inferno verde*. Quatro meses de convivência com as CEBs do Acre, Petrópolis: Vozes, 1980.

BOFF, Clodovis et al. A que ponto estão e para onde vão. In: *As Comunidades de Base em questão*. São Paulo: Paulinas, 1997.

BOFF, Clodovis et al. *As Comunidades de Base em questão*. São Paulo: Paulinas, 1997.

BOFF, Clodovis. A Igreja, o Poder e o Povo. *REB*, v. 40 fasc. 157, março 1980.

BOFF, Clodovis. *Teologia Pé-no-Chão*. Petrópolis: Vozes, 1984.

BOFF, Leonardo. *Igreja: carisma e poder*. São Paulo: Ática, 1994.

BOFF, Leonardo. *Eclesiogênese*. As comunidades de base reinventam a Igreja. Petrópolis: Vozes, 1977.

BOFF, Leonardo. *A fé na periferia do mundo*. Petrópolis: Vozes, 1978.

BOFF, Leonardo. *E a Igreja se fez povo*. Eclesiogênese: a Igreja que nasce da fé do povo. Petrópolis: Vozes. 1986.

BOFF, L.; Boff, C. *Como fazer teologia da libertação*. Petrópolis, Vozes, 1986.

BRIGHENTI, Agenor. Sínodo da Amazônia. O evento e seus resultados. *REB*, v. 79, n. 214, set/dez. 2019.

BULCÃO, José Pedro Soares. O Comendador João Gabriel. A origem do nome Acre. *Revista do Instituto do Ceará*, Fortaleza, XLVI, 1932.

BULCÃO, José Pedro Soares. Subsídios para a História do Departamento do Alto Purus. Revista do Instituto do Ceará, Fortaleza, LIV, 1940.

CADIOLLI, Sandra Teresa Basílio. *A luta pela terra e a Igreja Católica nos vales do Acre-Purus (1970-1980)*. Rio Branco: Edufac, 2019.

CADIOLLI, Sandra Teresa Basílio. *Seringueiro de Xapuri na luta pela terra e a defesa da floresta*: projeto Seringueiro, cooperativismo e Educação Popular. Dissertação (Mestrado). PUC/SP, 1992.

CANUTO, Antônio. *Há 40 anos nascia a CPT* (dois de junho de 2015). Disponível em: https://www.cptnacional.org.br/publicacoes/noticias/cpt-40-anos/2605-ha-40-anos-nascia-a-cpt. Acesso em: 13 jan. 2025.

CASTELO BRANCO, J. M. B. Caminhos do Acre. *Revista do Instituto Histórico e Geográfico Brasileiro*, v. 196, 1947.

CASALDÁLIGA, Pedro. *Uma Igreja da Amazônia em conflito com o latifúndio e a marginalização social*. São Félix do Araguaia, 1971.

CAVALCANTE, Ormifran Pessoa. *Carmem*: era uma vez um seringal. Rio Branco: UFAC, 2022.

CELAM. *Conclusões de Medellín*. Porto Alegre: Metrópole, 1968 (Posteriormente, em outras edições, foi inserido o título: "Presença da Igreja na atual transformação da América Latina à luz do Concílio Vaticano II").

CELAM. *A Evangelização no presente e no futuro da América Latina* (Documento de Puebla). São Paulo: Loyola, 1979.

CELAM. *Nova Evangelização, Promoção Humana e Cultura Cristã* (Documento de Santo Domingo). São Paulo: Paulinas, 1992.

CELAM. *Documento de Aparecida*. Texto conclusivo da V Conferência Geral do Episcopado Latino-Americano e do Caribe. São Paulo: Paulus/Paulinas/CNBB, 2007.

CEM ANOS de Imprensa no Amazonas (1851-1950). 2. ed. Manaus: Calderaro, 1990.

CERETTA, Celestino. *História da Igreja na Amazônia Central*. Santa Maria: Biblos, 2008.

CHRISTO, Alberto Libânio (Frei Betto). O canto do galo. *Revista Eclesiástica Brasileira*, v. 37, fasc. 146, junho de 1977.

CNBB Norte I. *A Igreja se faz carne e arma sua tenda na Amazônia*.

CNBB Norte I. *Documento de Santarém*, 1972.

CNBB. *Discípulos Missionários na Amazônia*. Documento do IX Encontro de Bispos da Amazônia, Brasília, Comissão Episcopal de Pastoral, 2007.

CNBB. *IV Encontro da Igreja Católica na Amazônia Legal*. 50 anos do Encontro de Santarém, 1972-2022. Memorial. Brasília, 2022.

CNBB. *Igreja na Amazônia. Memória e Compromisso*. Conclusões do Encontro de Santarém 2012, Brasília, Ed. CNBB, 2012.

CNBB. *Carta ao Presidente da República, Luís Inácio Lula da Silva* – expressando a posição do episcopado na questão dos atingidos por Barragens. CDI Doc n. 2113, Brasília, 2004.

CNBB. *Telegrama ao Ministro da Justiça*. CM 324, 1979.

CNBB. *Mensagem ao Presidente da Câmara dos Deputados*. CM 278, 1975.

CNBB. *Mensagem ao Povo de Deus sobre as Comunidades de Base*. Doc 92, Brasília, 2010.

CNBB. *Dom Moacyr Gre*chi: Santarém definiu o rosto da Igreja na Amazônia. Site. 2 jul. 2012.

CNBB (CDI). *Comunicado Mensal* 269, 278 de 1975; 280, 282, 284, 287, 288 de 1976; 292, 302, de 1977; 311, 315, de 1978; 324 de 1979; 343 de 1981; 373 de 1983; 391, 393 de 1985; 398, 399, 400, 404 de 1986; 412, 414, 417 de 1988; 442 de 1990; 458 de 1992; 469, 473 de 1993; 484 de 1994; 491, 496 de 1995; 523 de 1998; 530, 432, 533 de 1999; 540 de 2000; 560, 566 de 2002; 570, 572 de 2003; 600 de 2006; 604 de 2007; 613 de 2008; 621, 622, 625, 627 de 2009; 638, 641 de 2011; 649, 653 de 2013; 656

de 2014; 666, 667 de 2015; 715 de 2019.

CNBB (CDI). *Dossiê/Carta 30411* de 1977; Dossiê/Intervenção 16359 de 1978; Dossiê/Intervenção 28732 de 1979; Dossiê Fotografia/Corumbá; Dossiê Fotografia/Brasília 40122 de 1984; 40228 de 1989; Dossiê Carta 2113 de 2004.

CNBB. *Rumo ao Novo Milênio*. Ano I n. 7, nov. 1998.

CNBB. *Dom Moacyr Grechi*: Santarém definiu o rosto da Igreja na Amazônia. Site. 2 julho 2012.

CONTI, Servílio. *O santo do dia*. Petrópolis: Vozes, 1984.

CORNWALL, Ricardo. *Antônio Rodrigues Pereira Labre*: homem do império, político, pioneiro... Fortaleza: Premius, 2017.

CORSO, Zeno Marco dal. A Igreja da denúncia e o silêncio dos fiéis: história da Igreja do Acre vista pelos lavradores (1970-1990). *Revista de Cultura Teológica*, ano III, n. 12, jul./ago. 1995.

COSTA, Craveiro. *A conquista do deserto ocidental*. Rio: Nacional, 1940.

COUTINHO, João Martins da Silva. Informações sobre o Rio Purus. *Manaus: Boletim de Pesquisa da CEDEAM*, v. 6, n. 11, jul./dez. 1987.

CPT. *Conflitos no campo*. Brasil 2023. Goiânia: CPT Nacional, 2024.

CPT. *Refrescando a memória*. 13 de fevereiro de 2015.

CPT. *CPT Rondônia realiza XIV Assembleia*. 9 de julho de 2013.

CRUZ, Oswaldo et al. *Sobre o saneamento da Amazônia*. Manaus: Philippe Daou, 1972.

Bibliografia

CUNHA, Euclides da. *O Rio Purus*. Rio de Janeiro: SPVEA, 1960.

CUNHA Paranaguá, José Lustosa. *Falla do Presidente* (da Província do Amazonas). 25 de março de 1882, Manaus.

DIÁRIO DA AMAZÔNIA (Jornal). Caderno B, Porto Velho, 1 de fevereiro de 2011.

DINIZ, Nilo Sergio de Melo. *Chico Mendes. Um grito no ouvido do mundo. Como a imprensa cobriu a luta dos seringueiros*. Curitiba: Appris, 2019.

DIOCESE DE RIO BRANCO. *Diretrizes da Ação Evangelizadora*. Rio Branco, 1997.

DIOCESE DE RIO BRANCO. *Nós Irmãos*. Boletim Informativo da Prelazia do Acre e Purus. Início da publicação: dezembro de 1971, Rio Branco (mimeografado). Ano 1, 8 jul. 1972, n. 2, set. 1972; ano 9, jul./ago. 1981; ano 10, set. 1982; ano 11, nov. 1982; ano 12, jan. 1983, jul. 1983, nov. 1983; ano 13, jan./fev. 1984, out. 1984, nov. 1984; ano 14, jul. 1985, ago. 1985, nov. 1985; ano 15 jan./fev. 1986, mar. 1986, maio 86, jun. 1986, set. 1986; ano 18, mar./abr./nov 1989; ano 24 set./out. 95; ano 25, set./out. 1996; ano 26 out./nov 1997; ano 27, nov./dez. 1998.

FAMÍLIA CRISTÃ (Revista). *Morte de Chico Mendes retrata violência no campo*. Ano 55, n. 638, fevereiro 1989. São Paulo: Paulinas.

FAMÍLIA CRISTÃ (Revista). *O desafio missionário da Amazônia*. Outubro de 1989. São Paulo: Paulinas.

FARIA E SOUZA, João B. *A Imprensa no Amazonas*. Manaus: Tipografia da Imprensa Oficial, 1908.

FERNÁNDEZ, Joaquín Pertíñez. *Páginas de nossa história*. Rio Branco: Estrela, 2019.

FERNÁNDEZ, Joaquín Pertíñez. *A Caminhada da Igreja Católica.* Diocese de Rio Branco (1877-2016). Disponível em: http://www.diocesederiobranco.org.br/diocese/historia. Acesso em: 12 set. 2024.

FERNÁNDEZ, Joaquín Pertíñez. *Igreja, Povo de Deus na Prelazia do Acre e Purus.* Rio Branco: Estrela, 2018.

FERNÁNDEZ, Joaquín Pertíñez. *Primórdios de uma Diocese.* Diocese de Rio Branco, 1986. Rio Branco: Francarlos, 2012.

FERNÁNDEZ, Joaquín Pertíñez. *História da Diocese de Rio Branco* – Parte I. Rio Branco: Estrela, 2018.

FERNÁNDEZ, Joaquín Pertíñez. *História da Diocese de Rio Branco* – Parte II. Rio Branco: Estrela, 2019.

FERNÁNDEZ, Joaquín Pertíñez. *História da Diocese de Rio Branco* – Parte III. Rio Banco: Estrela, 2019.

FERNÁNDEZ, Joaquín Pertíñez. *História da Diocese de Rio Branco* – Parte IV, Rio Branco: Estrela.

FERNÁNDEZ, Joaquín Pertíñez. *História da Diocese de Rio Branco 1878-2000.* Rio Branco: Diocese de Rio Branco, s/d.

FERNÁNDEZ, Joaquín Pertíñez. *Presença da Vida Religiosa Feminina na Diocese de Rio Branco.* Rio Branco: Estrela, 2021.

FERNÁNDEZ, Joaquín Pertíñez. *Cristo seringueiro* (aproximação a uma cristologia do seringal). Rio Branco: Estrela, 2019.

FERNÁNDEZ, Joaquín Pertíñez. *Duas pérolas.* Rio Branco: Estrela, 2018.

FERNÁNDEZ, Joaquín Pertíñez (com a colaboração de Pe. Mássimo Lombardi). *História das CEBs nos vales do Acre e Purus.* 10 anos de uma nova expressão eclesial. Rio Branco: Estrela, 2023.

FERNÁNDEZ, Joaquín Pertíñez. *Dois sinais dos céus. Duas comunidades para salvar vidas. Arco Iris / 25 anos. Estrela da Manhã 10 anos.* Rio Branco: Estrela, 2020.

FERNÁNDEZ, Joaquín Pertíñez. *100 personagens da nossa história.* Rio Branco: Estrela, 2022.

FERNÁNDEZ, Joaquín Pertíñez. *Igreja, povo de Deus, na Prelazia do Acre e Purus*: Aspectos históricos e teológico-pastorais (1879-1971). Dissertação (Mestrado em Teologia). Belo Horizonte: FAJE, 2017.

FERNÁNDEZ, Joaquín Pertíñez. *Presença da Vida Consagrada Masculina na Diocese de Rio Branco.* Rio Branco: Estrela, 2021.

FERRARINI, Sebastião Antônio. *Amazônia.* Berço acolhedor de tanta vida. As múltiplas dimensões da violência. São Paulo: Loyola, 2023.

FERRARINI, Sebastião Antônio. *A Imprensa e o Arcebispo Vermelho.* São Paulo: Paulinas, 1992.

FERRARINI, Sebastião Antônio. *Arquidiocese de Porto Velho.* Uma trajetória de missão neste chão da Amazônia, Porto Velho: 2016.

FERRARINI, Sebastião Antônio. *Cenários do Profetismo*: uma memória provocadora e estimulante. Aparecida: Santuário, 2004.

FERRARINI, Sebastião Antônio. *Centenário em Lábrea.* São Paulo: FTD, 1978.

FERRARINI, Sebastião Antônio. *Conquista e povoamento do Purus*. Manaus: Imprensa Oficial, 1980.

FERRARINI, Sebastião Antônio. *História da Igreja na Amazônia.* Vida Consagrada no Noroeste Amazônico. Porto Velho: CRB, 2006.

FERRARINI, Sebastião Antônio. *Lábrea: 1881-1981*. Manaus: Imprensa Oficial, 1981.

FERRARINI, Sebastião Antônio. *Maristas na Amazônia*. Cuidando da vida: educação, pastoral, cultura, ecologia. Porto Alegre: Edipuc RS, 2023.

FERRARINI, Sebastião Antônio. *Rio Purus*. História, Cultura, Ecologia. São Paulo: FTD, 2009.

FERRARINI, Sebastião Antônio. *Transertanismo*. O sofrimento e a miséria do nordestino na Amazônia. Petrópolis: Vozes, 1978.

FERRARINI, Sebastião Antônio. *Utopias latino-americanas*. Porto Alegre: Edipuc RS, 2016.

FERREIRA, M. Rodrigues *A ferrovia do diabo*. São Paulo: Melhoramentos, 2005.

FERREIRA, R.; Souza, Ney de. Os bispos e a Igreja do Brasil em Puebla. *REB*, Petrópolis, v. 79, n. 314 set/dez, 2019.

FERREIRA Reis, A. *O seringal e o seringueiro*. Rio: Ministério da Agricultura, 1953.

FERREIRA Reis, A. C. *A conquista espiritual da Amazônia*. Rio: Spvea, 1931.

FICARELLI, André. *A Igreja do Acre e Purus e os Servos de Maria*. Arquivo Cúria Diocesana de Rio Branco.

FOLHA DE SÃO PAULO. *Câmara cassa mandato de Hildebrando Pascoal*, 23 set. 1999.

FUENTES, Hildebrando. *Loreto*. Apuntes Geográficos, históricos, estadísticos, políticos y sociales. Tomo II. Lima: Imprenta de la Revista, 1908.

FUNDAÇÃO PADRE ANCHIETA. TV Cultura. *Programa Roda Viva*, em 16 jan. 1989.

GOVERNO DO ESTADO DO ACRE. Fundação Elias Mansour. Dom Giocondo, 31 anos de saudade.

GOVERNO DO ESTADO DO ACRE. *Zoneamento Ecológico Econômico do Acre*. Rio Branco: SEMA, 2010.

GRECHI, Moacyr. Entrevista. In: *Seringueiro, memória, história e identidade*, v. II.

GRECHI, Moacyr. Dom Moacyr Grecchi: "Santarém definiu o rosto da Igreja na Amazônia". Entrevista a Sanson, Cesar. Unisinos, IHU. 4 jul. 2012. Disponível em: https://www.ihu.unisinos.br/noticias/511154-dom-moacyr-grecchi-santarem-definiu-o--rosto-da-igreja-na-amazonia-. Acesso em: 6 nov. 2024.

GRECHI, Moacyr. Comunidade de Fé e Homem Novo na Experiência da Igreja do Acre e Purus. *REB*, v. 34, fasc. 136, dezembro de 1974.

GRECHI, Moacyr. O problema do homem e a terra no Brasil. *Sedoc*, v. 10, out./nov. 1977. Petrópolis: Vozes.

GRECHI, Moacyr. Dom Moacyr escreve ao Presidente. Nós Irmãos (Boletim da Prelazia do Acre e Purus), maio, 1981, v. 14, p. 320. In: FERRARINI, S. A. *Utopias latino-americanas*. Porto Alegre: Edipuc RS, 2016.

GRECHI, M.; POSSAMAI, A. *A Amazônia, as CEBs e a V Conferência de Aparecida*. CNBB. CM n. 604, 2007.

GOULART, José Alípio. *O regatão, mascate fluvial da Amazônia*. Rio de Janeiro: Conquista, 1968.

GUIMARÃES, Gabriel. *Exposição do Presidente* (da Província do Amazonas) em 14 de fevereiro de 1878, Manaus.

HOORNAERT, Eduardo. *História da Igreja no Brasil*: ensaio de interpretação a partir do povo. Petrópolis: Vozes, 1977.

HOORNAERT, Eduardo. *O breve período profético das missões na Amazônia*. CEHILA. Petrópolis: Vozes, 1992.

HOORNAERT, Eduardo. *Formação do catolicismo brasileiro 1550-1800*. Petrópolis: Vozes, 1975.

HUGO, Vitor. *Desbravadores*. Humaitá: Missão Salesiana, 1959.

IBGE. *Enciclopédia dos municípios brasileiros*. Rio de Janeiro, v. XIV, 1957.

JOÃO PAULO II. *Exortação Apostólica Pós-Sinodal Pastores Gregis*, 2003.

JORNAL DO BRASIL. Caderno Especial. *A hora da justiça*. Rio de Janeiro, 9 dez. 1990.

KRÄUTLER, Erwin. *A voz dos Pastores da Amazônia*. Discípulos Missionários na Amazônia. CNBB, CEA, 2007.

KROEMER, G. *Cuxiuara, o Purus dos indígenas*. São Paulo: Loyola, 1985.

LABRE, Antônio Rodrigues Pereira. O Rio Purus. *Diário do Amazonas*, n. 26, 31, 32, 43, 46, 49, 52. Manaus: 1873.

LABRE, Antônio Rodrigues Pereira. *Rio Purus, notícia*. Maranhão: Typ. Do País, Im. M-F-V. Pires, 1872.

LEÃO XIII. *Rerum Novarum*, 1891.

LESBAUPIN, Ivo. In: BOFF, C. et al. *As comunidades de base em questão*. São Paulo: Paulinas, 1997.

LIMA, Reginâmio, B. de. *Ao Sol Carta é Farol*. Goiânia/Rio Branco, Alta Performance/Edufac, 2024.

LOMBARDI, Mássimo. *A Igreja no Acre e Purus, 1877-1930*. Monografia apresentada ao CEHILA. São Paulo, 1982.

LOMBARDI, Mássimo. *Dom Moacyr Grechi, pastor e profeta*. s/l, s/d (texto digitalizado/mimeo).

L'OSSERVATORE ROMANO, ed. 1 abr 1986.

LOUREIRO, Antônio. *A Gazeta do Purus*. Manaus: Imprensa Oficial, 1978.

LYNK, Rogério S. *Luteranos em Rondônia*. São Leopoldo: Sinodal, 2004.

MARACAJU, Barão de. *Falla do Presidente* (da Província do Amazonas) em 25 de agosto de 1876 e 29 de março de 1879, Manaus.

MATA, Possidônia da; TADA, Cecília. *Amazônia, desafios e perspectivas para a missão*. São Paulo: Paulinas, 2005.

MATOS, João. *Relatório do Presidente* (da Província do Amazonas), 4 de abril de 1869; 25 de março de 1870, Manaus.

MEIRELES, Denise Maldi. *Guardiães da Fronteira*. Rio Guaporé, século XVIII, Petrópolis: Vozes, 1989.

MELO, Mário Diogo de. *Do sertão cearense às barrancas do Acre*. Rio Branco, 1977.

MIRANDA, Manoel. *Relatório do Presidente*, 3 de maio de 1853, Manaus.

MOLINETTI, Maria Regina; BRIZZI, Maria Marinela. *Servas de Maria Reparadoras*: Vivências Missionárias no Acre. Rio Branco: EaC, 2017.

MOMENTO BRASIL, 9 de dezembro de 2007. In: FERRARINI, S. A. *Utopias latino-americanas*. Porto Alegre: Edipuc RS, 2016.

MORALES FORRERO. *Acre, Reca... Eureka*. O fim do esquivo desenvolvimento regional. Capítulo II. O Projeto Reca (1984-2005). Rio Branco: Edufac, 2017.

O ESTADO DO ACRE, ano I, n. 25, agosto de 2001, Rio Branco.

O ESTADO DE RONDÔNIA, Edições de 10 abr. 2001, 25-26 jan. 2004, 29 jan. 2004, 22 mar. 2005, 02-03 out.2005 e 11 maio 2005, Porto Velho.

O ESTADO DE SÃO PAULO (Estadão), ed. 17 mar. 2000; 19-25 nov. 1997, São Paulo.

OLIVEIRA, Adélia Engracia de. Ocupação humana. In: SALATI, Eneas et al. *Amazônia, desenvolvimento*. São Paulo: Brasiliense, 1983.

OLIVEIRA, Márcia. Eucaristia e casa comum. In: BORDIGNON; MEIRA; SIQUEIRA DE ALMEIDA (orgs.). *Do céu para o altar da Amazônia*. Texto-base do Congresso Eucarístico arquidiocesano de Porto Velho. Rio de Janeiro: A portuguesa, 2023.

O REBATE (Jornal). Anno I, n. 17. 17 de agosto de 1913. Rio Branco – Alto Acre.

O RIO BRANCO/AC. *Novo Bispo*. "Vim servir como irmão ao povo acreano". 3 ago. 1971, Rio Branco.

O RIO BRANCO/AC. *Dom Moacyr recebe ameaça de morte*. 27 dez. 1988, Rio Branco.

O RIO BRANCO/AC. *Mataram Chico Mendes*. 23 out.1988, Rio Branco.

O RIO BRANCO/AC. Todo o Acre levará seu adeus ao Chico. 24 dez. 1988, Rio Branco.

O RIO BRANCO/AC. 27 dez. 1999, n. 3594.

OLIVEIRA, L. Aldemir; GUIDOTTI, Humberto. *A Igreja arma sua tenda na Amazônia*. Manaus: EDUA, 2000.

PARÓQUIA DA CATEDRAL. Porta Aberta, n. 89, Porto Velho.

PENNA, Herculano Ferreira. *Relatório do Presidente*: 1º de outubro de 1853, 24 de julho de 1854, 1º de agosto de 1884, Manaus.

PAULO VI. *O desenvolvimento dos povos (Populorum Progressio)*. Petrópolis: Vozes, 1973.

PIXLEY, J.; BOFF, C. *Opção pelos pobres*. Petrópolis: Vozes, 1986.

PRELAZIA DE LÁBREA. Livro de Tombo, Lábrea.

QUEIROZ, José C. *Relatório do Presidente* (da Província do Amazonas) – em 14 de janeiro de 1880, Manaus.

REB. *Nomeação do Pe. Moacyr Grechi, provincial dos Servos de Maria, Prelado do Acre e Purus*, v. XXXII, setembro/1972. Petrópolis: Vozes.

REB. *As linhas prioritárias da Pastoral da Amazônia*, v. XXXII, set. 1972. Petrópolis: Vozes.

REIS, Arthur Cézar F. *A conquista espiritual da Amazônia*. São Paulo: Escolas Profissionais Salesianas, 1942.

REIS, Arthur Cézar F. *O seringal e o seringueiro*. Rio de Janeiro: Ministério da Agricultura, 1953.

RIBEIRO, Darcy. *Os índios e a civilização*. Rio de Janeiro: Civilização Brasileira, 1970.

ROQUETTE-PINTO, Edgar. *Rondônia*. Imprensa Nacional, 1917.

SEDOC. O problema do homem e da terra no Brasil, v. 10, 1977. Petrópolis: Vozes.

SEDOC. Comunidades Eclesiais de Base, v. 9, outubro 1976. Petrópolis: Vozes.

SEDOC. Comunidades Eclesiais de Base, v. 9, novembro 1976. Petrópolis: Vozes.

SERRANO, Jonathas. A questão social. In: RODRIGUES, Anna Maria Moog (Org.). *A Igreja na República*. Biblioteca do pensamento político republicano, v. 4. Câmara dos Deputados, Brasília: Ed. Universidade de Brasília, 1981.

SERVAS DE MARIA REPARADORAS. Registro dos eventos extraordinários da Comunidade SM. Senna Madureira. 25 de novembro de 1921 até 1961 (em italiano).

SILVA, Marina. Em defesa dos teólogos. *O Estado de São Paulo*, 6 abr. 2000.

SALGADO, Serafim da Silva. Roteiro resumido da viagem... até onde é navegável o Rio Purus. *Relatório do Presidente da Província do Amazonas*, de 20 de dezembro de 1852, Manaus.

SOARES, José Carlos de Macedo. *Fronteiras do Brasil no regime colonial*. Rio de Janeiro: José Olympio, 1939.

SOUZA, Marcio. *Galvez, imperador do Acre*. Manaus: Fundação Cultural do Amazonas, 1976.

SOUZA, Sinval Odorico. *Relatório do Presidente*. Manaus, 1863.

SPRUCE, Richard. *Notas de um botânico na Amazônia*. Belo Horizonte: Itatiaia, 2006.

TEIXEIRA, Faustino. A espiritualidade nas CEBs. In: BOFF, C. et al. *As Comunidades de Base em questão*. São Paulo: Paulinas, 1997.

THEÓPHILO, Rodolpho. *História da secca do Ceará*: 1877-1889. Rio de Janeiro: Imprensa Ingleza, 1922.

TOCANTINS, Leandro. *Formação histórica do Acre*. Rio de Janeiro: Civilização Brasileira, 1979.

VATICANO II. *Gaudium et Spes*.

VATICANO II. *Lumen Gentium*.

VILLEROY, Augusto X. de. Leis, Decretos e Regulamentos, Província do Amazonas. Manaus.

Paulinas

Rua Dona Inácia Uchoa, 62
04110-020 – São Paulo – SP (Brasil)
Tel.: (11) 2125-3500
paulinas.com.br – editora@paulinas.com.br
Telemarketing e SAC: 0800-7010081